王鳳超

香港政制發展歷程

（1843 — 2015）（修訂版）

中華書局

作者自識

1. 香港政制發展問題（香港亦稱「政改問題」）一直是香港社會的熱點話題之一，對此的爭論歷久不衰。內地人也逐漸表示關注。最重要的是，從發展角度看，這個議題有其過去時、現在時和將來時。關於香港政制發展的有關情況，包括香港回歸前中英往來的外交文件和談判，現都已公開，為本書的撰寫提供了條件。這本小冊子力圖簡明扼要講清這個問題的來龍去脈、重要史實和基本看法，與讀者交流。

2. 為方便香港和內地讀者閱讀，書中對有關背景和常識作了各有側重的介紹和闡釋。對一些問題的關鍵處，注意了要有一定的細節份量。

3. 我在從事香港工作的二十餘年間（1989 年至 2010 年），基本上沒有離開過香港政制發展這一領域，包括中、英雙方的有關談判。參與和沒有參與大不一樣。參與了有現場感，對此後出版的有關著述和披露的資料，就有了些許辨其可信度的能力和判斷其精確度的條件。這對我的寫作大有裨益。

4. 筆者參與的有關工作，必要時在本書註釋中加以交代；有些事例及資料，會對某些問題的闡述更有說服力，但因尚未解密或現在很難徵詢當事人的意見，只好忍痛割愛。有少量資料和數據是因工作需要而隨手記下的，當時沒有注明來源，成書時就更無法一一注明了。特此說明並致歉意。

5. 本書所寫，僅為筆者一家之言，文責自負。歡迎讀者賜教。

王鳳超
2017 年 3 月

目　錄

引言
香港政制發展問題的由來

　　在香港的語境中，「政制」這兩個字是「政治體制」的略稱，
早在港英管治時期就常用了。由於內地普通話和香港廣東話發音不
同，內地不用這個簡稱，還是用全稱「政治體制」或「政治制度」。
如果內地也用這個簡稱，在口語中會產生「政制」與「政治」區分不
出來的情況。在普通話中，「制」和「治」是同音字，而在廣東話中，
卻是兩個音。這是兩地語言上的差別而產生的某些詞匯上的區別。

　　一般而言，政治體制主要是指政權的組織形式和其運行規則。
它是一切有政權組織社會的運作樞紐。就香港地區而言，回歸前，
港英的政制就包括總督制度，決策、立法的諮詢制度以及行政、司
法制度等。其憲制性文件為《英皇制誥》和《皇室訓令》。香港回歸
祖國後，《中華人民共和國憲法》和《中華人民共和國香港特別行政
區基本法》（以下簡稱「香港基本法」或「基本法」）共同構成香港
特區的憲制基礎。香港特別行政區政制的主要內容包含在香港基本
法第四章「政治體制」中，涉及行政長官，行政、立法、司法機關以
及區域組織、公務人員制度等。

　　在任何一種社會制度中，其政制一旦確立，一般都保持長時期
的相對穩定，這是一個社會有序運作、健康發展不可缺少的條件，
也是政治體制本身的內在要求。例如，英國議會選舉法頒佈於 1406
年，以後實施了四百多年未變。美國總統選舉的基本制度是「選舉人
團制」，實行了二百多年一直保持穩定。在此期間，美國國會先後否

決了七百餘項要求取消「選舉人團制」的法案。香港特區也是如此。香港特區政制的絕大多數內容，根據香港基本法的規定，五十年不變。

最近幾年，香港特區流行一個概念，叫「政制發展」，已成為香港社會一個中心政治議題。既然香港特區的政制五十年不變，為什麼還要發展呢？「發展」不就是「變」嗎？從根本上說，這源於香港基本法的有關規定。

在香港基本法規定的香港特區政制中，關於行政長官和立法會議員的產生辦法，留有發展空間，是個相對動態的要素，具體指香港基本法第 45 條、第 68 條和香港基本法附件一、附件二的有關規定。

香港基本法第 45 條規定：

> 香港特別行政區行政長官在當地通過選舉或協商產生，由中央人民政府任命。
>
> 行政長官的產生辦法根據香港特別行政區的實際情況和循序漸進的原則而規定，最終達至由一個有廣泛代表性的提名委員會按民主程序提名後普選產生的目標。
>
> 行政長官產生的具體辦法由附件一《香港特別行政區行政長官的產生辦法》規定。

香港基本法第 68 條規定：

> 香港特別行政區立法會由選舉產生。
>
> 立法會的產生辦法根據香港特別行政區的實際情況和循序漸進的原則而規定，最終達至全部議員由普選產生的目標。

　　立法會產生的具體辦法和法案、議案的表決程序由附件二《香港特別行政區立法會的產生辦法和表決程序》規定。

　　香港基本法第 45 條第一款和第 68 條第一款的內容完全來自《中華人民共和國政府和大不列顛及北愛爾蘭聯合王國政府關於香港問題的聯合聲明》（以下稱「中英聯合聲明」）和其附件一《中華人民共和國政府對香港的基本方針政策的具體說明》中的有關表述，突出行政長官和立法會議員由選舉產生。香港基本法第 45 條、第 68 條第二款所規定的行政長官和立法會的產生辦法（以下有時概稱「兩個產生辦法」）最終達至普選（文中有時簡稱「雙普選」）的目標，在中英聯合聲明中並未提及。可以得出這樣確鑿的結論：「雙普選」是香港基本法賦予香港選民的權利，沒有香港基本法第 45 條、第 68 條的規定，香港特區就不存在「雙普選」問題。正是在香港政制民主發展方面，香港基本法超出了中英聯合聲明所規定的範圍，反映了中央政府對港人民主權利的充分尊重和信任。

　　香港基本法規定的「雙普選」是最終達至的目標，不可能一蹴而就，這中間有一個漸進的過程。因此，對「兩個產生辦法」又分別在基本法附件一和附件二規定了香港回歸後政制上十年的穩定期，即在 1997 年至 2007 年「兩個產生辦法」保持穩定，在這個前提下，行政長官選民基礎的擴大和立法會直選議席的增加應循序漸進向前發展。

　　在行政長官產生辦法上，按照香港基本法及其附件一的規定，第一任行政長官人選由一個具有廣泛代表性的 400 人推選委員會在香港推舉產生，報中央政府任命。從第二任行政長官開始，由一個擴大為 800 人的具有廣泛代表性的選舉委員會產生人選，報中央政

府任命。基本法附件一第 7 項規定，「2007 年以後各任行政長官的產生辦法如需修改，須經立法會議員三分之二多數通過，行政長官同意，並報全國人民代表大會常務委員會批准」。

在立法會議員產生辦法上，按照香港基本法及其附件二的規定，特區立法會由分區直接選舉、功能團體選舉和選舉委員會選舉三種方式產生。從第一屆到第三屆立法會，功能團體選舉議員保持為 30 名，分區直接選舉的議員逐屆由 20 名增至 30 名，在此期間，選舉委員會選舉的議員逐屆減少，將名額用於增加分區直選的席位，到第三屆立法會後選舉委員會選舉議員的方式就不存在了。香港基本法附件二第 3 項規定，「2007 年以後香港特別行政區立法會的產生辦法和法案、議案的表決程序，如需對本附件的規定進行修改，須經立法會全體議員三分之二多數通過，行政長官同意，並報全國人民代表大會常務委員會備案」。

為了落實與「雙普選」的最終目標配套，在十年穩定期過後，即香港基本法附件一和附件二所說的「2007 年以後」，可以按法定程序對「兩個產生辦法」做出修改。這樣，在香港的政制中，雖然香港基本法規定總體五十年不變，但在政制中佔有重要地位、延續其政制的「兩個產生辦法」，就成為「五十年不變」中相對變動的因素，這就是香港「政制發展」問題的由來。如同航船行駛一樣，2007 年以後，「兩個選舉辦法」的航船可以起錨，循香港基本法規定的航道前行，最終抵達目的地——普選的彼岸。

正是考慮到香港政制發展這一可變因素，便於「兩個產生辦法」在進行修改時落實循序漸進的原則，就將「兩個產生辦法」放在基本法的附件中加以具體規定，屆時對「兩個產生辦法」進行修改時，不必要修改香港基本法的正文。因此，「政制發展」這一概念的含義，

在現階段，僅指「兩個產生辦法」是否需要修改、如何修改和最終「雙普選」的落實問題，並不包括香港基本法規定的香港政制的其他內容。

按照香港本地的習慣用語，香港社會最初是用「政制檢討」這一提法來表述。「檢討」一詞，在香港本地的含義是指某一方案或採取的某項措施，在實施一段時間後，通過回顧與總結，提出完善的意見。內地對「檢討」一詞的理解不盡相同。「政制檢討」這個提法，一直用到 2003 年。為了避免由此而產生的誤解，後來就用兩地均可認同的「政制發展」來取代「政治檢討」的提法。

香港的政制發展問題，不僅關係到香港民主化的進程，而且還關係到中央和香港特區的關係，關係到國家主權、安全和香港基本法規定的由中央行使的權力，關係到香港社會各方面的利益，關係到香港的長治久安。同時，這又是一個頗具爭議，十分敏感的領域。圍繞政制發展問題的爭論，其實質是香港的管治權之爭。在起草香港基本法時，有關香港政制這部分內容爭議最多，討論時間最長，直到最後一刻才能落案。

上世紀九十年代初，英方改變對港政策後，末代港督彭定康1992 年上任伊始公佈的「政改方案」，就是針對香港政制發展問題的。香港特區成立後，圍繞政制發展問題的爭論，可以說無日無之。每逢選舉，必定成為社會各種政治勢力炒作的中心議題。可以預言，在今後香港政制發展實踐過程中，爭論不可避免，有時可能達到相當激烈的程度。

溫故而知新。要弄清香港政制發展問題的來龍去脈，應該回溯歷史。嚴格說來，「政制發展」的內涵是指香港特區的「兩個產生辦法」的民主發展問題，但是，由於香港回歸祖國後仍實行原有的資本

主義制度，香港基本法規定的特區政制，又吸納了港英管治時期的一些施政做法，特別是在制定香港基本法的過程中，中方為了香港平穩過渡和 1997 年前後政制發展的銜接，在為特區政制發展作出設計時，中國通過外交渠道聽取了英方的意見，就一些銜接和政制發展重要環節，中英雙方達成了協議和諒解，中方吸納後將之寫入了香港基本法或納入全國人大的有關決定之中。事實表明，僅從香港立法機構從 1997 年前後直選議席逐屆增加的進程看，除加插一年任期的臨時立法會外，並未出現斷裂。基於這些原因，在描述香港政制發展軌跡時，將港英管治時期的港督產生辦法和港英立法局產生辦法及主要演變也納入進來，有助於人們了解英國在香港管治後期推行代議制改革的動因和目的，將「九七」年前後香港政制狀況適當作一對比，可以增強人們對這個問題認識的歷史縱深感。

俗話說「小孩沒娘，說來話長」。還是從頭說起吧。

第一章

漫長的停滯期
（1843 － 1985）

一、港督的產生

　　1843 年 4 月 5 日，英國女皇維多利亞於西敏宮頒佈《英皇制誥》（Letters Patent，即《香港憲章》，Hong Kong Charter) 正式宣佈將「香港島及其附屬地」建立為「一個單獨的殖民地，被稱為並定名為『香港殖民地』」。[1] 這份《英皇制誥》任命了「現任總督」，規定其權力來源和職權範圍，授權總督組成立法局，召集行政局開會並任命法官、太平紳士等，同時，還對副總督、輔政司的職權以及所涉人事事項的公文作出原則規範。

　　次日，又於白金漢宮發出《皇室訓令》（Royal Instructions），共38 條。這是英國殖民地部大臣斯坦利（Lord Stanley）發給首任港督亨利 · 璞鼎查（Henry Pottinger）的「訓令」，是指令璞鼎查和港英政府執行《英皇制誥》的細則和補充。其中指名委派璞鼎查為香港總督和駐軍總司令，授權港督任命三個人為立法局（定例局）議員並主持該立法局。該「訓令」指示：「除非經您事先提議，該立法局不得通過或頒佈任何法律或法例，除非經您首先提出，該立法局不得就任何問題進行辯論。」[2]「訓令」還授權港督組成行政局，人數除總督外，「永遠限定為三人」。[3]

　　1843 年 4 月形成的《英皇制誥》和《皇室訓令》，成為後來經多次修改的《英皇制誥》和《皇室訓令》的原始藍本。它們是英國管治

1　見劉存寬譯《英皇制誥》（專利證），英國殖民地部檔案 C.O.129/2，載劉智鵬主編：《展拓界址：英治新界早期歷史探索》，香港：中華書局，2010 年 5 月版，第 165 − 167 頁。

2　見劉存寬譯《皇室訓令》，英國殖民地部檔案 C.O.381/15，載劉智鵬主編：《展拓界址：英治新界早期歷史探索》，第 168 − 176 頁。

3　同上註。

香港的憲制性法律。

　　1843 年 6 月 26 日，清廷欽差大臣耆英在香港與璞鼎查交換條約，同日，璞鼎查宣誓就職，成為香港殖民統治第一任總督。遵照上述憲制性文件，港督委任了政府官員，特選四十四名社會名流，組成「英屬香港治安委員會」，任命第一批治安委員，[4] 英文名稱為：Justices of Peace，簡稱 J.P，中文稱「太平紳士」。這個稱呼一直延用至今。同時，港督組建了行政局和立法局。這就是英國最初在香港建立的殖民管治架構。

　　璞鼎查（1789 − 1856，亦譯砵甸乍）是一個職業軍人，長年在印度從事殖民活動。後受委派取代查理 · 義律（Elliot）擔任駐華公使兼駐華商務監督，實為英國在華全權代表，1841 年 8 月 11 日來到香港。在此之前的 6 月 5 日，英國外交大臣巴麥尊給璞鼎查發出一道訓令：「要據有香港島，就應銷毀或撤走對該島構成威脅的對岸的防禦工事、火炮及駐軍。」[5] 璞鼎查抵香港後，立即落實巴麥尊的訓令，旋即率兵攻打中國沿海城市，極力擴大對華戰爭。1842 年 8 月 29 日，在停泊於南京江面上的英國軍艦「康華麗司」（Cornwallis）號上，璞鼎查迫使清政府的欽差大臣耆英、伊里布等簽訂了中國近代史上第一個不平等的中英《南京條約》。主要內容為：（1）割讓香港；（2）賠償鴉片煙價、商欠、軍費共 2100 萬銀元；（3）開放廣州、福州、廈門、寧波、上海等五處為通商口岸；（4）英商應納進出口貨稅、餉費，中國海關無權自主，均須「秉公議定則例」；（5）廢除公

4　李東海編撰：《香港太平紳士和申訴專員》，北京：中國文史出版社，2002 年 11 月版，第 2 頁。

5　轉引自張連興：《香港二十八總督》，香港：三聯書店，2012 年 7 月版，第 9 頁。

行制度，准許英商與華商自由貿易。通
過此條約，英國達到了侵佔香港島的目
的。

璞鼎查任港督時間只有一年，1844
年返回英國後擔任樞密院顧問官。1846
年擔任好望角總督，後改任印度馬德拉
斯總督。1856 年客死馬耳他。

璞鼎查

關於港督的角色，上世紀八十年代
香港御用大律師祈理士作了這樣的概括：「總督由英女皇任命，代表
英女皇，擔任香港政府的首要職位。」「總督是行政機關的首長，掌
握發號施令的最終權力。」行政局和立法局均以港督為首。[6] 由此可
以看出，港督既是英皇在香港的代表，又是港英政府的首長，在香
港的地位至高無上。正如第二十二任港督葛量洪所親身感受到的那
樣：「在這個英國直轄下的殖民地，總督的權力是僅次於上帝，當他
抵達每一處地方時，人人都要起立，在任何情況下，誰也遵從他的
意願——永遠都是：『是的，爵士』、『是的，督憲閣下』。」[7] 行政
局和立法局實際上分別是港督決策和立法的諮詢機構，港督主持行
政會議並兼任立法局主席，以保持以港督為核心的行政主導體制。

英國管治香港一百五十多年，共有二十八任港督。從璞鼎查到
彭定康，全部由英皇委任，沒有任何選舉的成分，當然也就不存在
在港督產生辦法上有什麼政制發展空間。

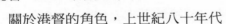

6　祈理士：《香港政制：繁榮之所繫》，載《香港 1983》，版權屬港英政府
　　所有。

7　亞歷山大·葛量洪著，曾景安譯、趙佐榮編：《葛量洪回憶錄》，香港：
　　廣角鏡出版社，1984 年 9 月版，第 140－141 頁。

二、立法局的演變

1. 初期的立法局

　　1843 年 8 月，璞鼎查委任曾任護理總督的莊士敦（Alexander Robert Johnston）、首席談判司威廉‧堅吾（William Caine）和商務總監秘書馬儒翰（John Robert Morrison）三人為立法局議員。馬儒翰不久去世，由駐港英軍司令兼名義副總督德己立（George D'Aguilar，亦譯德忌笠）代之。[8] 在第二任港督戴維斯（John Francis Davis，中文名德庇時）主政時，將三位委任官守議員[9] 改為英軍駐港司令、首席按察司和律政司。[10] 後來，立法局組成成分固定為：港督是當然的立法局主席，布政司、財政司、律政司是當然官守議員，再加上委任官守議員。

　　早期的港英管治架構，港英政府、行政局與立法局在成員構成上，可以說是以港督為核心的「三位一體」，均由政府官員組成。在立法局中，其議員全部由官守議員這一單一成分構成，不可能適應社會其他力量的訴求，結構性演變是遲早會發生的事。

8　參見曹淳亮主編：《香港大辭典》，廣州：廣州出版社，1994 年 12 月版，第 1106 頁，中文譯名略不同。

9　港英政府的官員被委任為行政局或立法局的議員，稱官守議員。官守議員又分當然官守和委任官守議員兩類。

10　參見王賡武主編：《香港史新編》（上冊），香港：三聯書店，1997 年 5 月版，第 81 頁。

2. 首次引入「非官守議員」

立法局議員全部由港督委任的官守議員組成的情況，引起了在香港的英國商人的不滿，而這又是與香港開埠初期港英政府的財政狀況相聯繫的。

開埠之初，香港駐軍費用由英國政府給予財政補貼，而港府的運作經費，包括公務員的薪酬、公共設施建設等支出，由港府承擔。港府初期的財政有三個來源：一是英政府從鴉片戰爭清廷的賠款中抽撥，這筆款項在第二任總督戴維斯任內已用去大部分，到文咸（Samuel George Bonham，又譯般含、文翰等）出任港督時已所剩無幾。二是拍賣土地的收入。三是鴉片貿易的收入。

關於鴉片貿易問題，需作些說明。

英國強佔香港島後，香港憑藉天然良港的自然條件，很快成為轉口貿易港。當時中國內地仍實行禁煙，由於香港本地天然資源缺乏，在港的英國商人感到走私販賣鴉片有重利可圖，加之當時英方竭力推行鴉片貿易合法化，英商對鴉片貿易趨之若鶩，使香港很快成為遠東最大的鴉片走私中心和鴉片的集散地，成為輸入內地鴉片的轉運站。港府也從中獲得了巨額財政收入。1845 年，港府年度報告承認，鴉片是其出口的主要貨物。[11] 1847 年，香港 22.61 萬英鎊的出口總值，鴉片佔到 19.56 萬英鎊，[12] 佔 86.5%。鴉片貿易成為香港轉口貿易的支柱，鴉片稅收入成為港府的重要財源，約佔早期香港歲

---

11 安德葛：《香港史》，第 73 頁，轉引自余繩武、劉存寬主編：《十九世紀的香港》，北京：中華書局，1994 年 8 月版，第 257 頁。

12 劉詩平：《洋行之王　怡和》，香港：三聯書店，2010 年 2 月版，第 165 頁。

入的 7.6%（1844－1858）至 10.5%（1859－1869）。[13]

在罪惡的鴉片貿易中，英資洋行發了大財，怡和和顛地洋行成為當時數一數二的鴉片經銷商。1845 年，走私鴉片的飛剪船有 71 條，其中 19 條屬怡和，13 條屬顛地。[14] 在香港經濟佔統治地位的英商，又是港府的繳稅大戶，但在立法局中卻沒有他們的席位，英商發現自己的經濟地位和議會代表權之間不對稱的情況。於是，他們向全部由官守議員組成的立法局發起了「挑戰」，謀求當局作出改變。

1849 年，怡和洋行等英商提出設立市議會的主張，實際上是借此表達對立法局不設非官守[15]議席的不滿。此時正值第三任港督文咸上任才一年，又面臨政府財政入不敷出的狀況，為了使自己的工作得到英商的支持，穩住稅源大戶，防止成立市議會對英國直接管治帶來可能的衝擊，文咸經請示英國殖民地部大臣，透過當時十六名非官守太平紳士提名推薦，1850 年 6 月，文咸委任怡和洋行股東大衞·渣甸（David Jardine）和哲美森洋行老闆約瑟·艾德格（Joseph Frost James Edger）為立法局非官守議員。這是立法局設立七年以來，首次在議員構成上突破清一色官守議員的格局，引入非官守議員的議席。「從 1850 年到 1900 年的五十年間，立法局非官守議員中，有近七成由商人擔任；其中大部分是英資洋行大班。英資洋行在香港政治中的重要地位，由此可見一斑。」[16]

13　安德葛：《香港史》，第 73 頁，轉引自余繩武、劉存寬主編：《十九世紀的香港》，第 360 頁。

14　安德葛：《香港史》，第 73 頁，轉引自余繩武、劉存寬主編：《十九世紀的香港》，第 257 頁。

15　非官守議員是指從非政府官員中出任行政局、立法局的議員，與「官守議員」相對。

16　馮邦彥：《香港英資財團》，香港：三聯書店，1996 年 7 月版，第 27 頁。

3. 首次引入華人議員

到了十九世紀七十年末和八十年代初，香港的華商已從洋商
那裏學習到不少經營管理經驗，並逐漸甩開洋商，投資經營實業，
在商業、轉口貿易和房地產方面的實力逐漸增強，打破了香港開
埠初期英商掌控經濟命脈的局面。第八任港督軒尼詩（John Pope
Hennessy）在立法局提出的報告中承認：「華人是港島的最大業主，
香港外國銀行發行的貨幣極大部分也掌握在華人手裏，而港府的稅
收，有九成是取自華人。」[17] 華人經濟雖然崛起，但在政治上毫無
地位，華人在立法局沒有立錐之地。在港英立法局成立三十八年
之後，再次出現了繳稅義務與議會代表權分離的情況，顯然不可持
續。華人要求在立法局佔有席位的呼聲，成為自然而迫切的政治訴
求。

1879 年 2 月 17 日，香港各界華人領袖上書港督軒尼詩，力薦伍
廷芳出任立法局議員。請願書寫道：

> 請求委任中國人為定例局成員，以期官民獲得良好了解。
> 香港的商業數額和早期相較，是與日俱增和日益繁榮了。現在
> 全香港居民有百分之九十是中國人，但無論何時，有任何當地
> 公共利益項目提出討論時，中國人都有不被准許聆聽有關事項
> 及參與其中，結果便很容易引起了雙方有不同利益的感覺，以
> 及外籍（歐洲）人士與中國人不可根據同一原則對待。基於這
> 種環境，你的請願者在去年舊曆十月（1878 年 11 月 10 日）

17　張曉輝：《香港華商史》，香港：明報出版社有限公司，1998 年 9 月版，
　　第 23－24 頁。

把他們的意見呈上給你，請求把他們的請願書轉呈給殖民地部大臣，充滿信心的把事情請上面決定。一向你的請願者都希望從此以後中國人可准許在一些有關整個社會利益的事情上，在停止進行辯論以前能分擔一部分。不久以前，在中國團體內不是只有少部分享有很高的名人名譽，其中最著名的一位便是伍敍（伍廷芳）先生，他很熟悉英國語言及文學，及深知英國的法理學，與中國團體完全融洽相處，及獲得他們的信任，所以有資格在定例局裏代表他們的利益。因此你的請願者建議，假若以後有任何空席，請准許伍敍先生填補定例局的席位，這樣對當地的利益必可獲得很大的益處。你的請願者在此事情上的主要動機是為着公共利益，但所提出的建議及適當的步驟則留待你的判斷。[18]

這封請願書寫得如此誠懇執著而令人動容，香港華人領袖們推薦的這位伍廷芳究竟是何許人？

伍廷芳（1842－1922），廣東新會縣（今新會市）人。名敍，字文爵，號秩庸。生於新加坡，三歲時隨父歸國定居廣東。1856 年入香港聖保羅書院，1874 年自費去英國倫敦林肯會館學習法律，1877年 1 月 26 日獲頒出庭律師資格，是中國人中獲此資格的第一人。

1877 年 2 月，學成的伍廷芳乘船返港，在船上正好與去香港就任總督的軒尼詩相遇。兩人交談甚歡，為此次乏味枯燥的東方之行增添了興致。還未到任的軒尼詩，從與伍廷芳的交流中，詳細了解到香港的有關情況，對伍廷芳的學識、溝通能力及對事務的深刻分

---

18 轉引自張禮恒：《伍廷芳的外交生涯》，北京：團結出版社，2008 年 12 月版，第 41－42 頁。

析，留下了難忘的印象。

伍廷芳到香港後，即被准許在港法庭執行律師業務，成為香港第一個華人大律師。後經軒尼詩的提議，伍廷芳又成為三人組成的考試委員會成員，此外，又擔任香港保良局副主席。1878 年底，伍廷芳又被軒尼詩委任為太平紳士，是當時被委任的第一個華人。伍廷芳在香港日隆的聲望和華人經濟上取得的成功，匯成了華人參政議政的熱情，伍廷芳自然成為被華人社會推薦的第一人。

伍廷芳

軒尼詩收到這封請願書後，並未表態，他在等待時機。機會終於來了。1880 年 1 月，時任立法局一位非官守議員、仁記洋行大班吉布（H. B. Gibb）辭職離港。軒尼詩抓住時機，先作出預告，命輔政司[19]於同年 1 月 19 日發佈通告：「總督閣下已暫時委任伍敘先生為定例局的一名議員，……只待女皇陛下回覆，以接替離開本港的吉布先生。」[20] 做好這一鋪墊後，軒尼詩給英國殖民地部大臣修長函一封，信中寫道：

　　我很恭敬的呈上一份已在我手上大約一個月的文件作為你的參考資料，裏面是香港有領導地位的中國人——代表他們團體而寫的，推薦伍敘先生給我，他是一位有高尚名譽的紳士及極有資格在定例局裏代表他們的利益。你可觀察這些人士在說及他們給你的陳情書。而我在 1879 年 1 月 19 日的第五號函

19　輔政司是布政司的前稱。
20　張禮恒：《伍廷芳的外交生涯》，第 42 頁。

件中轉呈。在那份陳情書中，他們說：「我們謙謹地指出華人
居民超越外籍居民十倍的數目及華人團體所擔負的稅項比外籍
團體所納的超越很多」，因此准許中國團體能分擔管理本地公
共事務是很公平的。[21]

在這裏，軒尼詩將華人納入立法局的理由說得很清楚，在香
港這樣華洋相處的社會裏，華人十倍於洋人的居民構成和華人成為
繳稅主體的經濟地位，決定了華人分擔管理本地公共事務才是公平
的。軒尼詩是從維護英國對香港的長遠管治而提出這一建議的。

但是，英國主管部門並不是完全從這一角度看待此事。「殖民地
部大臣比奇（M. H. Beach）只同意任命伍廷芳為臨時代理議員（任
期不超過三年），反對他擔任常任議員，並說，如果立法局研究機密
問題，伍廷芳在場諸多不便。」[22] 就這樣，伍廷芳於 1880 年 2 月 19
日當上港英立法局臨時議員，1883 年任期結束後離港赴天津，跟隨
李鴻章而去了。不管怎樣，伍廷芳畢竟是立法局成立 38 年來第一個
華人非官守議員。

華人在立法局正式佔有席位的趨勢是不可阻擋的。1884 年，黃
勝被委任為非官守議員，任期由 1884 至 1890 年，從此形成制度。
黃勝之後由何啟接替。到 1884 年時，立法局有七名官守和五名非官
守議員。

黃勝（1827－1902），[23] 字平甫，廣東香山人，生於澳門，1843
年來香港就讀，1847 年赴美國留學，是中國最早留美的學生之一，

21　同上註，第 43 頁。

22　余繩武、劉存寬主編：《十九世紀的香港》，第 188 頁。

23　另一說法是黃勝生於 1828 年。

一年後因身體不適回香港在英文報館學習印刷，後轉往英華書院任印刷所主管。1870 年，出任東華醫院創建總理。1876 年，獲港督委任為中國語文考試委員會委員。1883 年，黃勝歸化英籍，被委任為非官守太平紳士。

何啟（1859−1914），祖籍廣東南海，香港出生。早年就讀於香港中央書院，後去英國專攻醫學和法律，取得醫學士、外科碩士學位和大律師資格。何啟還熱心研究、探索中國的社會改革問題，並支持、參與孫中山早期在香港籌劃的反清革命活動，是晚清著名的報刊政論家，其論述與好友胡禮垣合寫的文章結集名為《新政真詮》一書問世。

立法局早期這三位華人非官守議員的產生，是香港經濟發展到一定階段並形成華人社會的產物，也是後來學者總結出來的港英「行政吸納政治」的初始。他們都有在英美留學的經歷，都是諳熟英語、了解中西文化的社會精英。他們的事業、旨趣相近，彼此熟稔。香港是中國近代報刊的發源地，在近代中文報紙的創辦上，伍廷芳、黃勝和何啟，都作出了重要的貢獻。他們了解報紙作為傳播媒介在開通民智方面的重要性，熱心利用洋報的設備、中文鉛字和發行渠道，率先創辦中文報紙。黃勝和伍廷芳均參加過中國近代第一家中文報紙《香港中外新報》（前身為 1858 年初創辦的《香港船頭貨價紙》，1864 年末或次年初易名為《香港中外新報》）的編輯工作。伍廷芳、何啟還鼎力相助香港《華字日報》[24] 的出版事宜。

---

24 《華字日報》於 1872 年由香港英文報紙《德臣西報》（*China Mail*）譯員陳藹廷創辦，正式取代《德臣西報》之中文版《中外新聞》，成為香港當地人自己管理的中文報紙。

4. 立法局組成的多元化

立法局組成多元化格局的出現，是第二十五任港督麥理浩力促而成。

麥理浩從 1971 年至 1982 年任港督，正值香港經濟起飛的十年。六十年代，發達國家進行工業結構調整，將勞動密集型產業向外轉移，香港抓住這一機遇，發展製衣、玩具、塑膠、電子工業等，成為一個製造業中心。香港走上了勞動密集型生產和出口為主導的道路，經濟結構出現了多元化，服務業隨之興起，為在香港出生的新生代向上流動提供了機會，促使中產專業階層開始冒起。香港經濟結構的多元必然帶來社會結構的多元，自然形成社會利益訴求的多元。

同前兩次立法局發生演變的動因雷同，總體上也存在繳稅義務和議會代表權的平衡問題，但與前兩次的調整相比，關聯的因素和涉及的層面要複雜得多，廣泛得多。面對社會多元化後多層次對議會代表權的需求，麥理浩擴增了立法局席位，以容納各方代表。1966 年時，立法局共有 26 名議員，麥理浩主政不到三年，到 1973 年議員人數就快速增至 50 人，1980 年又增至 54 人。[25] 席位的驟增，必然導致打破慣例，拓寬委任議員的渠道。

在麥理浩主政前，立法局非官守議員人選來源之一，為每屆由非官守太平紳士和香港總商會[26] 各自產生一名代表入局。前者有此特

---

25 楊奇主編：《香港概論》（續編），北京：中國社會科學出版社，1993 年 9 月版，第 13 頁。

26 香港總商會於 1861 年 5 月 29 日成立，初期會員全部為外商，故又有「西商會」之稱。該會是國際商會會員。

權始於 1849 年，後者始於 1884 年[27]。

1973 年，太平紳士代表布朗在立法局退休，麥理浩借此機會終止了上述兩項特權，同時委任市政局一位民選議員張有興入局，而他又是太平紳士，沒有引起太平紳士層面的反彈，反映出麥理浩施政手法的高明。在隨後幾年中，麥理浩委任的非官守議員範圍不斷擴大，廣納各界人士，具有一定的開創性，包括：工團總會英文秘書梁達誠，被稱為史上首位基層立法局議員、曾做過九龍巴士售票員、車務主任的王霖，新界鄉議局執行理事楊少初，商界的鄧蓮如，市政局代表胡鴻烈，神父孟嘉華，校長 Joyce Bennett 等。麥理浩的此項改革，有利於增強立法局在社會上的認受性，有利於經濟在轉型中利益群體平衡，有利於港英的管治。

英國學者約翰·李雅對這個時期港英政體作出這樣的評說：

> 香港不是民主政體。無論是行政上的和執行上的權力，皆掌握在政府官員之手，而他們在法律上是通過總督向英國負責的。香港的人民對他們並無任免之權。行政、立法兩局的成員，不是由選舉產生，而是為皇室所任命。「非官守議員」們……不會而且在法律上也不可能決定政策。憲法允許總督忽視行政局的獻議，而總督作為立法局主席所享有的決定票，也意味着政府的方案不會被立法局所否決。[28]

這就是英國學者筆下的香港政制停滯期的港英政體及其行政與立法的運行軌跡。

---

27 另一說法為「1883 年」。

28 轉引自趙雨樂、程寶美合編：《香港史研究論著選輯》，香港：公開大學出版社，1999 年 3 月版，第 28 頁。

　　港英立法局百餘年的演變表明，英國在堅持維繫港督委任議員的制度下，對立法局議員成分構成和議席數目，根據香港經濟、社會發展實際作出必要的調整，而且這些微的變動是極其緩慢的、謹慎的、可控的。值得注意的是，立法局構成的三次演變表明，繳稅義務和議會代表權之間取得適當的平衡，是港英管治香港之道，也是促進立法局演變的一種體制內外的動力，往後發生的政制改革訴求，這一點還會頑強地體現出來。

三、英國否決了香港的政制改革

　　在長達百餘年的香港政制停滯期，全部立法局議員均由港督委任，對此，僅在港英建制內部就有過數次要求開放民選議席或改組立法局的建議或呼聲，均被英廷否決。

1. 港督寶寧的建議

　　第四任港督寶寧（John Bowring，亦譯寶靈，自取中文名字包令）於 1855 年 8 月 2 日以第 110 號公文送達英國殖民地部，就立法局組成提出代議制改革建議。建議提出：立法局增加三名直選非官守議員，候選人為英國人，但條件是參選人要有每年 10 英鎊的土地收益或擔任公職三年以上。[29] 這個公文被英廷束之高閣。

29　參見【英】弗蘭克·韋爾什（Frank Welsh）著，王皖強、黃亞紅譯：《香港史》，北京：中央編譯出版社，2007 年 5 月版，第 252 頁。

大約過了一年，新上任的殖民地部大臣亨利·拉布謝爾（Henry Labouchere）明確表示反對寶寧的這一建議。據編號為 1856 年 7 月 29 日第 29 號的公函記載，亨利·拉布謝爾反對的理由是：香港不能舉行選舉，「香港的華人居民，也許極少數體面的人士除外，道德素質非常低下」。「香港的英國僑民很少打算自己或自己的後代永久在那裏居住，他們僅僅是出於商業或職業上的目的在那裏逗留不長的一段時間，打算一旦時機成熟就立即離開這個殖民地。」[30]《香港史》一書作者韋爾什（Frank Welsh）認為：「拉布謝爾闡明了限制香港代議制的理由，這份文件（指 1856 年 7 月 29 日第 29 號公函）是理解日後歷屆英國政府在香港民主化問題上的態度的關鍵。」[31] 顯然，拉布謝爾在反對的理由中，充溢着對華人露骨的歧視，這是英國對香港實行殖民統治的本質表現。

2. 非官守議員的建議

在第十一任港督威廉·羅便臣（William Robinson）任內，1894 年 4 月，立法局非官守議員懷特黑德（T. H. Whitehead）、遮打（Sir Catchick Paul Chater）、何啟等聯名上書英國政府，提出改組立法局的建議。建議主要內容為：（1）立法局中的非官守議員應由選舉產生；（2）非官守議員應比官守議員席位多；（3）非官守議員在會議上應有言論及表決的絕對自由；（4）立法局有權支配地方全部行政經費；（5）立法局有權管理地方一切事務；（6）凡關於英國與香港的問

30　同上註。
31　同上註。

題，立法局有權盡先參與討論，然後執行。對此建議，英國殖民地部大臣李邦以香港人口是華人為主，不能只在英籍人士中進行選舉為由拒絕。

　　實際上，更深層的原因是英國擔心三十年前立法局討論一宗撥款事件的重演。1864 年，英國政府要求香港每年以捐獻的名義提供防務費用 2 萬元。港督要求立法局同意此項撥款。非官守議員認為此舉會增加英商的負擔而一致反對。官守議員、庫務司福思（F. H. Forth）也持反對態度，後遭上司嚴厲譴責。針對立法局曾經出現的這種「不聽話」的情況，殖民地部大臣卡德威爾（E. Cardwell）於1866 年 5 月 31 日致函港督麥當奴（Richard Graves MacDonnell），重申官守議員按照法律必須對政府的既定政策和港督的提案投贊成票，否則不得繼續任職。[32]

　　應對非官守議員上述建議的最後結果是，作為妥協，英國殖民地部和港英政府繞開立法局官守與非官守議員比例的調整，於 1896 年 7 月同意設立兩名行政局非官守議席，委任英籍亞美尼亞裔富商遮打和怡和洋行的歐文（J. F. Owen）出任。這是港英行政局設立非官守議員席位之始。此後，行政局議員被委任大多為洋行大班及富商，以英商為主，僅怡和洋行的代表先後竟有九名之多。[33]

32　詳見余繩武、劉存寬主編：《十九世紀的香港》，第 186－187 頁。

33　王賡武主編：《香港史新編》（上冊），香港：三聯書店，1997 年 5 月版，第 80 頁。

3. 律師波洛克的建議

然而，爭取政制改革，以創更多機會便於英籍人士參與政治活動，並未因英國政府的多次拒絕而停息。到二十世紀初，又釀成了一次有一定規模的請願行動。

1916 年，立法局非官守議員、英籍律師波洛克（Henry E. Pollock）發起簽名，幾乎包括所有在香港的英商在內，有 566 人參加聯署，致信英國殖民地大臣，所提要求與以往圈子內的有關建議差不多。信中援引香港總商會及太平紳士自行選舉立法局代表的慣例，要求選舉產生部分立法局議員，並要求非官守議員在立法局中佔多數席位。這次請願行動波及面較大，持續時間長，但被英國殖民地部用以往應對這類要求相同的理由拒絕。1917 年 5 月，又成立了由英人壟斷的旨在爭取立法局民選席位的「憲法改革協會」，繼續抗爭，亦無疾而終。

4. 港督楊慕琦的建議

爭取立法局部分代議制改革的數次要求，均被英國否決，那麼，立法局以下層次的民主改革，結局又如何呢？

1946 年 8 月 28 日，第 21 任港督楊慕琦（Mark Aitchison Young）在廣播演說中，提出了一個主要由選舉產生的市議會取代市政局[34]的計劃，徵詢市民意見。同年 10 月，他又提出修正案。香港史上稱之

34　市政局的前身是 1883 年成立的潔淨局。1936 年 1 月 1 日，立法局通過《市政局條例》把潔淨局改組為市政局，提供文康市政服務。

為「楊慕琦計劃」（簡稱「楊計劃」）。

　　該計劃的核心內容[35] 為：市議會由 30 名議員組成，華人代表和非華人代表各佔一半數目。其中 20 席由民選產生，另 10 席由社會職業團體或其他團體委派。委派分配名額計有：「華商總會」華人一名，「已獲承認之同業工會」華人兩名，「香港大學」華人一名，「香港西商會」非華人兩名，「香港居民聯合會」非華人一名，「九龍居民協會」非華人一名，「非官守之太平紳士」華人一名，非華人一名。議員沒有性別限制，也不限於英籍。唯對華人議員和英籍人士（包括英籍華人、非英籍的歐美人士）在居港時間上有不同的限制。議員任期為三年，可連任一次。擔任議員的年齡，不得在三十歲之下；選舉人年齡不小於二十五歲。市議會的職權範圍，與現市政局所執行的職權相同。

　　「楊計劃」的產生，從當時國際大環境看，體現了二戰後英國對殖民地管治模式的「非殖民化」的策略調整，正如楊慕琦所言，把「重要的政府職能」轉交給「一個基於完備代議制的市議會」；[36] 從香港本地而言，楊慕琦作為被日軍關押了三年零八個月的戰俘，重任港督後，底氣不足，想借這種含有代議制成分的政制改革，重拾民望，挽回一些英國管治香港受損的面子，以利英國的長久管治。

　　「楊計劃」上報倫敦後，就在上層人士中打轉，對其爭論不休，一直拖延到楊慕琦退休返回英國仍未止息。

　　正當英國殖民地部對「楊計劃」意見紛紜、舉棋不定之際，香港

35　據〈功業未成的政改計劃 ——《楊慕琦計劃》〉的內容歸納，詳見區志堅、彭淑敏、蔡思行：《改變香港歷史的 60 篇文獻》，香港：中華書局，2011 年 5 月版，第 191－198 頁。

36　轉引自【英】韋爾什著，王皖強、黃亞紅譯：《香港史》，第 487 頁。

也出現了支持和反對的兩種意見。1949 年 6 月，立法局首席非官守議員 Landale 在立法局提出動議，要求放棄成立市議會計劃，轉向討論立法局改革，主張立法局設 20 席，其中包括港督在內的官守議員 9 人，非官守議員中部分由總督委任，部分由英籍人士投票選出。同年 7 月，香港中華廠商聯盟、九龍總商會、中華總商會等 142 個華人團體的代表聯署請願書，要求立法局 11 名非官守議員全部民選產生，其中 6 人應為華人（不論國籍）；支持成立市議會，但 30 名議員全部由選舉產生。[37]

　　上述有關立法局選舉制度的改革建議雖未被採納，但市政局於 1952 年 5 月 30 日首次舉行了非官守議員選舉，貝納祺和雷瑞德當選。作為「楊計劃」，最後卻出現反對和支持的兩種意見，而且殊途同歸，一致要求改組立法局，增加民選議席，觸及了英國的底線。出現這種情況，是英國不願意見到的，再加上中國內地政治大變動的因素，1952 年 10 月，英國和港英政府同時宣佈取消「楊計劃」。

　　有關市政局議員選舉的改革，一直到二十世紀六十年代還在緩慢地進行。1953 年，市政局民選議員由 2 名增至 4 名。1956 年非官守議員增至 16 名，其中一半民選產生，另一半議席由委任產生，[38] 而立法局產生辦法的改革仍處在停滯狀態。1946 年立法局恢復運作時有 9 名官守和 7 名非官守議員，1951 年時增加了 1 名非官守議員。從總體構成上，官守議員仍比非官守議員多 1 名。

37　詳見李澤沛主編：《香港法律大全》，北京：法律出版社，1992 年 3 月版，第 32 頁

38　王賡武主編：《香港史新編》（上冊），第 133 頁。

四、英國的決定：香港不進行政制改革

　　港英的政制，從 1843 年確立以來，至二十世紀八十年代以前，不但一百多年來沒有實質性的變化，而且在英國的不同歷史時期，英國政府都否決了來自港英管治層面要求政制改革的建議，除了英國殖民地大臣亨利·拉布謝爾所持「經典」理由外，英方是否還有其他考慮呢？

　　打開歷史的篇章，拂去歲月的風塵，讓我們從另一個角度再探個究竟。

1. 英國佔領香港島的目的

　　英國經過十七世紀資產階級革命和十八世紀開始的工業革命後，成為資本主義的頭號國。伴隨工業化的進程，英國不斷向外擴張，爭奪推銷其產品的市場。據德國《每日鏡報》2012 年 11 月 6 日報道，英國歷史學家斯圖爾特·萊科克最新調查披露，在聯合國 193 個成員國中，只有 22 個國家沒有被英國軍隊涉足過。可見這個「日不落」王國霸權之廣。當然，當時古老東方大國 —— 中國也成了英國覬覦的目標。

　　英國是以商立國的海洋國家，政府的政策是鼓勵、促進貿易，保護經商。英國憑藉海上實力，用武裝商船打開貿易通道，不斷侵佔別國島嶼作為軍事和通商據點，以便繼續鞏固和擴大貿易範圍的版圖。英國最初的對華貿易也是按着這個思路進行的。

　　1636 年（明崇禎九年）4 月，英國海軍上校約翰·威德爾（John

Weddell）率四艘武裝商船離開英國赴中國貿易，是為英國史上首次正式派遣商船來華。行前，英王查理一世授權威德爾：「凡屬新發現的土地，若據有該地能為朕帶來好處與榮譽，即代朕加以佔領。」[39]後來，威德爾的船隊採用武力威脅手段，迫使廣州當局同意其船隊駛入廣州進行了貨物交易。威德爾返英後在報告書中提出建議，為了發展對華貿易，英國應奪取海南島作為英國的屬地。[40]

　　到了清朝，英國對華的上述擴張目標一直未變。他們在等待時機。1789 年 10 月，在清廷為乾隆皇帝籌辦八十歲大壽時，廣東海關的官員向廣州英商大班建議派代表赴北京賀壽，但英商擔心在祝壽禮節上，與清廷達不成一致意見，便放棄了這次活動。這件事雖然很晚才傳到倫敦，但英國政府卻捕捉到這一信息，快速作出反應，英王喬治三世決定還是以給乾隆皇帝祝壽的名義，派遣外交官馬戛爾尼（George Macartney）率使團訪華。

　　1792 年（清乾隆五十七年）9 月 26 日，馬戛爾尼一行攜六百餘箱貨物作為見面禮，內裝多為科技、工業最新製品及珍奇玩具、車輛、先進儀器等，組成由海軍獅子號軍艦、印度斯坦號商船和豺狼號供應船組成的大型船隊，從英國樸茨茅斯港啟航，於次年 7 月抵達中國。這時的乾隆皇帝已經八十三歲了，於 9 月 14 日在承德避暑山莊接見、宴請了英國使團。

　　按照英方的部署，馬戛爾尼以照會形式向清政府提出六條要求：

　　(1) 開放舟山、寧波和天津港為通商口岸。

　　(2) 英國在北京設立貨棧，買賣貨物。

39　馬士：《東印度公司對華貿易編年史》，1926 年牛津出版，第 1 卷，第 16
　　頁，轉引自余繩武、劉存寬主編：《十九世紀的香港》，第 24 頁。

40　同上註。

（3）將舟山附近一個不設防的島嶼讓給英國，供英人居住和存放貨物。

（4）將廣州附近「一塊類似的地方」讓給英國。

（5）英商在澳門、廣州之間運載貨物免納過境稅。

（6）英商只按清廷公佈的稅則納稅，不另納稅。[41]

英國提出的上述六條要求，其核心內容是「索地」，這是侵犯中國主權和領土完整的無理要求，理所當然地遭到乾隆帝的拒絕。這次中、英當面交鋒，英國使者碰了一鼻子灰，沒有達到預期的目的。但英國使團這次來華，卻有意外的收穫，就是多少摸清了清廷的實力。

使團在返回英國途中，1793 年 10 月 7 日從北京出發，沿運河南下，途徑浙江、江西、廣東諸省。從英國船隊 1793 年 7 月 25 日到大沽至 1794 年 1 月 17 日從廣州回國，在中國南方逗留達半年之久。使團透過晉謁乾隆皇帝的過程，了解了清廷的行政方式和處事理念；船行沿途所見，將沿海地區的防務設施和軍事裝備以及社會狀況、風土人情，盡收眼底。隨行的使團畫匠，將此林林總總，繪於筆端，揭開了龐大天朝帝國的神秘面紗，為英國以後發動對華侵略戰爭，提供了情報上的支持。

中、英貿易初期，清朝向英國輸入的是茶葉、絲綢、瓷器等商品，特別是茶葉，英國的需求量很大，在鴉片戰爭前，輸入量就以千萬磅計。而英國輸華的是棉毛紡織品、鐘錶等精密儀品和鼻煙之類。英國和中國的清朝處在不同的社會和經濟發展階段，英國的這些高檔商品，相對於以自給自足自然經濟為主的清朝而言，只能是

41　轉引自余繩武、劉存寬主編：《十九世紀的香港》，第 27 頁。2012 年 7月由中國社會科學出版社出版的《簡明中國歷史讀本》也有類似的概括。

極少數人才能享用得起的奢侈品，不可能形成有規模的市場交易，這就造成了中國出超、英國入超的貿易格局，英國要向清朝支付大量白銀。這種貿易結構的不平衡對英國來說，是不可能長期忍受的。於是，英國人就盤算必須找到一種成本低、利潤高而又能在華打開市場的替代物，以抵消茶葉輸英給清朝帶來的巨額利潤。這種替代物終於被英國找到了，這就是鴉片。

鴉片，英文 Opium 的音譯，是從罌粟果內乳汁中提煉出來的乾膏狀物品，主要成分為嗎啡，可藥用；如抽吸，就是刺激性很強的麻醉毒品，易成癮。東印度公司鼓勵印度農民種植罌粟，提供了大量貨源。英國利用鴉片這種特性，在清朝雍正時期開始經營，並逐年增加對華的輸入量。從嘉慶五年（1800 年）進口 2,000 箱（每箱重 130 餘磅）到道光十七年（1837 年）增至 39,000 箱。在「十九世紀三十年代，鴉片已佔英國輸華商品總值的三分之二，英國駐華商務總監的首要工作就是保護和繼續擴大鴉片貿易」。[42] 英國商人在販運鴉片中獲利，英國和印度政府因此獲得大量稅收，清朝官員和商家因走私鴉片而獲得持續不斷的賄賂和佣金。在暴利的驅使下，內外勾結，鴉片走私屢禁不止，導致清朝的白銀外流，國庫漸虛；社會風氣敗壞，國力日衰。

面對上述危機，清廷決定以行動禁止鴉片貿易，道光皇帝於 1838 年底派林則徐為欽差大臣赴廣東禁煙。次年 6 月，林則徐將收繳的鴉片在廣州虎門海灘當眾付之一炬，銷毀鴉片總量達 270 餘萬斤，給了英國鴉片商和英國的對華貿易政策以沉重的打擊。隨即英國便發動了侵華的鴉片戰爭，迫使清政府簽署了《南京條約》。英國

42　余繩武、劉存寬主編：《十九世紀的香港》，第 36 頁。

終於實現了自己的戰略意圖，在中國佔領一塊地方 —— 香港島。在長時間的鴉片走私貿易中，香港海域就成了走私鴉片的一個重要據點。港島的這一功能得到了英國鴉片商的重視；香港作為天然深水良港的自然條件，又使英國海軍將領們認識到它的軍事價值。這些因素收窄了英國上層對佔領中國何處一塊地方的分歧。英國人考慮了海南島、廈門、寧波、舟山，最後選定了香港這塊地方。

在十九世紀的中英關係史上，中國透過通商渠道向英國輸送了綠色飲品 —— 茶葉，滿足了英國人優雅地喝下午茶的習慣，而發達的英國，為了扭轉英中貿易上的逆差，卻向中國非法大量輸入黑色毒品 —— 鴉片，讓中國人在麻醉中沉淪。這就是當時中英關係的縮影。從此，西方列強打開了中國的門戶。

英國佔領香港的目的，就是實現早已定下的戰略目標，在中國建立一個通商、外交和軍事據點，並以此作為繼續對華擴張的基地。只是在不同的歷史時期或因外部環境的變化，上述三個功能有不同程度的側重和交集而已。

英國宣佈對香港島實行殖民統治伊始，1843 年 6 月 3 日，殖民地大臣斯坦利向璞鼎查發出訓令，明確告之踞有港島「不是着眼於殖民，而是為了外交、軍事和商業的目的」[43]，清楚點明了香港與英國在世界上其他殖民地的不同之處。明瞭此點，是認識數任港督在任上作為的鎖鑰。

43　科林斯：《香港行政》，第 47 頁，轉引自余繩武、劉存寬主編：《十九世紀的香港》，第 177 頁。

2. 數任港督在佔領香港地區中的作用

英國最後完成對整個香港地區的佔領，經過了三個不平等條約，用了五十六年的時間。從佔領的過程看，數任時任港督就是緊緊圍繞上述目的開展活動的，只是所處時期不同而有所側重而已，其所起的作用舉足輕重。

1841 年 1 月 26 日，英軍侵佔港島，英國即派璞鼎查為英國在華全權代表，先在軍事上攻城略地，造成威壓之勢，意在迫使清政府簽訂《南京條約》。簽約後，璞鼎查還執意指名要求清廷欽差大臣耆英來到香港，於 1843 年 6 月 26 日，雙方互換了《南京條約》批准文本。同年 10 月 8 日，又與耆英簽訂了《虎門條約》和先前公佈的《五口通商章程：海關稅則》，使清朝的重大權益進一步受損。至此，璞鼎查在外交上又完成了英國佔領港島的後續工作。正因如此，當時已去職的巴麥尊稱《南京條約》為「滿意的結果」。新任外交大臣阿伯丁伯爵（Lord Aberdeen）在訓令中對璞鼎查的工作「深為讚許」，並「完全認可」。[44]

在外交談判中，英國人的慣性思維是在決定走出第一步時，必須考慮好第二步如何走；如果第二步、甚至第三步尚未謀略好，則決不邁出第一步。英方在簽訂《南京條約》時，其內部對是否同時割佔港島對面的九龍半島意見紛紜。不贊同者認為時機不成熟，但主張要求清政府不得在九龍半島設防，以便待時而佔。璞鼎查即是這種態度，因此在簽訂《南京條約》時，未提九龍問題。英國外交部對

44　阿伯丁致璞鼎查，馬士：《中華帝國對外關係史》第 1 卷，第 758 頁，轉引自茅海建：《天朝的崩潰：鴉片戰爭再研究》，北京：三聯書店，2014 年版，第 488 頁。

此「完全贊同」。[45]

　　此外，璞鼎查還額外完成了其他任務，爭取鴉片貿易合法化即是其中一項。巴麥尊曾在訓令中指示璞鼎查利用一切機會勸說清政府放棄禁煙法令，但英國政府「並不作任何要求」。據璞後來的報告，耆英曾作出保證，清朝今後將禁煙範圍「局限於本國兵民」，也就是說，不再對英國鴉片販子採取行動。[46] 以此保住港英政府的稅源。

　　可以說，「璞鼎查超額完成了英國政府交予的任務」。[47]

　　《南京條約》簽訂後，英軍仍在舟山駐紮。第二任港督戴維斯就英軍交還舟山事宜，於 1845 年 11 月 20 日在香港與耆英談判，最後，戴維斯與耆英在虎門簽了交還舟山的協定。戴維斯還和第三任港督文咸相繼謀取英國人進入廣州的權利。文咸曾率三艘軍艦進入內地威脅廣東當局，因遭到珠江兩岸人民聲勢浩大的集會抗議而未遂。

　　在文咸任內，內地的太平天國反清軍事活動攻勢凌厲，勢如破竹。1853 年 3 月，太平軍攻克南京。為了摸清太平軍的底細，爭取政治周旋空間，文咸以所兼的英國駐華公使身份，於同年 4 月 27 日親赴南京會見太平軍領袖。他致函太平軍，要求太平天國接受《南京條約》，並隨函附送一份該條約。結果受到太平天國的抵制。文咸的這次南京之行，為這個時期英國對華的「中立」外交政策提供了第一手情報。返港後，針對調研的情況，文咸主持制定了港英政府對太平天國成員在港活動的法律《遞解出境條例》，於 1854 年公佈。

　　正如有的評論指出，港督文咸造訪南京一事表明，「香港不但是

45　余繩武、劉存寬主編：《十九世紀的香港》，第 79 頁。

46　茅海建：《天朝的崩潰：鴉片戰爭再研究》，第 488 頁。

47　同上註，第 487 頁。

英軍在遠東的前哨站，亦是英國在華的外交前哨站，地位重要」。[48]

在第二次鴉片戰爭中，時任第四任港督寶寧和其繼任者赫科萊斯‧羅便臣（Hercules Robinson）參與了全過程。

1856 年 10 月 8 日，英國駐廣州領事巴夏禮（H. S. Parkes）與英國駐華全權代表兼香港總督寶寧共同策劃，以「亞羅號」事件為藉口，挑起了第二次鴉片戰爭。

是日，停泊在廣州黃埔港的「亞羅號」貨船被人舉報，稱船內載有贓物和海盜人員，廣東水師在例行檢查中，拘捕了兩名海盜和十名有嫌疑的水手。「亞羅號」是一艘小型快速帆船，船東是中國人，船長是被僱用的英國人，其餘水手均為中國人。該船根據港英政府頒佈的《船舶註冊條例》於 1855 年 9 月 27 日在香港註冊，執照有效期為一年。案發時，已過有效期。因此，中國地方官員在停泊於中國領海的中國船上執法，是一件再正常不過的事情，但卻在寶寧的支持下，巴夏禮無理糾纏，堅稱「亞羅號」為英國船隻，應受英國保護。在寶寧的壓力下，廣州官方只好將被拘人犯送往英國領事館，但又遭拒收。這是英方在有意繼續製造事端，擴大事態。

10 月 20 日，寶寧、巴夏禮和海軍上將西馬糜各厘（M. Seymour）在香港議決採取軍事行動，由西馬糜各厘率艦隊從香港出發，一度攻入廣州城，廣東軍民在香港中國居民的支持配合下奮起抵抗。第二次鴉片戰爭爆發。

英國挑起這場戰爭的目的，是為了在中國奪取下一個擴張目標 —— 九龍半島，以便掌控具有軍事價值的港島與九龍半島之間的海域 —— 維多利亞海港。這也是第一次鴉片戰爭英國的預期目標。

48　蔡恩行：《香港史 100 件大事》，香港：中華書局，2012 年版，第 73 頁。

戰火燃起後，寶寧為了實現這個目標，向英國政府建議增兵，並聯合法國共同行動。英國政府採納了寶寧的建議，於 1857 年 7 月任命額爾金為全權專使，率一支海陸軍來華作戰。同年 12 月，英、法聯軍在香港集結。1860 年 3 月 18 日，英國新任侵華陸軍司令克靈頓（H. Grant）中將，與羅便臣共同籌劃，指揮英軍侵佔尖沙咀一帶。九龍半島成了英法聯軍的駐地，香港港口也成了他們的軍港。在第二次鴉片戰爭中，港、九的軍事價值被充分彰顯出來。同英國用武力強迫清政府割讓香港島一樣，這次英國還是故技重施，先佔、後談、再逼迫清廷簽約割讓。割讓九龍半島給英國的《北京條約》（1860 年 10 月 24 日）就是這樣強訂的。

第十一任港督威廉·羅便臣更是展拓界址，強租「新界」的積極籌劃者和推動者。

1894 年，中日甲午戰爭爆發。威廉·羅便臣趁火打劫，於同年 11 月致函英國殖民地大臣里彭（Lord Ripon），以港島、九龍的「軍事防禦」需要為由，提出強行佔領新界。甲午戰爭後，外國列強在中國掀起了瓜分狂潮，羅便臣又抓住這一時機，於 1897 年 12 月 14 日再次致函殖民地大臣約瑟夫·張伯倫（Joseph Chamberlain），重申「拓界」主張，函請立即採取行動。最後，英國決定參與外國列強瓜分中國的行動，於 1898 年 6 月 9 日，中英《展拓香港界址專條》在北京簽字。被英方稱為「新界」的這塊地方，被英國強租 99 年。新界面積佔全港總面積的 92%。

在英國人的著述中，第十七任港督金文泰（Cecil Clementi）「是第一個向倫敦提出所謂『租界問題』的人」。[49] 他發現了「租借」與「永

---

49 【英】羅拔·郭瞳著，岳經綸等譯：《香港的終結》，香港：明報出版社，1993 年版，第 30 頁。

佔」的矛盾並試圖解決。

金文泰畢業於牛津大學，1899 年經文官考試被招聘為官學生
（1960 年代以後稱政務官），在廣州學習粵語和中國書法兩年，並從
事新界土地登記工作，後升任助理輔政司、代理輔政司，兼任行政
局和立法局官守議員。金文泰因對中國文化的濃厚興趣以及在香港
的工作經歷，被委任為港督，處理日益緊張的粵港關係。

金文泰任職港督五年（1925－1930），在其就任前後，上海發生
了反對帝國主義的「五卅運動」；香港工人為了聲援這次運動，在廣
州工人的配合下，又舉行了省港大罷工。這兩次工人運動的參加者
均遭到上海英國巡捕和廣州英國水兵射殺，分別死傷數十人，造成
震驚中外的「五卅慘案」和沙基慘案，激化了中國工人與英國殖民者
的矛盾。在 1926 年至 1927 年北伐戰爭節節勝利的鼓舞下，漢口、
九江人民從英國人手裏收回了兩地租界。金文泰十分擔心租借來的
新界在中國南方工人反對英國的浪潮中遭此命運，遂於 1927 年 1 月
致函英國殖民地大臣李奧·艾默里（Leo Amery），提出問題的嚴重
性：「如果把新界還給中國，這將是對這塊殖民地的致命一擊。」金
文泰就此提出兩個建議：

一是英國要求中國永久性地割讓新界，作為英國在 1921 年至
1922 年所舉行的華盛頓會議上同意從威海衞撤出的交換條件。[50]

所謂華盛頓會議，於 1921 年 11 月至 1922 年 2 月召開，是列強
限制軍備及遠東和太平洋的殖民地以及勢力範圍再分割的會議。會
議期間，由於中國代表的要求和中國人民反對列強的鬥爭和列強之
間的矛盾，法國和日本被迫同意撤出或交還各自在中國佔據的租借

50　同上註，第 31 頁。

地，英國表示在集體交還租借地時會放棄威海衛。對金文泰所提第
一條建議，英國殖民地部遠東司司長華達．埃利斯（Walter Ellis）在
1927 年 1 月 22 日的一份香港檔案的頁邊作出這樣的批註：

> 　　令人後悔不已的是，我們在華盛頓會議上同意放棄威海
> 衛，但卻沒有提出任何交換條件，例如沒有要求將租約轉為永
> 久佔據，現在已沒有可能再提出這條件了。[51]

　　二是建議英國從中國南方的反英情緒中獲利。金文泰認為，如
果英國覺得有必要採取任何「類似戰爭的行動」來保護其在中國南方
的利益，它就應該把割讓新界作為未來與中國「恢復友好關係的一個
條件」。[52]
　　艾默里對上述建議作了這樣的答覆：

> 　　考慮到最近要求中國收復主權的運動不斷加強，在現時討
> 論租借問題將是極端危險的……如果讓中國人發現我們對新界
> 問題大為緊張而不是向他們表明一切正運作如常，他們將對這
> 一弱點加以利用，這可能會引發一場導致收回租借地甚至整個
> 香港殖民地的運動。[53]

　　金文泰並未因此停止爭取永佔新界的活動。1927 年，他利用回
倫敦休假的機會，繼續游說殖民地部官員。他在 6 月 28 日的殖民地
部會議中提出，新界問題不完全是基於防衛香港的理由，也涉及到

51　轉引自同上書，第 47 頁。
52　轉引自同上書，第 31 頁。
53　轉引自同上書，第 32 頁。

開發新界的公共開支和城鎮規劃，還有私人投資問題。他認為：「香港政府必須對投資者顯示其決心，以買賣新界土地超逾九七年之期限作為信心的保證。」[54] 1928 年 11 月，金文泰又在倫敦與外交部官員就香港問題舉行會議，再度謀求解決新界土地批租問題，但內部意見並不一致。不同意金文泰主張的人認為，如果採納金文泰的建議，會加劇中國人的反英情緒，惹來其他列強火中取栗，不如按兵不動，以後再說。這種意見佔了上風，金文泰的建議也就被淡化了。

歷任港督在英國佔領香港地區中的作為，始終一以貫之：為鞏固、發展英國在遠東地區這一商貿、軍事、外交據點的功能開展活動。為此，英國必須牢牢掌握對香港的直接管治權，維護直轄式的特徵。英國人懂得，香港的歷史沿革、香港所處的地理位置、香港人中絕大多數為中國人的事實，決定了任何在香港進行的民主改革，都會帶來風險，或為他人作嫁衣裳，與英國佔領香港的總體戰略不符。

3. 二戰後英國對香港政制改革的主張

葛量洪（Alexander Grantham）作為楊慕琦的繼任者，於 1947 年 7 月 25 日就任香港第二十二任總督。此時正值第二次世界大戰結束不久，英國的殖民體系已處在風雨飄搖之中，僅在亞洲地區，印度、錫蘭、緬甸已相繼獨立。楊慕琦和葛量洪前後在港督位置上所面對的國際環境大致相同，但兩人在香港政制問題上卻有不同的主張。楊慕琦提出的市政層面的改革計劃，葛量洪持反對態度。

54　記載於 CO129，倫敦檔案局，轉引自《香港的終結》，第 32 頁。

　　葛量洪認為，香港地方細小，中央政府（即「港英政府」）和有規模的市政府很難並存。他舉例說，新加坡的面積和香港差不多，戰前和馬來西亞是一個整體時，新加坡設有市政府是適當的，但這兩個地方分開後各有政府時，新加坡的市政局便顯得沒有容納的必要了。這樣做會造成架構的重疊和整體行政更多的支出。針對戰後英國殖民地部和港英政府進行的政制改革之舉，葛量洪提出了不同的見解：「香港的問題與其他殖民地不同，因為香港永遠不能宣佈獨立；它只可繼續是英國的殖民地，或被中國收回成為廣東省的一部分。」[55] 因此，葛量洪發出這樣的疑問：「我們應否將一個只是適用於其他殖民地的理論用於香港而危害它的未來呢？」[56]「楊計劃」最後胎死腹中，實在與葛量洪的反對態度有很大關係。這裏還須指出，葛量洪關於香港前途的估計和「香港永遠不能宣佈獨立」的結論，確為明智之見。

　　香港政制改革的呼聲一直持續到二十世紀六十年代，致使英方不斷就此表態。

　　1966 年 9 月 2 日，英國殖民地事務大臣弗雷德里克‧李（Fredrick Loe）在訪問香港舉行的記者招待會上和電台廣播中說：不能預測香港政制上有任何重大改變的可能，香港的政制發展有明顯的限制的，因為香港不能像其他屬地的演變一樣，希望達成自治或獨立的地位。成立民選立法機構的主張是錯誤的，因為這些政制發展只有最終的目的是要達成自治或獨立才會真正有意義。[57]

55　亞歷山大‧葛量洪著，曾景安譯，趙佐榮編：《葛量洪回憶錄》，第 146 頁。

56　同上註，第 147 頁。

57　李宏編著：《香港大事記》（公元前 214 年—公元 1987 年），北京：人民日報出版社，1988 年版，第 122 頁。

　　1967 年 2 月，港英政府「政制改革工作小組委員會」發表的報告書，對此又作了進一步的說明：香港大部分土地既然是租借的，便排除了任何政制改革的可能性。[58]

　　對英方的上述觀點可以作出這樣的歸納：英國逐步佔領整個香港地區，主要目的是在中國建立、經營具有軍事、外交和貿易功能的據點，以推行其擴張政策，同時，又使之成為英國在遠東政治經濟勢力範圍的象徵，主要不是為了殖民，更不是為了進行民主改革。依英方的眼光看，香港與英國所屬其他殖民地相較，有其不同之處，這就是香港永遠不能自治或獨立，再加之香港大部分土地是英國租借的，這是不可逾越的歷史和現實障礙，這就使得所有的政制改革在他們心目中成為沒有實際意義的事情，如果把握不當，還有可能加劇這個敏感地區本來就不平穩的局面。對於有任何民選成分的代議制改革，即使是來自香港社會上層的呼聲，而且僅僅是向英籍人士開啟，大門最後都被英廷緊緊關上，以保持英國對香港的直接管治。因此，英國於十九世紀四十年代對香港實行殖民統治伊始，至二十世紀八十年代前，英國不在香港實行政制改革，以維護維多利亞女王時代建立的政制根基，這已成定論。正是這個原因，英國政府於 1968 年 9 月 16 日簽署《公民權利和政治權利國際公約》，並於 1976 年 5 月 20 日正式交存其對公約的批准書時，專門為香港對公約關於選舉的規定（第 25 條乙款）作出保留，不在香港適用。其措辭為：「聯合王國政府就 25 條（乙）款可能要求在香港設立經選舉產生的行政局或立法局，保留不實施該條文的權利。」正如香港人常說的那樣：在百餘年的英國管治下，香港有自由，沒有民主。

58　同上註。

第二章

匆忙的政改期

（1985 — 1997）

一、七十年代香港外部環境的重要變化

　　二十世紀七十年代，對於香港來說，是一個重要的年代。在七十年代，香港的內、外情況都發生了重要而顯著的變化，特別是香港的外部環境出現了有利於香港問題解決的積極態勢。

　　1971 年 11 月，中華人民共和國恢復在聯合國的合法席位，並於同年 12 月被選入非殖民化特別委員會。

　　1972 年 2 月 27 日，中國和美國發表聯合聲明，簽署了《上海公報》。公報宣佈：「美國認識到，在台灣海峽兩邊的所有中國人都認為只有一個中國，台灣是中國的一部分。美國政府對這一立場不提出異議。」1979 年 1 月，中美兩國建交。

　　1972 年 3 月 14 日，中國與英國在北京達成兩國互派大使的協定，以聯合公報的形式公開發表。

　　1972 年 9 月，中國和日本兩國實現了邦交正常化。

　　1975 年 2 月，中國和葡萄牙兩國正式建交。

　　1978 年 12 月，中國共產黨召開了十一屆三中全會，中國進入了改革開放的新歷史時期。

　　1978 年 12 月 26 日，第五屆全國人大常委會第五次會議討論通過《告台灣同胞書》，於 1979 年元旦發佈，宣佈解決台灣問題、實現和平統一的方針政策。

　　在中英關係進入新階段的背景下，香港問題作為中英關係中一個重要問題應該加以明確。在通常情況下，殖民地是因外國管治而喪失了主權的國家，而香港、澳門地區並不是這種情況。這兩個地區雖然被外國管治，但中國從未喪失對港、澳地區的主權，殖民地概念並不適用於香港、澳門。可是，聯合國非殖民化特別委員會卻

把香港、澳門列入《給予殖民地國家和人民獨立宣言》（即「反殖宣言」）適用的《非自治領土名單》之內，受該特委會的監督。為此，1972 年 3 月 8 日，即在中英關於互派大使聯合公報發表前夕，中國常駐聯合國代表黃華奉命致函聯合國非殖民化特別委員會主席薩利姆，重申中國政府對港、澳問題的一貫立場。函件指出：「香港和澳門是被英國和葡萄牙當局佔領的中國領土的一部分，解決香港、澳門問題完全是屬中國主權範圍內的問題，根本不屬通常所謂的『殖民地』範疇。因此，不應列於反殖宣言中適用的殖民地地區的名單之內。」聯合國非殖民化特委會於同年 6 月 15 日通過決議，向聯大建議從殖民地名單中刪去香港和澳門的名字。11 月 8 日，第二十七屆聯大以 99 票對 5 票（美、英、法、葡和南非）的壓倒多數通過相應的決議，確認了中國對香港、澳門的立場和要求。

　　中國對港澳地區的立場得到國際社會的公認，意義重大而深遠。聯合國這個決議，排除了對香港「國際共管」或聯合國對此問題進行討論的可能性；避免了聯合國非殖民化委員會列舉的殖民地名單使其「獲得獨立」的問題；為中國恢復對港澳地區行使主權清除了障礙。

　　六七十年代正值中國內地的「文革」時期，除 1967 年一度失控，但很快得到糾正外，內地千方百計阻止其政治運動波及香港，而且繼續採取有效措施，克服內地政治動盪給經濟發展帶來的嚴重困難，以優惠的價格，保證對港食品、生活用品的供應。據統計，從七十年代開始，香港從內地進口的食品價格平均較國際市場低 50% 以上，原料約低 30%，衣服等消費便宜 25%。[1] 這對有效提升香

1　徐日彪：〈為順利解決香港問題奠定扎實基礎〉，《人民日報》，1997 年 6 月 24 日，第 9 版。

港普羅大眾的日常生活水平，對促進七十年代香港的經濟起飛顯然
是一種助力。

　　麥理浩就是在這種大環境下，走馬上任，就任香港第二十五任
港督。

二、七十年代英國對香港的戰
　　略部署

麥理浩

　　1968 年，英國將殖民地部與外交部合併
為外交及聯邦事務部，香港事務由該部管理。
英國政府機構的這種變動，為香港總督人選由
軍人將領和殖民地官員中產生的舊例，改由外
交官出任提供了一種可能的選擇。事情的進展
果然如此。1970 年 10 月 15 日，英國政府宣佈將於 1971 年初才卸任
的英國駐丹麥大使麥理浩出任香港總督，任期由 1971 年 11 月 19 日
開始。這樣，麥理浩就成為第一位由外交官身份出任的香港總督。

　　麥理浩（Murray MacLehose 1917－2000）生於蘇格蘭，在牛津
大學修讀歷史，曾被派往中國福建廈門學習語言。二次世界大戰結
束前，曾在漢口、福州任署理領事和署理總領事。1963 年任英國外
交部遠東司司長，後任英國駐越南、丹麥大使。

　　麥理浩在就任港督前的準備期間，被外交及聯邦事務部有關官
員要求提交一份如何履職的參考大綱。1971 年 10 月 18 日，麥理浩
將一份自己草擬的名為《香港候任總督的指引》（以下簡稱《指引》）
的文件呈交，並附一函，大意為：

該文件是仍未定稿的，只能視之為外交及聯邦事務部和他對治港的重點關注事項，以及其因應之道；而確實的行動綱領和建議，就有待到任和經實地考察後才可制定。……這份文件是不適宜以目前的形式，展示給任何香港政府的官員，以及與香港政府聯絡時，亦不要直接提及這份文件。[2]

從後來解密的這份文件和麥理浩在香港的執政情況看，《指引》確實是上世紀七十年代的英方治港大綱，是這個時期英方對香港的總體戰略部署。

《指引》有三點引人注目之處：

一是提出了就香港前途問題英國同中國談判的大致時間表。由於七十年代國際形勢的變化和中國國際地位的迅速提高，加之新界租約日短不可逆轉的趨勢，《指引》在七十年代初始就此提出了與中國何時談判香港問題的建議：「在任何情況下，英國必須在租約（《展拓香港界址專條》）屆滿前的一段時間，又或是早在信心崩潰前，便要和中國進行談判。」[3]

這是因為香港實行土地批租政策，即由政府主管部門按照一定年限將土地批給個人或法人團體使用。因受「新界」租期的限制，港英政府批租「新界」土地的契約，均於 1997 年「新界」租約屆滿之前三日到期，即只批到 1997 年 6 月 27 日為止。一般而言，批租年期的長短與政府收取的地租成正比，隨着港英管治「新界」屆滿期限的臨近，直接影響到政府的土地批租，從而逐漸產生了投資者的信

2　李彭廣：《管治香港：英國解密檔案的啟示》，香港：牛津大學出版社，2012 年版，第 60 頁。

3　轉引自同上註第 61 頁。

心問題。

二是對港現行政策。《指引》建議：「由於要避免與當時的中國政府談判，英國便要小心，不要正式或非正式地與中國談論香港的地位問題，以免引起任何不切實際的期望。英國亦要繼續避免在香港有任何行動，引致中國政府重新思考其香港政策，這些行動包括：阻礙中國在香港賺取正當的利潤；容許不必要的衝突或引起合理的關注；以及使人有任何邁向代議政府或走向獨立的印象。」[4]

麥理浩在七十年代初提出的對港上述現行政策時，正值中國內地處在如火如荼的「文革」期間，包括中國外交部在內的眾多政府部門已無法正常履行職責，遑論就香港前途問題展開談判。值得注意的是，在香港政制問題上，《指引》仍強調堅持英方的一貫政策：不進行任何形式的代議制改革。

三是提出對港未來工作目標。《指引》提出：「英國必須在香港有意識地制定加強信心的政策，藉以爭取充分時間，讓有利於談判的條件在中國出現。相反地，英國要避免在香港出現凸顯租約年期遞減的行動和行政程序。」[5] 麥理浩的此項建議，在提出之初就有很強的目的性，將他未來的施政措施和所要達到的政治性目標連接起來，以後的實踐證明，麥理浩基本做到了過程和目的首尾對接。

麥理浩草擬的這份七十年代治港大綱和對其的處理方式，可以看出英方對香港問題的老謀深算和操作上的周密細緻。以下，對此作一番粗略的考察。

4　同上註。

5　同上註。

三、麥理浩的施政與英國對港戰略的對接

麥理浩將《指引》遞呈外交及聯邦事務部後一個月，即赴港履新。這時的香港，港英政府財政上已有了盈餘，而其前任戴麟趾（David Clive Crosbie Trench）已啟動了一些改革，奠定了初步的改革基礎。這些有利條件，使麥理浩甫一上任，即以強政勵治的態勢，對香港的各項工作進行了大刀闊斧的改革和快速推進。他以改善民生為切入口，以爭取民意、民心為立足點，優先處理房屋、教育、公共交通和反腐倡廉等四大市民關心的熱點問題。

在住房問題上，1972 年 10 月，麥理浩提出了「十年建屋計劃」，即在十年內新建供 180 萬人居住的房屋，為此由政府成立了直屬港督領導的房屋委員會。如此大的建屋量，只能另闢蹊徑，向新界求地，為此政府又成立了「新界拓展署」，制定新市鎮發展計劃。從 1973 年至 1983 年十年間，共花費 68 億港幣，包括改建早期徙置居民的屋村，共解決了 150 萬居民的住房。[6] 在新市鎮初具規模時，1976 年，麥理浩又推行「居者有其屋」計劃，即在香港居滿七年，無力購買私人樓房且家庭收入不超過一萬元者，可買政府興建的公屋，售價低於市場價的 20%－40%。此舉很受歡迎。截至 1993 年 3 月 31 日，受惠此計劃的人數達 520,800 人。[7]

在公共交通和城市建設上，麥理浩主政十餘年中，開通了穿越維多利亞海峽的海底隧道，興建了香港地鐵等大型交通設施，從根本上改變了香港的交通。與此同時，1974 年落成的康樂大廈（1988

6　張連興：《香港二十八港督》，香港：三聯書店，2012 年版，第 351 頁。
7　港英政府年報《香港 1994》中文本，第 441 頁。

年易名怡和大廈）高五十二層，為當時東南亞最高的建築。1980 年
建成的合和中心，高六十六層，為當時香港的最高建築物。以後形
態各異的建築物拔地而起，成為香港壯觀的景象。

在教育方面，實施九年免費強迫教育制度。從 1971 年開始，
政府為每一位適齡兒童提供學位，實現了小學全部免費教育。1978
年，又把免費普及教育延展至初三。麥理浩在到任後的第一份施政
報告中就提出：「我們的最終目標當然是要為本港十二至十四歲的全
部兒童提供三年中等教育。」[8] 適齡兒童沒有充分理由而不就讀者，
其家長要負法律責任，從而實現了九年免費強迫教育。此項改革為
香港中、小學教育的普及和提高產生了廣泛而長遠的影響。

強力打擊貪污，成立廉政公署。這是麥理浩施政中計劃外的
亮點。1973 年 6 月 8 日，香港發生了一件轟動大案，總警司葛柏
（Peter Godber）在接到反貪機構要求說明他額外財產來源的通知後，
於該日乘飛機逃回英國。在此之前的調查顯示，葛柏的財產至少有
430 萬港元，是他過去二十年薪俸總額的六倍，在六個國家的銀行
分存。此事引起全港激憤，一時「反貪污、捉葛柏」的呼聲，盈滿於
市。麥理浩委派一個調查委員會進行調查，調查的初步結果令人吃
驚，可以說當時香港社會貪污成風，潛規則盛行，警察貪污尤為突
出，幾乎成為一種生活方式。「用一句英文俗語來形容當時貪污的廣
泛性，就是『from womb to tomb』（從生到死）。」[9] 這種情況的出現，與
當時反貪的執法機關——警務處反貪污部自身也陷入貪腐關係極大。

——
8   轉引自曾榮光：《香港特區教育政策分析》，香港：三聯書店、香港浸會
     大學當代中國研究所出版，2011 年 3 月版，第 9 頁。
9   郭文瑋：〈ICAC 成立 40 周年的反思〉，《明報》，2014 年 2 月 15 日，A20
     版。

根據調查結果，1973 年 10 月 17 日，麥理浩在立法局力陳成立新的反貪機構的必要性，他指出：「非常明顯，公眾更相信一個完全獨立的、與任何政府部門（包括警察隊伍）都沒有關係的單位。」[10]在麥理浩的主導下，1974 年 2 月 15 日，在《總督特派廉署專員公署條例》生效的同日，香港廉政公署正式成立。麥理浩開創了香港廉政肅貪的新模式。

廉政公署設執行處（調查、打擊貪污）、防止貪污處（提出建議、防範措施）和社區關係處（負責宣傳、教育），三管齊下，肅貪倡廉，再配之以香港各行各業的行為規範，使香港逐漸成為延續至今的世界上廉潔的國際性城市之一。

在政制方面，麥理浩除了恪守不進行代議制改革外，卻根據社會結構的變化，不斷大幅度調整立法局的構成與之協調，促成港英立法局百餘年的第三次演變。前有專述，此處不贅。

麥理浩的施政，正如他在候任時草擬的《指引》中所設計的那樣，在外交、政治的框架內考慮施政問題，將香港建成「模範城市」，與政治目的構成無縫的聯結。對此麥理浩並不回避。這在他上任一年後提交給倫敦的周年報告中表露無遺：

> 政府（即港英政府 —— 作者）在 1972 年間計劃及宣佈了長遠的計劃：……這些項目全部是順着現存各項措施的邏輯而發展出來的。但它們同時出外宣佈，以傳達一個信息，五六十年代大量難民湧至而造成的不確定環境已成過去，乃一經過計

---

10 《香港立法局議事錄，1973 年》，第 17 頁，轉引自余繩武、劉蜀永主編：《20 世紀的香港》，香港：麒麟書業有限公司，1995 年版，第 45 頁。

算的舉動，旨在令市民的注意力聚焦於香港乃他們的家，而香港政府是他們的政府。[11]

《指引》等英國檔案資料的解密，使人們了解到二十世紀七十年代英國在處理香港問題上的戰略與部署；了解到隱藏在「麥理浩時代」背後的動機：以解決香港社會關注的熱點問題為治港舉措，推動香港社會進步，拉大香港與中國內地的生活水平差距，增強港人對港英管治下的香港的認同感和歸屬感，從而為英國增加與中國談判香港前途的資本。正如麥理浩所言，這是一個「經過計算的舉動」，英國在管治後期實行的懷柔政策籠絡了人心，為香港回歸祖國後的人心回歸增加了難度。歷史進程已表明，香港回歸祖國的儀式可以在一夜之間完成，但人心的回歸卻需要一個不短的路程。

四、麥理浩訪京：投石問路

歷史常有驚人的巧合之處。麥理浩在《指引》中提出的就香港前途問題英國與中國談判的時間表，正好由提出者本人在任港督八年之後的 1979 年啟動了。由此可以推測出，至少在外交及聯邦事務部與港督麥理浩這一層面就此達成了共識，然後再行報批。為使麥理浩在港督位置上有足夠時間執行這一計劃，英女皇罕見地於 1977 年 1 月 17 日、1978 年 3 月 22 日，1979 年 3 月 20 日、9 月 25 日共四次批准延長他的港督任期，延任的新聞一般由港英政府新聞處在香

11　轉引自呂大樂：《那似曾相識的七十年代》，香港：中華書局，2012 年 8 月版，第 160 頁。

港發佈。麥理浩是二十八任港督中任期最長的一位，長達十年零六個月（1971 年 11 月 19 日至 1982 年 5 月 8 日）。

　　1979 年的香港，距「新界」租約期滿只有十八年了。「九七」大限給這座商業高度發達的城市帶來了不確定感。一種顯見的現象呈現出來：長線投資裹足不前了；銀行抵押貸款的信用出現了不確定的因素，也對銀行借貸期限產生影響。香港彌漫着惶惑不安的氣氛，人們對此議論紛紛，七嘴八舌，急於尋求解套之策。歸納起來，大致有如下幾種：

　　一種是「以不變應萬變」，或稱「以靜制動」。香港大學法律系彼得‧威士利史勿夫（Peter Wesley-Smith）提出：「1997 年這類問題如果不加理會，就會自然而然地過去。」[12]

　　第二種是「試探摸底」。滙豐銀行董事會主席沈弼主張，派一名有地位的非政府人員前往北京先行試探。[13]

　　第三種可稱為「渾水摸魚」。有人出主意說：由政府土地處一個低級官員將一份使用期限超過 97 年的土地租約批予一家中國公司，看看中國政府的反應。如果第一份地契沒有什麼反效果，可以接着批下去。「漸漸地租期就會被弄得不太清楚，整個事情也就給攪混了。」[14]

　　前國務院港澳辦主任魯平後來在口述歷史《香港回歸》一書中，憶述了「一個小插曲」，對上述「渾水摸魚」之策，作了註腳：

12　引自【英】羅拔‧郭瞳著，岳經倫等譯：《香港的終結》，香港：明報出版社，1993 年 10 月版，第 64 頁。

13　同上註，第 65 頁。

14　同上註，第 66 頁。

　　那個時候，我們外貿部在香港有個華潤公司。有人替港英出了一個餿主意，把新界有個叫天水圍的地方，批了一塊地給華潤公司，很便宜。這個地契上的期限就是跨越一九九七年的，這是不合法的，他們偷偷幹的。我們知道以後，把華潤公司批了一頓，說，你一定要把這個契約退回去，不能要這塊地！再便宜你也不要，這是立場問題。後來華潤把地退了。所以說，當時英國人是千方百計想把這個事就這麼糊弄過去。這個事情已經逼到我們頭上了，逼着我們決策了。[15]

　　由此看來，情勢如此，「新界」租約是誰都繞不過去的坎兒，此時中方也認為應該研究解決這個問題。中、英雙方正在等待一個合適的時機。

　　麥理浩首先就新界租約屆滿的解決辦法向中方摸底。1978 年 11 月，麥理浩宴請新到任的新華社香港分社社長王匡，席間就此問題向中方作出試探：「1997 年快到了，『新界租約』怎麼辦？希望你們中方有個較正面的表態，使投資者可以放心。」[16] 這就是說，中英雙方在此時就開始非正式地接觸這一問題了。這一信息報到北京後，11 月 25 日，中央批准了國務院港澳辦、外交部《關於王匡同志應邀出席香港總督麥理浩宴請的有關問題的請示》中的表態口徑：

　　十八年是一個很長的時間，國際上將會發生什麼變化尚難預料。中國政府對香港問題的政策是一貫的，你們也很清楚。

15　魯平口述、錢亦蕉整理：《魯平口述香港回歸》，三聯書店，2009 年 4 月版，第 10 頁。
16　同上註，第 5 頁。

目前我們雙方關係很好，這種狀態對雙方都是有利的。你們從投資者的角度來考慮今後如何穩定香港局勢問題，這是可以理解的。但與其談遙遠將來，不如現實一點談些有利於穩定當前局勢和鼓舞人心的工作，對雙方似更為有益。[17]

同年 12 月，中國對外貿易部部長李強訪問了香港。這就自然出現了一個契機，作為回訪，港督麥理浩收到了李強部長的邀請函。麥理浩認為：「這是在中國進行現代化計劃的背景下，發出的一個嚴肅邀請。大家都同意我應該去。我們希望了解中國的經濟計劃——交通、資源、能源、工業化程度等，以及香港能夠幫助做些什麼。我期望能對所有這些事深入理解，這也正好合乎中國此次邀請我訪華的動機。」[18]

1979 年 3 月 24 日，港督麥理浩夫婦、港府政治顧問 [19] 魏德巍（David Wilson，即後來的港督衞奕信）夫婦、行政局首席議員簡悅強夫婦等，乘油麻地小輪公司一艘飛翔船抵廣州轉赴北京。這是香港總督首次官式訪問內地，是一次就香港前途問題對中方的試探之旅。

3 月 29 日上午 10 時，國務院副總理鄧小平在人民大會堂蘇州廳會見了港督麥理浩一行。麥理浩的隨行人士簡悅強、魏德巍和英國駐華大使柯利達（Percy Cradock）會見時在座。中方出席的官員有廖承志、李強。廖承志時為全國人大副委員長、國務院港澳辦主任，同時也是國務院僑務辦的主任。國務院港澳辦這一機構於 1978 年成

---

17 同上註，第 201－202 頁。

18 【英】羅拔·郭瞳著，岳經倫等譯：《香港的終結》，第 58 頁。

19 政治顧問是借調到香港政府任職的英國外交部的高層人員，負責就香港對外關係的政治問題向港府提供意見。

立，當時尚未公開。

　　鄧小平這次會見麥理浩的談話，已於 2004 年 7 月內地出版的
《鄧小平年譜》中作了記述。鑒於這個談話當時並未全部公開，香港
和海外媒體只有零碎及猜測性報道，故現原文照錄（包括過渡式提示
用語）如下：

　　　　3 月 29 日　　上午，會見香港總督麥理浩，明確提出
一九九七年中國收回香港後，香港還可以搞資本主義。指出：
現在有人開始擔心香港將來的前途和地位問題。對這個問題，
我們有一貫的立場。我們歷來認為，香港主權屬中華人民共和
國，但香港又有它的特殊地位。香港是中國的一部分，這個問
題本身不能討論。但可以肯定的一點，就是即使到了一九九七
年解決這個問題時，我們也會尊重香港的特殊地位。現在人們
擔心的，是在香港繼續投資靠不靠得住。這一點，中國政府
可以明確地告訴你，告訴英國政府，即使那時作出某種政治解
決，也不會傷害繼續投資人的利益。請投資的人放心，這是一
個長期的政策。在會見中，明確表示不同意麥理浩提出的在
一九九七年六月後新界仍由英國管理的意見。指出：中國政府
的立場不影響投資者的投資利益，這就是：在本世紀和下世
紀初相當長的時期內，香港還可以搞它的資本主義，我們搞我
們的社會主義。就是到一九九七年香港政治地位改變了，也不
影響他們的投資利益。在回答大陸居民去港人數太多問題時指
出：現在應該採取兩個途徑解決：一方面採取一些措施，減少
一些人進入香港，減輕香港的壓力；另一方面，香港要鼓勵私
人資金來廣東進行投資，提供更多的就業機會。從長遠來說，

隨着我們經濟的發展，這個問題能夠逐步得到解決。中國最大
的問題，就是人口太多，這對我們是個壓力。我們要考慮多種
因素。比如上海，連郊區在內有一千萬人口，發展到香港這樣
的水平，單獨一個上海是可能的。但如果那樣，人們都會往上
海擠，上海也會像香港一樣受不了。所以，我們不能採取僅
僅發展上海的政策。有些問題的解決需要時間，我們不得不採
取既要有重點，又要照顧到各個方面的政策。麥理浩的這次來
訪，傳達了英國政府希望與中國政府接觸、了解中國政府對確
定一九九七年後香港地位的態度的信息。這次談話後，中國政
府把解決香港問題提上了議事日程。[20]

鄧小平的上述談話有四個要點：一是明確提出 1997 年中國收回
香港地區，不同意英國在 1997 年 6 月後繼續管理新界；二是重申香
港主權屬於中華人民共和國，這個問題本身不能討論；三是香港和
內地已分別實行的社會制度不變；四是請香港的投資者放心。

鄧小平這次會見麥理浩的談話，為以後中方制定對香港的方針
政策奠定了基礎。此後，中國政府把解決香港問題擺上了議事日程。

五、快速啟動的代議制改革

麥理浩結束訪京後，於 1979 年 4 月 6 日在港府新聞處舉行記者
招待會，講述他的北京之行。當時香港媒體報道的中心點是：港督

---

20 錄自中共中央文獻研究室編：《鄧小平年譜〔一九七五 —— 一九九七
（上）〕》，北京：中央文獻出版社，2004 年 7 月版，第 500－501 頁。

帶來了鄧小平副總理令人鼓舞的訊息：「叫香港的投資者放心。」於是，香港社會緊繃的神經才有點鬆弛下來。與此同時，英方在獲悉中方於 1997 年收回整個香港地區後，開始緊鑼密鼓地進行兩手準備，在兩條戰線上開始同中方較量。

1. 英國企圖延長新界的租期

一條戰線是在外交方面，英方通過外交渠道謀求延長新界的租期，繼續管治香港。

1979 年 7 月，英國駐華大使柯利達向中國外交部遞交了一份關於新界土地契約問題的備忘錄，旨在法律上悄悄延長新界租約。備忘錄不僅要取消新界土地租約不能超過 1997 年的限制，還提出要取消 1997 年後總督在法律上不能再管理新界的限制。為此，英方打算通過一項香港土地租約的法律，並將發佈一項樞密院敕令。英方解釋說，這些步驟純粹是為了解決本地法律上的問題，它們不會侵害中國對香港的立場。柯利達在遞交備忘錄時還表示：中方對這個備忘錄可以不答覆。當有人問起時，英方準備回答，他們已將此事知會了中方。

中方認為，英方的以上說辭和準備採取的步驟是完全不能接受的，直接回覆英方說：「中國政府奉勸英方不要採取所建議的行動，否則勢將引起對中英雙方都不利的反應。」[21]

三年之後，英國政府仍持這種立場。1982 年 8 月，英國首相撒

21　袁求實編著：《香港回歸大事記（1979－1997）》，香港：三聯書店，1997
　　年版，第 3 頁。

切爾（港譯戴卓爾）夫人訪華前，中國駐英大使柯華設宴為撒切爾夫人餞行。席間，她問柯大使：香港問題對雙方都是敏感的，中國政府所說的主權問題，是不是指香港整個地區？柯大使明確告訴她：正是，中國要收回的不僅是新界，而且包括香港島、九龍等全部地區。撒切爾夫人接着說：租借新界的條約到 1997 年就要期滿，現在香港人和英國人都比較着急，最好的辦法是繼續保持目前同中國合作的辦法，保留英國的行政管理，香港的地位不變，維持現狀 30 年到 50 年，請中國注意英方的主張和意見。[22]

後來，在中英關於香港前途的談判桌上，英方所堅持的「三個不平等條約有效」、「以主權換治權」以及續約、另定新約、中英共管等種種主張，都是這種思路的延伸。總之，英國不肯輕易放棄香港。

另一條戰線是在香港本地。英方在談判桌外，也做了撤離香港的準備和相應的部署，這就是利用手中的管治權，徹底告別香港政制的停滯狀態，立即實行戰略轉軌，搶在中英關於香港前途問題談判之前，快速啟動自下而上的代議制改革。港英在香港實施的政制改革，雖然匆忙而急迫，但卻部署周密，上下聯結，相互交集，一氣呵成。

2. 代議制改革的切入點 —— 設立區議會

1980 年 6 月，港英政府公佈《香港地方行政的模式》綠皮書。[23]

22　黃華：《親歷與見聞——黃華回憶錄》，北京：世界知識出版社，2007 年版，第 349 頁。

23　在英國式行政常規中，專門為重大決策而收集民意的文件，稱為綠皮書；根據綠皮書內容再形成政府的最後建議，稱為白皮書，交議會通過。

這份綠皮書由僅次於港督的布政司姬達（Jack Cater）草擬，可見港英對開啟政改的重視。

據當時一位新聞工作者撰文記述，在二十世紀八十年代以前，香港還沒有「地方行政」的概念，「管理整個香港的行政，是立法局、行政局、政府，較低層次的唯一組織，是管理整個香港島和九龍市政衛生工作的市政局。中央層面的政府和立法議局負責五百萬人的行政事務，市政局亦負責了市區三百多萬人的行政事務，以下的各分區則不論地理與人口結構情況，統一推行中央所訂的政策，巨細一致。」[24] 因此之故，當記者們拿到這份綠色封面的建議書時，都感到一頭霧水，心頭自然發出這樣的疑問：什麼是地方行政？香港有地方行政嗎？一位晚報的採訪主任聽說有關地方行政的「重大決策」將於 1980 年 6 月 6 日下午公佈，即時反應竟是「還以為什麼了不起，原來地方的行政，不是大事」。[25]

新聞從業人員作出的上述反應在港人中有相當的代表性。它至少說明，港英快速啟動的地方行政改革的必要性、急迫性成疑，相當多的人對此舉不明所以，就更談不上對這次改革的分析與預測了。

從學術研究的角度看，香港學者一般認為，香港的地方行政源於潔淨局的建立。十九世紀八十年代，香港人口增長很快，但公共衛生條件很差，致使多種疾病流行，並嚴重威脅到駐港英軍士兵的健康。1881 年，英國派皇家工程師柴維克來港對此進行調研，1882年提交了《柴維克衛生調查報告書》。據此，1883 年 6 月，立法局通過《衛生修訂條例》，設立潔淨局，負責處理香港市區的環境衛生事務。1936 年 1 月 1 日潔淨局改組為市政局，引入民選議員的席位。

---

24 黃國華：〈地方行政制度〉，載鄭宇碩編：《香港政制與政治》，香港：天地圖書有限公司，1987 年版，第 119 頁。

25 同上註。

市政局負責為港島、九龍市區居民制定各方面市政政策和方針，交由其行政機構市政總署執行。有學者認為：「香港的地方行政早在1883年展開。」[26] 而新界的地方事務，則由新界理民府負責。至於區域市政局，在1986年4月才成立。區域市政局為新界及離島區服務。其行政部門是區域市政總署，由區域市政總署署長掌管，負責推行區局的政策。為了稱呼上的簡便，港人把市政局、區域市政局這兩個法定諮詢組織統稱為「兩個市政局」。區議會設立後，「兩個市政局」又被習慣稱為「三級架構」中的「中層架構」。

《香港地方行政的模式》綠皮書經過七個月的諮詢期，政府於1981年1月24日推出《地方行政白皮書》，主要內容有：

（1）1981年底前在港九市區和新界地區分別成立共18個地區管理委員會和18個區議會。[27] 前者由政府各部門官員組成，負責協調和監督政府各部門的工作。後者由民選議員、委任區議員和當然議員組成，負責就區內事務向政府提供諮詢意見，利用有限的政府撥款推行區內小規模的康樂文娛活動。新界地區區議會於1982年3月舉行首次選舉，市區區議會於同年9月首次舉行選舉。區議會主席開始由民政署或新界民政署官員出任，以後將由區議會成員選舉產生。

（2）選民和候選人資格：凡通常居港達7年以上滿21周歲人士，不論國籍均享有選舉權。

（3）採用劃分選區的方法選舉，即將每個地區再劃分若干選區各自選出區議員。

---

26 陳曙峰：《香港政制常識解難101》，香港：商務印書館，2011年版，第119頁。

27 計港島四，九龍六，新界八。1985年3月7日舉行第三屆區議會選舉，從4月1日起，在葵涌及青衣區設立區議會，使區議會總數增至十九個，後又改為十八個。

（4）由於香港環境特殊，需要一個穩定的局面，因此行政、立法兩局作為「中央政府的組織無須改變」，政府的主要計劃仍由「中央統籌」。[28]

白皮書公佈才三個月，港人對此還處在朦朧之中，代議制改革的車輪就匆忙啟動了。1981年4月，第一個區議會在觀塘成立，10月，深水埗區議會成立。1981年成立的區議會屬過渡安排，尚來不及選舉。1982年的3月4日和9月23日，新界和港九市區分別進行了地方行政新制度下的首次區議會選舉。[29]這次選舉共設490個議席，全港共設18個行政區，122個選區。選舉結果為：民選議席132個，委任議席132個，官守議席169個，當然議席57個。[30]

自區議會首次選舉產生後，其後的每一次選舉都涉及到內部構成的變動，可以說是頻繁而神速，讓人有點眼花繚亂。

第二次區議會選舉於1985年3月7日在新界和港九同時舉行。此次選舉共設426個議席，全港共設19個行政區、145個選區。取消全部官守議席，民選議席增至237個，委任議席132個，當然議員的數目不變。自此，區議會主席原由政務專員出任改為區議員在首次會議時自行推選產生。本次選舉，民選議員的數目差不多為委任議員數目的兩倍。更重要的是，從本次區議會開始，「區議會選舉團作為香港代議政制發展的一環，選出10名議員進入業經擴大的立

28　參見袁求實編著：《香港回歸大事記（1979－1997）》，第5－6頁。

29　對香港回歸前區議會屆數統計現有兩種表述：一般學者認為1981年成立的區議會為第一屆，1982年選舉產生的區議會為第二屆；但港英政府出版的歷年年報將1982年首次選舉產生的區議會列為第一屆，以此類推。本書以區議會選舉的次數為準作出統計，可能更符合實際情況。

30　57個當然議席是指27個鄉事委員會主席和30名兼任港九市區區議員的市政局議員。

法局。」[31] 這就意味着，香港代議政制的發展，使「地方行政」終於開通了向「中央議會」——立法局進軍的道路，攻進了香港政制的核心地帶。

　　對 1985 年的這次區議會選舉，時為行政局首席議員鍾士元一針見血地指出：「這次選舉，是殖民地政府移政於民的第一步。」[32]

　　在香港回歸祖國以前，區議會還經歷了 1988 年 3 月 10 日舉行的第三次選舉、1991 年 3 月 3 日舉行的第四次選舉和 1994 年 9 月舉行的第五次選舉。第五次選舉是港英管治香港的最後一次區議會選舉。關於這次選舉的變化是：三層議會選舉的投票年齡由 21 歲降至 18 歲，取消區議會和兩個市政局的委任議席，增加兩個市政局的直選議席數目。[33]

港英管治時期區議會議員構成變化一覽表 [34]

年份	民選議員	官守議員	委任議員	當然議員	總數
1982－1985	132	169	132	57	490
1985－1988	237		132	57	426
1988－1991	264		141	57	462
1991－1994	274		140	27	441
1994－1997	346		0	27	373

31　《香港 1986》，版權屬政府所有，第 18 頁。

32　黃國華：〈地方行政制度〉，載鄭宇碩編：《香港政制與政治》，第 177 頁。

33　詳見《香港 1995》，第 22 頁。版權屬政府所有。

34　資料來源於香港歷年年報。

　　從上表可以大致看出港英時期區議會發展的軌跡：從第二次選舉開始，港英即自動下放權力，一次性全部取消了官守議員，逐步增加民選議員，到英國管治的最後一次區議會選舉，又全部取消委任議席，除了保留 27 名新界鄉事委員會主席為當然議員外，區議會議員全部由選舉產生。僅就此一制度設計而言，就可明瞭港英的政治意圖，即不把「委任制」這份遺產留給將來的特區政府，防止特區政府利用委任制挑揀人才，強化行政主導。在以後的兩個市政局、特別是在立法局的政改中，英方也是循着這個思路進行的，不把英國管治下的香港政制藍圖原封不動地留給「九七」後的香港。回顧這一段政改歷程，給人一種突出的感覺，就是英方竭力將「還政於中」快速演變成「還政於港」。

　　中英聯合聲明載明：「中華人民共和國政府決定於 1997 年 7 月 1 日對香港恢復行使主權」；「聯合王國政府於 1997 年 7 月 1 日將香港交還給中華人民共和國」。根據英方自己在聯合聲明中的承諾，英國只能將香港交還給中國，即「還政於中」，而不能搞「還政於港」。在這個問題上，在整個過渡時期，中方對英方進行了約束，甚至是鬥爭，強調過渡時期港英的代議制改革必須與香港基本法的框架銜接，以利香港的平穩過渡。

　　正如前述，香港百餘年來處在政制發展的停滯狀態，加之英方否決了所有的政制改革建議，並剝奪了香港絕大多數中國人的民主權利，造成了香港普羅大眾政治上的長期冷感。這種局面當然對港英快速發動的代議制改革十分不利，而在全港設立區議會，區議會中的民選議員再由劃分為一百幾十個區議會選區的選民選出，這就在全港基層點燃了民主之火，容易很快在全港形成燎原之勢，倒逼中層（兩個市政局）和上層（立法局）的民主改革，使這場起於基

層、成於上層的政制改革取得一體化的快速進展。

　　區議會的設立，使原有的兩層架構有了基礎底座，但還必須解決上下貫通的環節，否則，香港原存的地方行政機構、諮詢組織和行會團體等疊床架屋、利益多元和業務相互牽扯的矛盾會繼續擴大。為協調理順這方面的問題，從區議會首次選舉產生部分民選議員開始，就安排 30 名市政局議員作為「當然議員」成為港九市區的區議員。市政局和立法局的聯繫早已通聯，1973 年，港督麥理浩已委任一名市政局議員進入立法局。至於區議會和立法局的關係，最為明顯的是 1985 年第二次選舉後產生的區議會，由區議會選舉團選出 10 名議員直通立法局。關於代議制三級架構之間的這種通聯安排，是與港英「自下而上」的代議制改革相契合的。

　　本章節用了一些篇幅介紹、分析區議會成立前後的基本情況，是因為區議會的設立不單是二十世紀八十年代港英進行的代議制改革的起點，而且關係到十多年後中英關於 1994 / 1995 年選舉安排談判的一個重要議題 —— 區議會委任制的存廢問題。有了上述的簡介鋪墊，屆時就用不着再花費筆墨回顧區議會成立及變化的歷史了。

　　「地方行政」改革起步不久，港英政府很快轉向中央層面 —— 立法局的改革。

3. 立法局結束全部議員委任的歷史

　　1983 年 1 月 28 日上午，在英國首相撒切爾夫人和大臣、官員及港督舉行的會議上，撒切爾夫人直率地說出了她「反覆思考我們的目標」：「我們必須發展香港的民主架構，使她能在短時間內達成獨立或

自治。」[35] 從香港出版的《戴卓爾夫人回憶錄》這句中文譯文看，十分令人驚奇的是，撒切爾夫人的這個「目標」及所用詞語的表述，正是英方百餘年來多次否決的建議和主張。

1984 年 4 月 20 日，英國外交及聯邦事務大臣賀維（Richard Howe）在香港發表聲明，說明英國政府所採取的談判方針，並宣佈：「今後的日子，香港政府將會繼續朝着代議制的路向發展。」[36] 這就意味着，除了區議會、市政局繼續朝着代議制的路向改革外，立法局的選舉改革也進入了這個路向。

1984 年 7 月 18 日，港英政府發表名為《代議政制在香港的進一步發展》的綠皮書，對 1985 年的立法局選舉提出建議：由選舉團和功能組別兩種選舉方式各選出 6 名議員，至 1988 年選舉時再各自增加至 12 席。同年 11 月 21 日，即在中英聯合聲明簽署前夕（12 月 19 日簽署），港英政府發表同名的白皮書，對綠皮書的建議作出重要的修改，主要是將上述兩種間接選舉方式產生議員的數目擴大了一倍，將綠皮書建議的 1988 年實現的間選目標，提前至 1985 年實施。

白皮書建議的 1985 年立法局選舉的要點是：

（1）立法局由 56 名議員組成，其中官守議員 10 名（包括 3 名當然官守議員），委任議員 22 名，功能組別選出的議員 12 名，選舉團選出的議員 12 名。

（2）在功能組別中，共分 9 個組別，其中商界、工業界和勞工界各有 2 席；金融界、社會服務界、醫學界、教育界、法律界、工程師及有關專業界各有 1 席。

35　戴卓爾夫人：《戴卓爾夫人回憶錄》（下），香港：博益出版集團有限公司，1994 年版，第 362 頁。

36　袁求實編著：《香港回歸大事記（1979－1997）》，第 20 頁。

（3）選舉團由「兩個市政局」和全港區議會的所有議員組成。在選舉團選出的 12 席中，10 席由區議會議員選出，將現時的 18 個區議會按地區人口組成港島東、港島西、觀塘、黃大仙、九龍城、深水埗、九龍南、新界東、新界西和新界南等 10 個組，各組 1 席，每組代表大約 50 萬人；兩個市政局的成員各成 1 組，各自推選 1 人為議員。

1985 年立法局成員比例列明如下：

1. 由選舉團選出	12
2. 由按社會功能劃分的選民組別選出	12
3. 由港督委任	22
4. 官守議員	10
總人數	56[36]

白皮書設計的 1985 年立法局產生辦法，在香港政制發展歷程中，有以下幾個關注點：

首先，在立法局產生的歷史中，白皮書開創了兩個先例：一是在 1985 年之前，立法局全體議員是由港督委任的，自此以後，才有了首批間接選舉產生的議員，共有 24 名。從立法局議員的委任制過渡到立法局部分議員的間接選舉制，其間走過了 142 年（1843 － 1985）的路程。二是首次將功能組別選舉提升為一個正式的選舉制度。白皮書寫道：「根據現行辦法，立法局非官守議員是按社會功能劃分的組別中甄選出來，而這個甄選辦法是無明文規定的。綠皮書建議將這個甄選辦法發展成一個正式的代議制度，以便從每個按社

37　以上內容據《代議政制在香港的進一步發展》白皮書歸納整理。白皮書載《香港 1985 年》，版權屬港英政府所有。

會功能劃分的選民組別中選出一名或多名代表，出任立法局議員。」[38] 這是對歷史經驗的總結。深究其源，功能組別這種選舉元素早就存在。立法局歷史上首次兩位非官守議員人選就來自太平紳士團的甄選，再由港督委任。1872 年正式啟用的由華人集資興辦的第一家大型福利機構 —— 東華醫院，其主席和總理就是由各行業推舉代表，然後由坊眾投票選舉產生，有學者認為是「功能組別和地區選舉的混合體，頗有開創時代的意義」。[39] 實際情況是，委任非官守議員要來自香港總商會和太平紳士甄選實行了很長一段時間。白皮書建議首批為 9 個界別選出 12 名立法局非官守議員，就是把這種慣例系統化、制度化了。

其次，明確提出香港財經界和專業人士應在立法局有代表權的主張。白皮書指出：「鑒於本港財經界及專業人士對維繫香港前途的信心和繁榮關係重大，故綠皮書強調這些人士應有充分的代表權。」[40] 這是功能組別選舉制度建立的理論基礎。

第三，白皮書對功能組別的選民資格和選舉辦法作出原則建議。與經濟和社會有關的選民組別，從全港性而為各界承認的主要組織、社團和機構為基礎，如商界的香港總商會、香港中華總商會；工業界的香港工業總會、香港中華廠商聯合會；金融界的香港銀行公會；勞工界的所有註冊職工會；社會服務界的香港社會服務聯會；醫學界的香港醫學會等。如這些組織的成員以法團為單位，則這些法團可提名代表為投票人。由專業人士組成的選民組別，則由政府承認的專業資格為依據，按成員、職員名單投票。簡而概

38 《香港 1985 年》，第 34 頁。
39 劉智鵬：《香港早期華人菁英》，香港：中華書局，2011 年版，第 7 頁。
40 《香港 1985 年》，第 34 頁。

之，功能組別有三種投票方式，即團體（公司）票、個人專業資格票和兩者兼而有之的混合票。

第四，對有關政制發展的問題提出意向性建議或給出時間表。

關於立法局直接選舉。白皮書的結論是：「總括來說，雖然大多數人贊成直接選舉，但極少人希望在短期內便實行。」「在 1988 年逐步開始，先直接選出很小部分的議員，然後按次遞增，至 1997 年便應有相當多的議員通過直接選舉選出。」[41]

關於政制檢討。綠皮書建議在 1989 年進行，最後決定提前於 1987 年進行檢討。

關於港督擔任立法局主席一職的問題。綠皮書提出一項建議，在將來適當時候，由立法局非官守議員自行互選一人為議長，代替港督出任立法局主席的職位。白皮書認為應在 1987 年進行政制檢討時再重新考慮。

香港人喜歡官方機構對一些熱點問題作出公開、透明的說明，以便根據自己的閱歷作出判斷和選擇。這是香港的一種文化。白皮書對有關政制發展的幾個問題作出意向性指引和發出預告，符合公眾的心理期待，是港英常用的一種推銷策略，也是放氣球式的一種試探，把有關意見引出來，以便及早謀算。

1985 年 9 月 26 日，根據白皮書的制度性設計，立法局在歷史上第一次舉行了間接選舉，產生非官守議員（當時亦稱民選議員）。9 個功能組別和選舉團分別推選出 12 名議員。選舉團由區議會、市政局和臨時區域議局的成員組成。在選舉團中，共有 39 人獲得提名為候選人；其中 1 人因無對手而自動當選，其餘 38 名候選人競逐其他

41　同上註，第 36 頁。

11 個議席。選舉團共有 409 名選民，有 404 名選民投票。在功能組別中，共有 25 人獲得提名為候選人，其中 5 人因無對手而自動當選，其餘 20 名候選人，競逐餘下的 7 個議席。在需要競逐的功能組別中有 43,076 名選民，其中有 24,806 名投票。[42] 選舉當日，從早上 9 時到翌日凌晨 4 時，共有 25,000 餘人投票，除 6 人因無競爭對手自動當選外，選舉團選出 11 人，功能組別選出 7 人，合共選出議員 24 人，佔新一屆立法局 56 個席位的 43%。

走筆至此，本小節的內容已敘述完畢，應該「翻篇兒」了。但由於近年來香港社會在討論立法會普選模式時，對功能組別的存廢發生了很大的爭議，存廢各執一端，極有可能成為實施立法會普選的一大難題。借此行文機會，發點議論，僅為一家之言。

港英政府二十世紀八十年代公佈的《代議政制在香港的進一步發展》的綠皮書和白皮書，正式把功能組別選舉提升為一項制度安排，同時確認功能組別在議會的代表權，是對百餘年立法會演變歷史的尊重。如本書第一章所述，港英立法局三次重大變化表明，繳稅義務和議會代表權的平衡，是資本主義條件下的必然產物，是本性使然，規律所在，功能組別絕不是招之即來、揮之即去之物。

為什麼立法局首次引進兩位英商的代表為非官守議員？因為英商當時是香港的納稅大戶；為什麼十九世紀八十年代華人首次可以被港督委任為非官守立法局議員？因為那時華商已取代英商成為納稅主體；為什麼二十世紀七十年代，立法局的構成走向多元化？因為七十年代香港經濟開始多元化，帶來社會結構的多元，特別是專業界別和中產階層的湧現，需要立法局有更多的席位安排各行各業

42　以上統計數字源自《香港 1986 年》，第 20 頁。

的代表。麥理浩主政時期立法局席位增加得最快、最多，為的是容納各行各業的代表入局。從這個意義上講，處理好繳稅義務和議會代表權的關係，使之協調、平衡，又是治港之道。說到底，功能組別選舉是對繳稅主體和對社會作出貢獻的專業界人士一種政治補償和政治權力的一種合理分配，同時也滿足了人各有好、術有專攻的社會需要，讓工商界、金融界、專業界等納稅主體成員和在社會上有影響的勞工界、宗教界及原政界等選出代表進入立法機構，補分區直選人才選拔之不足，依規彼此制約，共謀穩定繁榮之大計，有何不可？現在立法會傳統功能團體涵蓋了整個香港二十八個行業界別，所創造的財富佔 GDP 的 90%。有香港人主張，立法會普選時，必須廢除功能組別，以實現「真普選」。這就意味着，也將繳稅義務與議會代表權的平衡徹底廢除，這種做法有可持續性嗎？

　　功能組別是間選而非普選，功能組別的組成還有待改善，使某些界別更加合理和符合業界的實際，這些都應在心平氣和中進行討論，達成共識。討論應聚焦在：如何落實香港基本法的規定，將功能團體選舉制度由間選轉變為普選。

2012 年功能組別議席分配情況一覽表 [43]

功能團體名稱	議席數	功能團體名稱	議席數
(1)　鄉議局	1	(5)　教育界	1
(2)　漁農界	1	(6)　法律界	1
(3)　保險界	1	(7)　會計界	1
(4)　航運交通界	1	(8)　醫學界	1

43　資料來源：陳曙峰：《香港政制常識解難 101》，第 83 頁。

（續上表）

功能團體名稱	議席數	功能團體名稱	議席數
（9）衛生服務界	1	（20）金融服務界	1
（10）工程界	1	（21）體育、演藝、文化及出版界	1
（11）建築、測量及都市規劃界	1	（22）進出口界	1
（12）社會福利界	1	（23）紡織及製衣界	1
（13）地產及建造界	1	（24）批發及零售界	1
（14）旅遊界	1	（25）資訊科技界	1
（15）商界（一）	1	（26）飲食界	1
（16）商界（二）	1	（27）原區議會	1
（17）工業界（一）	1	（28）勞工界	3
（18）工業界（二）	1	（29）新增的區議會議席	5
（19）金融界	1		

六、中英磋商政制銜接的七份書面信息

當中方起草香港基本法的工作進入尾聲時，在上世紀九十年代初，中英兩國以外長交換書面信息的方式，就 1997 年前後香港的政制發展銜接問題，進行了一種特殊形式的磋商。

1. 中方強調：香港政制改革必須同基本法銜接

如前所述，英方在中英關於香港前途的談判之前，即匆忙啟動了代議制改革，這就必然產生與基本法所設計的香港特區政制發展

之間的銜接問題。所謂銜接，是 1997 年前香港政制的變化要同基本法的有關規定銜接，使政制「直通車」順利開通。

　　中方醞釀、籌備香港基本法的起草工作，起步很早，所以能在中英聯合聲明簽署時即昭告天下：中國對香港的基本方針政策和中英聯合聲明附件一對基本方針政策的具體聲明，全國人民代表大會將以香港基本法規定之，五十年內不變。

　　基本法起草工作啟動不久，針對香港政制快速變化的現實，基本法起草委員會主任委員姬鵬飛於 1985 年 10 月 19 日會見香港人士時表達了對此的關切：中國不希望香港在過渡時期內出現急劇的變化；過渡時期的政制改革應考慮同基本法的銜接；按照中英協議，香港特區的政制由香港基本法規定。[44] 隨後，中方向英方提出將香港政制改革與基本法銜接問題列入中英聯合聯絡小組議程。同年 12 月，中英聯合聯絡小組在北京舉行的會議上，中英雙方就此達成共識。

　　1985 年立法局首次間接選舉產生 24 名議員後，香港有要求進一步加快民主步伐，主張 1988 年即進行首次立法局部分議員直接選舉產生，史稱「88 直選」。但另有意見反對，擔心引起社會不穩。當時英方取態慎重。1987 年 4 月 9 日，第 27 任港督衞奕信在就職典禮的演辭中說：「政制改革宜審慎從事，珍惜安定，循序漸進，維持獨特制度，有利吸收投資。」[45] 衞奕信的表態受到鄧小平的讚許。同年 4 月 16 日，鄧小平會見香港特區基本法起草委員會委員時說：「最近香

44　王鳳超主編：《「一國兩制」的理論與實踐》，北京：經濟科學出版社，1998 年版，第 113 頁。

45　轉引自國務院港澳事務辦公室香港社會文化司編著：《香港問題讀本》，北京，中共中央黨校出版社，1997 年版，第 177 頁。

港總督衞奕信講過，要循序漸進，我看這個看法比較實際。」[46]

　　1987 年 5 月 27 日，港府正式公佈《1987 年代議政制發展檢討綠皮書》，其中一項檢討內容是，要考慮 1988 年立法局部分議員是否開始直選產生。對香港代議制發展檢討一事，當時新華社香港分社發言人重申：這是港英政府的事，我們不予置評。關於中國政府對香港政制發展的態度，一貫認為必須同基本法銜接，這是人所共知的。[47] 11 月 4 日，港府公佈收集到的 13.4 萬份香港市民對綠皮書的書面意見，結果是：有 67% 的人不贊成「88 直選」。[48]

　　1988 年 2 月 11 日，港府發表題為《代議政制今後的發展》白皮書。白皮書在《引言》中表述了港英政府對政制改革的四項目標：

　　　　（甲）政制應繼續演變，以適合香港的情況；（乙）政制的發展應該是審慎和循序漸進的；（丙）任何改革都應獲得盡量廣泛的支持，以求得到社會人士整體的信心；（丁）在 1997 年前存在的制度，應可促成在 1997 年順利過渡，並在其後保持高度的連續性。[49]

　　關於「88 直選」，白皮書的結論為：「1997 年以前在立法局內加入若干名由直接選舉產生的議員，將會是香港代議政制發展進程中一個合理和可取的步驟」，鑒於社會人士對實行直接選舉的時間有十分明顯的分歧，「在 1988 年實行這樣重大的憲制改革將不會是正確的做法」，「政府因此決定在 1991 年採用直接選舉選出若干名立法局

46　《鄧小平文選》（第三卷），北京：人民出版社，1993 年版，第 220 頁。
47　見袁求實編著：《香港回歸大事記（1979－1997）》，第 55 頁。
48　同上註。
49　同上註，第 62 頁。

議員。」[50]

　　以上是港英在香港過渡時期推行代議制改革進程中，「88 直選」延遲至「91 直選」的歷史真相。「88 直選」未能進行的主因是當時社會意見對此分歧極大，只有 28% 的人支持。時序推移，二十六年過去，到了 2014 年，一位香港學者在報紙上發表一封公開信，回顧自己在大學學生時代親身參與爭取「88 直選」的往事，然後說道：「香港政府在北京政府的大力反對下，最後從一輪經政府嚴格操控的政改諮詢後，在明顯支持八八直選的民間聲音下，還是強行擱置於 1988 年在立法局引入地區直選議席，而要延遲至《基本法》公佈後的 1991 年，才第一次在立法局引入地區直選議席。」[51]這種說法，不是記憶有誤，就是罔顧歷史事實、主觀臆想的產物。以上引述的英方官方文件已表明了「88 直選」不能進行的原因，中方當時已表態對 1987 年香港進行的政制改革檢討不予置評。到了 1990 年初，中英雙方才對「91 直選」的議席數目進行了磋商。這是後話。

　　早在 1987 年 4 月 1 日，時任國務院港澳辦副主任、基本法起草委員會秘書長李後在北京舉行的中外記者會上，公開了香港基本法制定的時間表。李後說：現在基本法正在制定，要到 1988 年初拿出初稿，1989 年形成草案，1990 年的第一季度提交全國人大通過。我們的時間表是這樣排的。我們的意見是：要等到基本法確定了以後，再來進行政制改革也不晚。[52]

　　這就是說，中方起草基本法的工作將在 1990 年第一季度內完成，特別是基本法中難度較大的政制發展部分也必須在此時定案，

50　同上註。

51　戴耀廷：〈給林鄭月娥司長的公開信〉，《信報》，2014 年 8 月 1 日。

52　袁求實編著：《香港回歸大事記（1979－1997）》，第 52 頁。

以便香港基本法能在每年一度春節後召開的全國人大全體大會上審
議。本來，起草香港特區基本法完全是中國的內政，但考慮 1997 年
前後政制銜接和立法機構「直通車」的設計安排，將港英正在進行的
代議政制改革與中方正在草擬的未來特區政制設計進行溝通，達成
協議和諒解，是十分必要的，有利於政權的順利交接和香港的平穩
過渡。在這種背景下，中英雙方通過外交渠道進行了磋商，即中國
外交部長錢其琛和英國外交及聯邦事務大臣道格拉斯‧赫德（Douglas
Hurd，港譯韓達德），於 1990 年 1 月 18 日至 2 月 20 日交換了七份
書面信息。有時根據書面信息所述內容的需要，還附有關資料。例
如，1990 年 2 月 6 日，英方除轉交書面信息外，還將三份書面材料
轉交中方基本法專家。這三份材料是《香港特別行政區立法會成員
的中國國籍要求》、《香港憲制發展：特別行政區立法機構的表決程
序》、《香港憲制發展：大選舉團或選舉委員會》。

　　中英兩國外長的書面信息，由時為外交部港澳辦主任陳滋英和
英國駐華大使阿倫‧唐納德相互轉交。[53] 主要圍繞香港政制發展中
1997 年前後立法機構銜接的一些緊迫問題進行書面磋商，包括 1991
年首次引進直選議席的數目、1995 年成立的選舉委員會（英方稱大
選舉團）的組成成分以及特區立法會涉及的其他問題。

2. 立法局首次引進直選議席的數目

　　立法局部分議員首次分區直接選舉產生，是繼 1985 年立法局首

53　筆者時任國務院港澳辦副司長，中英兩國外長交流信息的情況和達成的
　　共識，由筆者呈報給當時在廣州召開基本法草委會政制專題小組會議的
　　國港辦副主任、基本法草委會副秘書長魯平先生。

次間選 24 名議員後的又一次重要政制改革，涉及 1997 年前後立法機構民主進程的銜接和循序漸進發展民主的問題，必須經中英雙方磋商，達成共識，才能實施。

在《代議政制今後的發展》白皮書中，英方提出「91 直選」的議席數目為 10 席。在基本法定案前夕，1990 年 1 月 11 日，港督衞奕信訪問北京時提出，「91 直選」從原定的 10 席增加到 20 席，1995 年選舉增加至 24 席。就中方起草基本法而言，已經有了香港回歸後政制上十年穩定期的設計，即對 1997 年至 2007 年的民主進程作出安排，以穩定人心。因此，中方不能只對「91 直選」的議席數目表示意見，更重要的，還要與以後幾屆立法會的直選議席數目連貫起來考慮，一攬子展示立法機構的直選進程。為此，中方於 1 月 15 日對衞奕信的建議表示：「91 直選」議席數目限制在 15 席，1997 年為 20 席，1999 年為 24 席，2003 年增至 30 席。溝通至此，這個問題就上升到中英兩國外長書面磋商的層次。

1990 年 1 月 18 日，赫德外相致函（第一份）錢其琛外長，開頭即說：「香港總督已向我彙報了他上星期訪問北京的情況。我認為，訪問十分重要，因為它使雙方增進了對對方觀點的了解，尤其是有關政治 54 發展問題上的觀點。」55 赫德外相在第一份信息中，反覆強調「將中方建議 1999 年席位的數額（24 席）提前至 1997 年實現」，這就意味着，1995 年港英立法局直選的數額為 24 席。

54　當時的中文譯文對「政治」和「政制」尚無嚴格的區分。這裏把「政治」譯為「政制」會更好。

55　《中英有關香港問題七個文件》，載袁求實編：《香港過渡時期重要文件彙編》，三聯書店，1997 年版，第 193－206 頁。此後關於「七個文件」的引文均出於此，不再注明。

錢外長於 1990 年 1 月 20 日在第二份信息中明確答覆赫德外相：

> 中方於 1 月 15 日就香港政制發展問題提出了一項新建議，這是我們在此問題上所做的積極努力和重大讓步。考慮到各種因素，中方不能同意外交大臣閣下關於將 1997 年香港特別行政區第一屆立法機構直選部分比例定為百分之四十的建議。但是若英方同意中方在 15 日建議中所提的 1997 年及其後各屆立法機構的直選部分比例（即：總數 60 名，1997 年佔百分之卅三點三，1999 年佔百分之四十，2003 年佔百分之五十），為了實現 1997 年前後政制上的銜接和政權轉移的平穩過渡，中方願意考慮英方把 1991 年立法局的直選議員從 15 名增至 18 名的想法。

對中方的讓步，赫德外相在 1990 年 1 月 31 日第三份信息中，仍然重彈老調，堅持 1991 年直選議席必須達到 20 個，1997 年的直選議席增加至 20 個以上。

對此，錢外長在 2 月 3 日的第四份信息中堅定地表示：

> 正如外交大臣所知道的那樣，香港特別行政區基本法起草委員會即將召開會議，作出最後的決定。如果英方不能接受 1 月 20 日我向你轉達的信息中所提出的建議，那麼基本法起草委員會就只能按原方案作出決定。我想外交大臣非常清楚地了解，基本法的起草完全是中國的內部事務。

隨後，外交部港澳辦主任陳滋英於 2 月 8 日傍晚緊急約見唐納德大使，奉命重申了中方的立場：

中方早已明確表示，如英方承諾 1991 年香港立法局的地區直接選舉議席不超過 18 席，中方可以考慮使特區第一屆立法會的直選議席增至 20 席。對此，中方希望英方以書面形式在基本法起草委員會第九次全體大會前予以確認。否則，中方將按基本法起草委員會政制專題小組已通過的 18 席定案。

在這種情況下，赫德外交大臣於 1990 年 2 月 12 日在第七份信息中，終於接受了中方的建議：

　　我現在準備就以下文字同中國政府確認一項諒解。如果《基本法》最後文本中規定香港特別行政區立法機構中的直選席位在 1997 年為 20 個，在 1999 年 24 席，在 2003 年 30 席，英國政府準備將於 1991 年實行直選時把直選議席限制在 18 席。

這就是說，從 1991 年到 2007 年，從港英管治下的立法局到中國香港特區的立法會，在各屆立法機構直選議席的數額上，中英雙方達成了協議和諒解。

中方信守這一書面協議，將香港特區第一、第二、第三屆立法會直選議席的數額和構成，分別寫入《全國人民代表大會關於香港特別行政區第一屆政府和立法會產生辦法的決定》（簡稱《決定》）第六項和香港基本法附件二《香港特別行政區立法會的產生辦法和表決程序》第一項第 1 款中。具體措詞分別為：

　　《決定》六，香港特別行政區第一屆立法會由 60 人組成，其中分區直接選舉產生議員 20 人，選舉委員會選舉產生議員

10 人，功能團體選舉產生議員 30 人。

附件二　一、立法會的產生辦法

（一）香港特別行政區立法會議員每屆 60 人，第一屆立法會按照《全國人民代表大會關於香港特別行政區第一屆政府和立法會產生辦法的決定》產生。第二屆、三屆立法會的組成如下：

第二屆

功能團體選舉的議員	30 人
選舉委員會選舉的議員	6 人
分區直接選舉的議員	24 人

第三屆

功能團體選舉的議員	30 人
分區直接選舉的議員	30 人

中英兩國外長在外交層面就 1991 年至 2007 年香港立法機構在直選名額上達成的協議和全國人大的《決定》以及香港基本法對此作出的規定，在香港政制發展中具有重要意義。「91 直選」是香港政制邁向銜接基本法的第一步。如果 1991 年直選是 18 席，1995 年增至 20 席，就可循序銜接基本法對 1997 年首屆特區立法會直選議席（20 席）的規定。這個政制發展的突破，並不是港英政制的必然發展，而是由香港回歸祖國的現實決定的，由香港基本法賦予的。

1990 年 3 月下旬，港英政府公佈了 1991 年立法局選舉安排，同時對同年區議會選舉的選區劃分和議席分配作出調整，並決定於

1991 年 3 月、5 月和 9 月分別舉行區議會、兩個市政局和立法局三
層架構的選舉。1991 年立法局的組成為：官守議席（即布政司、
財政司和律政司）、委任議員 18 席、直選議席 18 席、功能組別 21
席，共計 60 個議席。與 1988 年至當時的本屆立法局比較，其主要
變化是：議員總數由 56 席增至 60 席；除保留 3 個當然官守議席
外，取消其餘 7 個官守議席；委任議席由 20 席減為 18 席，港督史
無前例將委任其中 1 名非官守議員為立法局副主席，目的是為 1995
年港英最後一屆立法局主席由議員互選產生作出鋪墊；直選的 18 個
議席是新設的，由 9 個選區（每個選區設 2 個議席）選出，其中港島
2 個選區，九龍 3 個選區，新界 4 個選區，功能組別議席比當屆的
14 席增加了 7 席。

3. 1995 年選舉委員會的組成

　　1990 年 1 月 11 月，時任香港特區基本法起草委員會的正、副秘
書長李後與魯平在北京會見了港督衛奕信，將基本法中有關特區政
制章節的起草提出了中國政府的設想。關於 1995 年選舉委員會的組
成就是在這種場合提出來的。從香港特區第一屆立法會選舉產生開
始，除分區直接選舉和功能團體選舉兩種選舉方式外，增加一種選
舉委員會選舉產生議員的方式。中方對此的說明是：基本法起草委
員會政制專家小組已經採納了關於香港特區立法機構的一定比例的
議員由一個選舉委員會選舉產生的建議，採取這種選舉方式，會使
香港一些有名望但又不希望參加直選的人經選舉委員會選舉進入立
法機關發揮作用。英方也希望在管治期內最後一屆 1995 年立法局當

選議員都能繼續工作到 1999 年，因此，英方原則同意中方的設想。在當時現行的香港政制中，沒有一個選舉委員會選舉立法局議員的先例。英方表示，願意同中方合作，將該選舉方式介紹給 1995 年選舉產生的立法局。英方在 1990 年 2 月 6 日第五份信息中，對建立選委會的框架提出五點原則：

鑒於選舉委員會的目標是選舉一部分立法機構的成員，它本身不應作為一個政府機構，一旦選舉立法機構成員的主要任務完成，它就應該停止活動。每一次新的選舉都將編制新的選舉名冊。

選舉委員會的構成應該盡量避免與選舉立法機構成員的其他組別的當選成員直接重複。

選舉委員會應盡可能具有代表性。

選舉委員會向立法機構提名候選人的程序應簡單、公開並在選舉法中作出規定。

選舉應以無記名投票的方式進行。

中方在 1990 年 2 月 8 日第六份書面信息中，對英方作出答覆：

中方同意英方在文件中所提的關於選舉委員會的五點原則。但對選舉委員會組成的比例，中方認為只能按照基本法（草案）附件一第二項所規定的成分和比例[56]，因為附件一在起

---

56 基本法附件一第二項所規定的選舉委員會的成分和比例為：

工商、金融界	200 人
專業界	200 人
勞工、社會服務、宗教等界	200 人
立法會議員、區域性組織代表、香港地區全國人大代表、香港地區全國政協委員的代表	200 人

草委員會第八次全體會議上已獲全體委員三分之二的多數通過。中方認為，上述成分和比例的規定是適當的，不宜再改。

在 1990 年 2 月 12 日第七份書面信息中，赫德外相就選舉委員會問題致函錢外長，對中方的上述提議作出答覆：

> 我原則同意你提出的成立選舉委員會的安排。這一選舉委員會可於 1995 年成立。此項安排的詳細細節可由雙方在適當的時間進行討論。同時，我希望你已同意的五項原則能在《基本法》中得到反映。

至此，中英雙方就選舉委員會組成成分和比例這一原則安排達成了協議，即選舉委員會由四部分組成，各佔四分之一。在選舉委員會問題上，英方同意了中方的安排。

4. 立法會議員的國籍限制

在中英兩國外長交換的七份書面信息中，英方還對香港基本法擬定中的某些制度性設計提出了意見和建議。對英方的這些意見，中方予以關注，並在基本法定案時予以體現。

這方面的問題主要有兩個：

一個是關於香港特區立法會議員的國籍限制問題，另一個是立法會分開計票的問題。

赫德外相於 1990 年 1 月 31 日在致錢外長的第三份信息中提到：「我看到報告說基本法將有一新的條款，將立法局成員的外籍人

士數字限制在總數的百分之十五，這在香港引起了關注，將給連續性設置嚴重障礙，也很難實施。」2 月 6 日，英方在第五份信息中對此要求澄清：「如立法會中外籍候選人超過百分之十五，如何取捨；只在香港享有居住權的非華人永久性居民是否受此限制，英方認為此類人應視為香港人。」

香港是一個以金融、貿易而聞名於世的國際性城市，有不少外籍人士在這裏長年工作和生活，對香港的社會發展作出了貢獻，況且將來特區政府和法院也可繼續任用外籍人士。在香港永久性居民的構成中，就包括持有效旅行證件在香港居住七年及以上的非中國籍人士。特區立法會容納一定比例的外籍議員，是適合香港永久性居民構成狀況的一種安排，但一定要有一個限額。基本法起草委員會政制專題小組建議，規定香港特區的非中國籍或擁有外國居留權的香港特區永久性居民被選為立法會議員的人數不能超過全體議員的 15%。英方從傳媒的報道中獲悉這一安排後，對此提出了種種問題。中方在 1990 年 2 月 8 日第六份書面信息中予以明確的答覆：

關於非中國籍的和在外國有居留權的香港永久性居民在特區立法會的席位限額問題，中方的立場早已十分明確，基本法必須對下列兩種人在特區立法會的席位數目加以限額規定：一種是外國人，即非中國籍的香港特別行政區永久性居民，另一種是在外國有居留權的香港特別行政區永久性居民中的中國公民。採取後一種人包括在內的措施，完全是由於英國單方面公佈給予五萬個家庭以「完全的英國公民地位」所引起的。[57] 英方

57　指英國 1989 年單方面決定給予部分香港居民完全英國公民地位的事件。此事放後詳述。

自稱在香港立法局沒有國籍限制的說法是與香港的歷史事實不符的。至於限額幅度，起草委員會第九次全體會議將會作出決定。

對此，1990 年 2 月 12 月，由英駐華大使唐納德轉交的英國外交大臣赫德給錢外長的第七份信息中，赫德外相表示：「如果你繼續認為有些限制極為重要的話，我希望你能考慮增加名額以減少這種風險。」中方經過慎重考慮，聽取了英方的意見，在基本法定稿時，對非中國籍和在外國有居留權的香港永久性居民在特區立法會中所佔比例的限制從原訂的 15% 擴大為 20%。從中英兩國外長交換的七封書面信息中，可以看出這一磋商的過程以及中英雙方在這個問題上達成的諒解。

最後，香港基本法正式公佈時，此點納入立法會議員的資格規定中，即基本法第 67 條：

> 香港特別行政區立法會由在外國無居留權的香港特別行政區永久性居民中的中國公民組成。但非中國籍的香港特別行政區永久性居民和在外國有居留權的香港特別行政區永久性居民也可以當選為香港特別行政區立法會議員，其所佔比例不得超過立法會全體議員的百分之二十。

基本法的這一規定，既體現了國家主權原則，又適應了香港本身的特殊需要。1997 年後，香港成為直轄於中華人民共和國中央人民政府的特別行政區，特區立法會作為主權國的地方立法機關，全部由中國公民組成是理所當然的。但考慮到香港的歷史背景和現實狀況，並且從有利於香港的穩定繁榮出發，基本法對特區立法會議員的國籍問題作了上述規定。

5. 立法會的分開計票

　　基本法起草委員會的政制專題小組於 1990 年 1 月同意在基本法
草案中加上一條有關分開計票的新條款。所謂「分開計票」，是指將
以三種方式產生的立法會議員分成二組：功能團體產生的議員為一
組；分區直選和選舉委員會產生的議員為另一組，[58] 對法案付諸表決
時，採取分組計票的辦法。

　　英方對這一制度設計提出五點意見，其中包括英國政府無法在
英國管治下的 1995 年採納此項表決程序。中方在 1990 年 2 月 8 日
第六份信息中對分開計票及英方對此規定的意見作出回覆：

> 　　中方認為，此種表決方式有利於發揮立法會本身的制衡作
> 用，從而保障香港各階層的普遍利益，對香港的穩定繁榮有好
> 處。至於分開計票的具體方法將由最近召開的起草委員會第 9
> 次全體會議討論、決定。中方認為，英方不打算在 1995 年的
> 香港立法局中實行分開計票的辦法，中方亦無意堅持此點。從
> 1997 年特區第一屆立法會開始實行此項表決辦法，對政制銜
> 接並無影響。

　　基本法的最後文本，將立法會分開計票的方法寫入香港基本法
附件二《香港特別行政區立法會的產生辦法和表決程序》第二項。內
容為：

58　隨着香港特區民主的發展，到特區第三屆立法會，選舉委員會選舉產生
　　議員的方式就不存在了，其名額全部撥給分區直選。從第三屆立法會開
　　始，立法會全體議員由功能團體選舉的議員和分區直選的議員構成，兩
　　種選舉方式產生的議員各佔一半。

二、立法會對法案、議案的表決程序

除本法另有規定外，香港特別行政區立法會對法案和議案的表決採取下列程序：

政府提出的法案，如獲得出席會議的全體議員的過半數票，即為通過。

立法會議員個人提出的議案、法案和對政府法案的修正案均須分別經功能團體選舉產生的議員和分區直接選舉、選舉委員會選舉產生的議員兩部分出席會議議員各過半數通過。

基本法的這項表述，將政府提出的法案與立法會議員個人提出的議案、法案和對政府法案的修正案作了區分，體現了行政主導的原則，而且在措辭上表達得更加簡練、明確，也照顧到英方在書面信息中表達的關注。

香港特區立法會中「一會兩組」的計票設計，顯然源於世界上多數發達國家議會所採用的「兩院制」的頂層設計，是議會本身的一種自我約束機制。美國有人將參、眾兩院比喻為咖啡和杯子的關係，他們認為，只有把眾議院的熱咖啡倒到參議院的杯子裏，冷卻一下，才好喝。英國有人把下議院比作汽車的發動機，把上議院喻為剎車閘，有了這兩樣東西，汽車才能平穩高速行駛。香港不是一個獨立的政治實體，地域狹小，不宜在立法機構中完全照搬西方的「兩院制」。香港特區實行資本主義制度，在香港基本法起草過程中，曾有人提出「一會兩局」的設想，就是現在實行的「一會兩組」投票機制的最初藍本。當時，提倡最力者為香港政法界名人羅德丞先生。他於 1989 年 9 月 13 日在香港工聯會所作的一次講演中，詳盡講解了他的「一會兩局」這個兩院制的方案。他認為，當時社會上提出

的多種一院制方案均達不到香港人要求的立法機關應具均衡代表性的要求。港英時期的立法局，是通過港督委任制來調整立法局議員的構成，使其達到均衡代表性。而香港特區立法會完全取消了委任議席，「屆時立法機關內只剩下功能界別及普選（分區直選）產生這兩種議席。所以，在這樣的情形之下，我們實無法保證在加入普選這個不可預測的成分後，立法機關仍能維持其均衡的代表性。事實上，如按一院制的方式發展下去，屆時立法機關出現不均衡是必然的。」[59] 羅先生認為，立法會中的功能局和地區局這兩類議員的產生方法不同，他們觀察事務的角度不同，提出解決問題的辦法也會不同。因此，羅先生提出，「這兩類議員就某一個問題的意見的統計，也應分別統計，而整體決定則由這兩類人經過協調後作出」[60]。這就是香港當時「一會兩局、分開計票」設計者的初衷。由此可以看出，香港基本法的「一會兩組，分組計票」的規定，是吸納了香港社會對此討論的成果，參考了外國主要發達國家兩院制議會設計的做法，又根據香港特區政制運作的實際而作出的制度性設計，是立足本地、博採眾長的產物。

中英兩國外長在香港基本法起草的最後階段，就香港政制 1997 年前後銜接的原則和環節，相互交換了七份書面信息，最後達成了協議和諒解。中方信守這些協議和諒解，寫入香港基本法的最後文本，於 1990 年 4 月 4 日在全國人大通過、頒佈。

正是在兩國外長七份書面信息達成協議的前提下，為使 1995 年產生的港英立法局議員過渡為香港特區第一屆立法會議員，在香港

59　詳見羅德丞：《為什麼要一個二院制》，香港：新香港聯盟編輯、出版：《新香港聯盟言論集》，1992 年版，第 294－300 頁。

60　同上註。

基本法頒佈的同日，全國人民代表大會還通過了《關於香港特別行政區第一屆政府和立法會產生辦法的決定》，其中第六項規定：

> 香港特別行政區第一屆立法會由 60 人組成，其中分區直接選舉產生議員 20 人，選舉委員會選舉產生議員 10 人，功能團體選舉產生議員 30 人。原香港最後一屆立法局的組成如符合本決定和香港特別行政區基本法的有關規定，其議員擁護中華人民共和國香港特別行政區基本法、願意效忠中華人民共和國香港特別行政區並符合香港特別行政區基本法規定條件者，經香港特別行政區籌備委員會確認，即可成為香港特別行政區第一屆立法會議員。

這清楚表明，所謂「直通車」有一個前提，即：1995 年選舉產生的立法局在組成上要符合上述規定，並符合基本法第 67 條關於非中國籍和在外國有居留權的議員所佔比例不得超過全體議員的 20% 的規定。在這個前提下，如果 1995 年當選的立法局議員，符合人大決定所規定的三項條件，經過特區籌委會確認就可過渡成為特別行政區第一屆立法會議員。

這就是人們俗稱的立法機構「直通車」的安排。

「直通車」原意是指來往於內地廣州和香港九龍之間的直達火車。乘客在上車前驗票並辦妥出境手續後，列車行經深圳與羅湖之間邊線時，無需下車，直達廣州。

香港特區立法會本來應在中國對香港恢復行使主權的 1997 年後產生。為了實現香港的平穩過渡，中英雙方經過磋商，同意港英 1995 年產生的最後一屆立法局議員，符合上述規定，可以成為香港

特區首屆立法會議員。這種安排類似穗港「直通車」。人們以此喻為香港政制「直通車」。

七、英方改變對華對港政策

1.「蘇東波事件」

　　從中英聯合聲明於 1984 年 12 月 19 日正式簽署到 1997 年 6 月 30 日英國對香港行政管理終止之日，史稱「香港過渡時期」。[61] 在中英聯合聲明簽署後的頭五年，中英在香港問題上以合作為主，雖常有爭論，終能經過磋商予以解決。中英在總體上合作的標誌性產物，是中英聯合聲明的簽署和香港基本法的誕生。當時，英方對這兩個文件都給予了很高的評價。

　　英國首相撒切爾夫人來北京出席中英聯合聲明的簽字儀式致詞時說，中英聯合聲明「在香港的生活史上，在英中關係的歷程中以及國際外交史上都是一個里程碑」。「『一國兩制』的構想，即在一個國家中保留兩種不同的政治、社會和經濟制度，是沒有先例的。它為香港的特殊歷史環境提供了富有想像力的方案。這一構想樹立了一個榜樣，說明看來無法解決的問題如何才能解決以及應該如何解決。」[62] 在蘇聯解體之前，1990 年 4 月，香港基本法頒佈後，英國外交及聯邦事務部公開發表講話表示歡迎，時為英國外交大臣賀維說：「我們能在基本法這份中國憲法文件中獲得 95% 我們所熟知的法

61　也有人主張以 1990 年 4 月香港基本法頒佈為界，香港過渡期可劃分為前半段和後半段。

62　《撒切爾（戴卓爾）夫人簽署儀式致詞》（1984 年 12 月 19 日）。

制，可算是奇跡。」[63]

　　幾年之後，英方就從上述立場急速倒退了。導致英方急轉直下的主因是：上世紀八十年代末、九十年代初，國際上和中國內地出現了「大、小氣候」。「大氣候」就是香港傳媒概稱的「蘇東波事件」。這是借用中國宋朝大文豪蘇東坡的名字來概括蘇聯解體、東歐劇變和波蘭團結工會在選舉中獲勝這一國際連串突變事件。「蘇東波」發生後，社會主義—共產主義思潮轉瞬陷於低谷。「小氣候」是指發生在內地的 1989 年春夏之交的那一場北京政治風波。英方受到大、小氣候的影響，基於老殖民主義者的慣性，嚴重誤判了形勢，開始改變對華對港政策。1994 年 4 月 18 日，英國下議院外交事務委員會在題為《1997 年前後的英中關係》的報告中講得非常清楚：「如果我們認為北京政權自然會維持到 97 年的話，那是不明智的。」[64]

　　英國參與了美國、歐洲共同體等西方國家對中國的制裁，在香港更是動作頻繁。先是英國單方面推遲中英聯合聯絡小組的工作日程和土地委員會的工作，連定好的 1989 年 7 月份舉行的第十三次會議也推遲兩個月舉行。隨後，其他的大、小舉動接踵而來，連續打出「兩局共識」、「居英權計劃」、「人權法案條例」、「新機場建設」和「政改方案」五張牌。中英在過渡期後半段這場鬥爭，時間長，涉及面廣，多種領域和議題交錯進行，齊頭並進；鬥爭、交涉、磋商起伏跌宕，令人目不暇接。在香港這個彈丸之地，演出了一幕幕人間活劇。

　　英方拋出在香港問題上與中方對抗的政策和措施，成為英國

63　轉引自王鳳超：〈香港回歸 ——「一國兩制」的偉大實踐〉，《經濟日報》，1997 年 5 月 25 日。

64　轉引自錢其琛：〈關於香港回歸的若干問題〉，《求是》雜誌，1997 年第 12 期。

政府改變政策的實證。中方從政權的順利交接和香港整體的平穩過渡大局出發，同英方進行了有理、有利、有節的鬥爭，爭取鬥而不破，將損失減低到最小程度。

以下對英方打出的「五張牌」逐一作出簡述。

2.「兩局共識」

所謂「兩局共識」，即是港英行政、立法兩局關於香港政制發展達成「共識」的方案，企圖在此基礎上形成「全港共識」，加快立法機構的直選速度。

1989 年 2 月，七屆全國人大常委會第六次會議經過審議，決定公佈香港基本法（草案）第二稿進行公眾諮詢，委託基本法起草委員會主持徵求意見工作，對基本法（草案）作出進一步的修改，計劃於 1989 年 7 月底結束諮詢期。為在香港廣泛徵求各界人士意見，起草委員會委託諮詢委員會具體負責在香港的諮詢，王漢斌副主任委員於同年 4 月率部分內地委員赴港聽取意見。因受北京政治風波的影響，全國人大常委會又將諮詢期延長至 10 月 31 日，以便有更充裕的時間讓香港各界人士發表意見。

同年 5 月底到 6 月初，立法局也對基本法（草案）第二稿進行了辯論。立法局首席議員李鵬飛在發言時表示，行政局和立法局兩局議員已就香港特別行政區政制問題達成共識方案，其中關於立法機關的產生和成員組成的建議為：1997 年第一屆立法會有半數議席由直選產生，即在全部 60 席中，直選和功能組別各佔 30 席。1999 年第二屆立法會的直選議席增至 60 個，而功能組別的議席維持不變。

換言之，立法會共設有 90 個議席，其中三分之二議席由直選產生。到 2003 年第三屆立法會，直選議席再增加 30 個。即由 60 席增至 90 席，等於立法會全部議席由普選產生。「兩局共識」還主張，行政長官最遲於 2003 年由普選產生[65]。

四個月以後，以行政、立法兩局議員辦事處名義派發的名為《基本法（草案）意見書》在香港市面上出現。這份意見書是趕在香港基本法（草案）第二次諮詢期結束的當天於 1989 年 10 月 31 日公開發表。據意見書自白，這是由兩局「熟悉法律或憲制事務的議員」組成的基本法專家小組，在研究了兩局憲制小組對基本法（草案）的初步結論之後起草出來的，然後由兩局議員內務會議隆重推出。這份意見書體現了「兩局共識」，涉及基本法（草案）的主要條款，包括對 1997 年前後政制發展，主要是立法機構直選議席的數目提出了具體方案。「兩局共識」的其他內容是早已在中英關於香港前途問題的談判和基本法起草過程中就被中方駁斥過的奇談怪論。

港英行政局和立法局本是港英建制的組成部分，根據確立港英對香港管治的基本法律《英皇制誥》和《皇室訓令》規定，他們分別是港督決策和立法的諮詢機構。如果兩局對香港基本法（草案）條文有意見和建議，按理應向港督提出，再由英方循外交渠道向中方表達。但兩局以議員辦事處的名義不僅把意見書逕自寄送給基本法起草委員，還在香港市民中散發，企圖用所謂「兩局共識」作為社會民意向中方施壓，造成中英雙方磋商的問題要受制於港英兩局意向的既成格局。兩局的這種「橫空出世」的姿態，完全擺錯了自己的位置，其「共識」理所當然地被中方拒絕。兩個多月後，1990 年 1 月，

---

65 袁求實編著：《香港回歸大事記（1979－1997）》，第 73 頁。

中英兩國外長就 1997 年前後立法機構直選議席的銜接問題，通過外交渠道最後達成了協議和諒解。正如前述，1991 年至 2003 年立法機構直選議席的數目為：1991 年 18 席，1995 年（1997 年）20 席，1999 年 24 席，2003 年 30 席。基本法的最後文本即按中英雙方上述諒解，經基本法起草委員會通過後，規定了 1997 年至 2003 年特區立法會直選議席數目，即香港特區三屆立法會民主發展的步伐。當時，英方表示，贊同 1997 年前後兩個立法機構在政制發展上的銜接，從而實際上打掉了「兩局共識」，迫使英方回到同基本法銜接的軌道上來，確保了基本法起草工作的如期完成。

3.「居英權計劃」

「居英權計劃」（又稱英國國籍計劃）是英方打出的第二張牌。

按照中國國籍法，所有香港同胞，不論其是否持有英國屬土公民（British Dependant Territores Citizens，簡稱 BDTC）護照，都是中國公民，英國政府無權將他們改為英國國籍；英國政府也承認這部分香港同胞是中國公民，不繼續發給他們 BDTC 護照，但作為一種旅行證件，將給他們換發英國國民（海外）護照（簡稱 BN(O)），不給予在英國的居留權。這原是中英雙方在簽署中英聯合聲明時達成的諒解，並以互換備忘錄形式作了確定。但英方以所謂「挽救港人信心」為由，違背自己的承諾，推出了「居英權計劃」。

1989 年 12 月 20 日，英國外相赫德（港譯韓達德）首次在英國下議院提出賦予部分香港居民居英權的方案。主要內容為：（1）給 5 萬名香港「精英人士」，包括其家庭成員在內共 22.5 萬人完全的英國

公民地位，發給英國護照，而無須離開香港；（2）獲發居英權的人士
包括：專業界、工商界、從事教育及衞生服務人士、有特殊工藝及
管理技術人士、公務員、紀律部隊人士；（3）此計劃只適用於香港；
（4）有部分護照押後才發出，使一些稍後會晉升高位的人士取得；
（5）不會修改 1981 年英國國籍法案。赫德在宣佈中還聲稱，香港是
一個國際中心，有很多國際方面投資，最重要的貿易夥伴亦希望香
港能夠繼續保持安定繁榮。英國政府推行這項計劃「也希望貿易夥伴
會跟從英國作榜樣」。[66]

　　據最終的分配名額，這 5 萬份英國護照分配如下：紀律部門（警
察和海關）7,000 份，「敏感部門」（資深公務員和媒體人士）6,000 份，
關鍵性崗位工作人士（專業和商界人士）36,500 份，主要的投資者
500 份。[67]

　　同年 12 月 30 日，針對英國宣佈的居英權計劃，中國外交部發
言人發表談話，表明了中國政府對此計劃的立場：「英方的這一作
法，嚴重違反了它自己的莊嚴承諾。五年前，在香港問題談判中，
有關香港居民的國籍問題，原已取得協議，雙方並在此基礎上交換
了備忘錄。英方的備忘錄明確規定：『凡根據聯合王國實行的法律，
在 1997 年 6 月 30 日由於同香港的關係為英國屬土公民者，從 1997
年 7 月 1 日起，不再是英國屬土公民，但將有資格保留某種適當地
位，使其可繼續使用聯合王國政府簽發的護照，而不賦予在聯合王
國的居留權。』英方的上述備忘錄的內容和措詞同中方的備忘錄一
樣，都是經過雙方商定的。」但現在英方「卻出爾反爾，不顧中英

66　同上註，第 82－83 頁。

67　參見【英】弗蘭克·韋爾什著：《香港史》，北京，中央編譯出版社，
　　2007 年版，第 573 頁。

雙方有關協議，單方面決定給予部分香港居民以完全的英國公民地
位。英方還宣稱，他們將在上述 5 萬戶中保留相當數額，以便在臨
近 1997 年的『稍後的年代中』給『那些可能在香港進入關鍵崗位的
人以機會』，並號召英國的『夥伴和同盟國』追隨英國之後，依法炮
製，公然將香港的中國居民『國際化』。英國政府的決定，勢必在香
港居民中製造矛盾，導致分化和對立。事實上，自決定公佈之後，
已經在香港居民中引起相當的混亂。這一切顯然不利於香港的穩定
和繁榮。」

　　「中國政府要求英方以大局為重，改變上述作法，否則必須承擔
由此而產生的一系列後果。中方保留對此採取相應措施的權利。」[68]

　　次日，英國外交部和英國副首相賀維對中國外交部發言人的上
述評論作出回應，強調給予一些港人居英權目的是為了使他們留在
香港，英國的目標是「鼓勵他們繼續作為香港具活力的催化劑」。[69]

　　1990 年 4 月 4 日，在第七屆全國人民代表大會第三次會議通過
香港基本法的同一天，英國政府將《1990 年英國國籍（香港）法案》
提交英國下議院，而後三讀通過，7 月 26 日英女王簽署生效。

　　由於歷史的原因，香港居民的國籍狀況比較複雜。在港英管治
下，香港居民中的中國血統人士除持有英國政府簽發的「英國屬土公
民護照」或「英國國民（海外）護照」外，還有不少人士持有其他國
家的護照。

　　1989 年時，香港人口約 570 萬，其中 97% 以上是中國人。由於
上述原因，他們當中約有 330 萬人持有「英國屬土公民護照」。根據

68　袁求實編著：《香港回歸大事記（1979－1997）》，第 83 頁。
69　同上註，第 84 頁。

1981 年修改的英國國籍法，這些人不具有在英國本土居留權。關於
持有「英國屬土公民護照」的香港中國居民的國籍和居留權問題，中
英兩國政府於 1984 年 12 月 19 日以互換備忘錄的形式表明了各自的
立場。中國政府申明：「根據中華人民共和國國籍法，所有香港中國
同胞，不論其是否持有『英國屬土公民護照』，都是中國公民。」英
國政府也在備忘錄中作了確認。

《1986 年香港（英國國籍）樞密院令》亦規定，擁有英國屬土公
民權的華裔香港居民和其他非華裔的香港居民，在 1997 年 7 月 1 日
後，將分別轉為「英國國民（海外）籍」和「英國海外公民」籍，兩
者均無居英權。總之，英國政府單方面制定的「居英權計劃」並付諸
實施，完全違背了中英兩國政府就香港居民的國籍問題所交換的備
忘錄和英國政府一直奉行的國籍政策，是英國改變對港政策的明顯
例證。

兵來將擋，水來土掩。中方針對居英權計劃，採取了相應對
策。香港基本法作出規定，香港特區行政長官、特區政府主要官
員、行政會議成員均由在外國無居留權的香港特區永久性居民中的
中國公民擔任。基本法第 67 條還對立法會議員的國籍和在外國有居
留權者作出限制：非中國籍的和在外國有居留權的香港特別行政區
永久性居民在立法會全體議員中所佔比例不得超過 20%。

1996 年 5 月，八屆全國人大常委會第十九次會議通過《全國人
民代表大會常務委員會關於〈中華人民共和國國籍法〉在香港特別行
政區實施的幾個問題的解釋》中的第三條，對此又作了明確的規定：

任何在香港的中國公民，因英國政府的「居英權計劃」而
獲得的英國公民身份，根據「中華人民共和國國籍法」不予承

認。這類人仍為中國公民，在香港特別行政區和中華人民共和國其他地區不得享有英國的領事保護的權利。

4.「香港人權法案條例」

港英當局從 1989 年 10 月醞釀制定人權法，到 1991 年 6 月 6 日由立法局通過並經港督簽署，《人權法案條例》生效，這是英方打出的第三張牌，也是英方改變對港政策的產物。這是一項對香港的過渡時期和 1997 年後香港特區均有重大影響的立法，此法在很大程度上改變了香港現行法律制度，與中英聯合聲明和香港基本法的規定不符。

香港回歸祖國前，英國將其參加的三百餘項多邊國際條約擴展到香港適用。這些條約除少數因政治原因或年代久遠而不適合香港特區外，大部分條約繼續適用，對香港特區保持金融、貿易、航運中心地位和與外國在許多領域的合作關係，保持香港原有社會、經濟制度和生活方式不變、法律基本不變等，至關重要。為此，香港基本法第 153 條第一款以法律規定提供了保障：「中華人民共和國尚未參加但已適用於香港的國際協議仍可繼續適用。中央人民政府根據需要授權或協助香港特別行政區政府作出適當安排，使其他有關國際協議適用於香港特別行政區。」經中英雙方清理、協商，共有二百多項條約可以繼續適用於香港特區，其中，我國未參加的達八十餘項。[70]

兩個基本而重要的國際人權公約 ——《公民權利和政治權利國際

70　參見王鳳超主編：《「一國兩制」的理論與實踐》，第 208 頁。

公約》和《經濟、社會與文化權利的國際公約》就屬上述之列。本小
節主要講前者，簡稱「人權公約」。

人權公約於 1966 年由聯合國大會通過，1976 年生效。英國於
1968 年簽署，1976 年批准，除保留條文外，人權公約亦擴展至香港
適用。中國於 1998 年簽署了該公約，至今尚待批准。

在中英關於香港前途問題談判時，中國不是人權公約的簽署
國，這就產生了一個實際問題，這兩個人權公約 1997 年後在香港是
否適用？中英雙方對此專門進行了討論。英方當時介紹說，無論是
英國還是香港，兩個人權公約都不是直接適用，而是通過當地法律
予以實施。香港已有的各種法規已保障了公約所確認的各項權利，
自 1976 年批准公約適用香港以來，港英從未就人權公約的規定專門
立法。也就是說，香港當時並沒有人權法，而是通過當地的法律來
踐約。當時，英方充滿了自信並向中方作出保證：香港的法律完全
符合兩個人權公約的規定，對人權有充分的保障。1978 年，英國在
向聯合國人權委員會提交的報告中對此即作了說明：

> 英國的法律制度是在符合公約規定下運行的，它通過現行
> 的法律來實現公約規定的義務，……人人都可以從法律中找到
> 保障權利的規定，沒有必要把公約變成英國法律的一部分。[71]

中方接納了英方的上述介紹和申明，中方在中英聯合聲明附件
一《中華人民共和國政府對香港的基本方針政策的具體說明》中載
明：「《公民權利和政治權利國際公約》和《經濟、社會與文化權利

---

71 轉引自新華社評論員：〈捍衛中英聯合聲明的必要措施〉（1997 年 1 月 29
日播發）。

的國際公約》適用於香港的規定將繼續有效。」香港基本法第 39 條
也作了同樣的規定，並根據香港適用兩個人權公約的歷史和現實狀
況，基本法第 39 條比中英聯合聲明附件一在行文上又加了進一步明
確實施方式的措詞：「通過香港特別行政區的法律予以實施。」這就
在中國當時沒有參加兩個人權公約的情況下，依循慣例妥善解決了
人權公約在香港特區的適用問題。

　　英國自 1968 年 9 月 16 日簽署、並於 1976 年 5 月 20 日批准兩
個人權公約以來，一直到九十年代，並未制定專門的人權法。在香
港進入過渡時期的前半段，英方也未就中英聯合聲明兩個人權公約
在香港的適用問題表示過異議，也未提出過與兩個人權公約相衝突
的任何一個香港原有法例。

　　1990 年 3 月 16 日，港英政府突然自食其言，公佈了《1990 年香
港人權宣言條例草案》，聲稱將兩個人權公約之一的《公民權利和政
治權利國際公約》「收納入」香港法律。港英當局還在人權宣言內加
入一條釋義條款，要求法官盡可能按照人權宣言的原則解釋現行和
將來的法例。條例草案公佈後，將有兩個月的諮詢期，預計於 7 月
提交立法局審議，在獲得通過後，將有兩年的「凍結期」，藉以修改
現行所有與法案有所抵觸的條例。[72]

　　1991 年 6 月 5 日，英方不顧中方的多次交涉和反對，一意孤
行，將草案定名為《香港人權法案條例》在立法局三讀通過，6 月 8
日起生效。7 日，港府憲報公佈，《英皇制誥》將增加一項條款，「規
定《公民權利和政治權利國際公約》內適用於香港的規定須透過香港
法律實施」；同時在這項修訂生效後，「香港新制定的法律均不可違

72　參見袁求實編著：《香港回歸大事記（1979－1997）》，第 88－90 頁。

反《公民權利和政治權利國際公約》內適用於香港的規定、剝奪在香港可享有的權利和自由。」[73] 6 日，我國外交部發言人對此表示：英方不顧中國政府多次申明的原則立場，執意要在香港制定一個將對香港特別行政區基本法的貫徹執行產生不利影響的「人權法案」，對此，中方表示遺憾。中方保留在 1997 年後適當時候按基本法的有關規定，對香港的現行法律包括「人權法案」進行審查的權利。中方重申，保障香港居民的權利和自由是中國對香港基本方針政策的重要組成部分。這一內容已寫進中英聯合聲明，並莊嚴地載入香港特區基本法，相信通過基本法的實施，香港居民的權利和自由一定會得到充分而有效的保障。[74]

《香港人權法案條例》（以下簡稱「人權法案」）存在的最大問題是被英方賦予凌駕香港原有法律之上的地位。「人權法案」第 3 條規定，所有先前法例凡與「人權法案」抵觸的，予以廢除；第 4 條規定，以後制定的所有法例都必須符合「人權法案」的規定。賦予「人權法案」這種凌駕地位，是不符合中英聯合聲明和抵觸香港基本法的。

中英聯合聲明附件一第 2 條載明：「香港特別行政區成立後，香港原有法律（即普通法及衡平法、條例、附屬立法、習慣法）除與基本法相抵觸或香港特別行政區的立法機關作出修改者外，予以保留。」基本法第 8 條也作了同樣的規定。基本法第 11 條第二款規定：「香港特別行政區立法機關制定的任何法律，均不得同本法相抵觸。」1990 年 4 月 4 日，全國人大關於《中華人民共和國香港特別行政區

73　同上註，第 103 頁

74　同上註，第 103 頁。

基本法》的決定中指出：「香港特別行政區設立後實行的制度、政策和法律，以香港特別行政區基本法為依據。」這些規定清楚表明，只有香港基本法才具有凌駕香港原有法律之上的地位，無論是先前已存在的原有法律還是以後特區立法機構制定的法律，其唯一的對照標準是香港基本法。

英方採取偷樑換柱的手法，把人權公約的各項規定稍作改頭換面，以單一成文法形式納入《條例》，再賦予「人權法案」以凌駕地位，這等於在基本法與香港現行法律之間放置了一塊「絕緣體」，將基本法架空，在 1997 年前覆蓋所有香港法律，以「人權法案」為準，審查並大幅修改香港的現行法律，這就直接違背了中英聯合聲明關於「法律基本不變」的原則。在此僅舉港英對《社團條例》和《公安條例》的修改為例。1992 年 7 月 17 日，立法局通過了《社團條例》的修訂案，就對香港現行社團管理制度作出三項重大改變。一是將社團註冊登記制度改為通知制度。原規定香港所有社團在其成立後的十四天內必須向兼任社團註冊官的警務處長申請登記或豁免登記，否則為非法團體；而港府向立法局提交的修訂草案規定香港所有社團只要在其成立後的一個月內通知社團事務主任（仍由警務處長兼任）即可。但如不通知，社團成員則可能被處以罰款或監禁，而有關社團卻不必然成為非法社團。二是取消有關限制香港本地社團同海外政治性團體發生聯繫和在學校成立政治性社團的規定。原《社團條例》規定，對兩類社團，經社團登記官徵詢布政司意見後有權不予註冊登記：一類為該社團是在香港以外成立的政治性團體或組織的分會，或與這類團體或組織有聯繫；另一類為該社團曾經或還在企圖以任何方式影響學校的管理、或影響教師或學生，而這種影響是帶有政治性的，或妨礙了學校的良好秩序。修訂案廢除了上述規

定，只保留了當社團事務主任認為某社團的活動將損害香港的治安或公共安全或公共秩序時，他可以通知保安司令頒發禁令的規定。三是削弱政府部門管理社團的權力。如廢除總督解散社團的權利；廢除社團登記官傳召任何人士作證的權利；限制社團事務主任和警察的搜查權等等。僅以對《社團條例》的修訂就可以看出，港英在撤離之前，以推行「人權法案」為名，放寬對社團的管理，為各種政治勢力在港活動提供空間，違反了基本法有關「禁止外國的政治性組織或團體在香港特別行政區進行政治活動，禁止香港特別行政區的政治性組織或團體與外國的政治性組織或團體建立聯繫」的規定。依據《條例》，港英 1995 年 7 月 27 日以來對《公安條例》的修改，主要是在集會遊行方面，將集會遊行須申請並獲批准的制度改為通知制度；限制總督及警方管制遊行的權力。原《公安條例》賦予政府部門管理集會和遊行的權力，有利於保障社會秩序和市民的安居樂業，保障交通順暢，對可能發生的過激行為，警方有所防範，避免造成不好的影響，有什麼不可以呢？

對英方打出的這種「人權牌」，1996 年由全國人大設立的香港特區籌委會法律小組提出了如下的處理辦法：將不符合中英聯合聲明、抵觸香港基本法的《條例》中凌駕條款不採用為香港特區的法律；《條例》中照搬人權公約的條文，因中英聯合聲明和香港基本法均規定該公約適用於香港的有關規定繼續有效，可採用為香港特區法律，而不是廢除整個《條例》。對於依據《條例》的凌駕地位所修改的原有法律，法律小組建議只對修改過的《社團條例》和《公安條例》宣佈不採用為香港特區法律，餘等已修改的法律交由香港特區自行處理。法律小組的建議，既捍衛了中英聯合聲明關於「法律基本不變」的原則，又體現了對特區高度自治的尊重，是合理、合法、合

情的。

　　香港回歸祖國前夕，全國人大常委會採納了籌委會法律小組的上述建議。1997 年 2 月 23 日，第八屆全國人大常委會第二十四次會議通過了人大常委會根據基本法第 160 條處理香港原有法律的《決定》。基本法第 160 條第一款規定：「香港特別行政區成立時，香港原有法律除由全國人民代表大會常務委員會宣佈為同本法抵觸者外，採用為香港特別行政區法律，如以後發現有的法律與本法抵觸，可依照本法規定的程序修改或停止生效。」

　　據此，《決定》在附件二載明：

　　　　香港原有法律中下列條例及附屬立法的部分條款抵觸《基本法》，不採用為香港特別行政區法律：

　　　　7、《香港人權法案條例》（香港法例第 383 章）第 2 條第（3）款有關該條例的解釋及應用目的規定，第 3 條有關「對先前法例的影響」和第 4 條有關「日後的法例的釋義」的規定；

　　　　9、1992 年 7 月 17 日以來對《社團條例》（香港法例第 151 章）的重大修改；

　　　　10、1995 年 7 月 27 日以來對《公安條例》（香港法例第 245 章）的重大修改。

　　上述全國人大常委會的《決定》和對附件二所列 7、9、10 三項「條例」的處理，打掉了所謂人權法案凌駕於香港現行法律之上的地位，使港英以此改變現行法律、架空基本法的目的成為泡影。

啟德機場舊貌

5.「新機場建設」

1989 年 10 月 11 日，港督衞奕信在立法局所作施政報告中，公佈了一項龐大的跨越 1997 年的世紀工程，即在香港興建港口和新機場，別稱「玫瑰園計劃」。其要點是：港英政府決定在赤鱲角興建新的香港國際機場，有兩條跑道，全日二十四小時運行。新機場每年處理的旅客數量達八千萬人次，是現有啟德機場最高處理旅客量的三倍以上。為了確保旅客從四面八方快捷抵達機場，還計劃興建一條高速鐵路系統和一條六線行車的公路等配套設施。在東涌興建能容納至少十五萬人的新市鎮。這是一個集客運、貨運、道路和鐵路交通、住宅、商場及辦公室建築於一身的新機場核心計劃。從公佈此計劃的 1989 年價格計算，預計到 2006 年，全部工程費用達 1,270

億港元（以下除另有標明外，均為港元）。[75]

　　香港原有唯一機場是由香港華人大律師、早期立法局華人議員何啟和華商區德修建的，原計劃為大型住宅區，後被改為建機場，故名啟德機場。啟德機場曾經位居世界第四大客運和第五大貨運機場之列。到二十世紀八十年代，啟德機場的載客量已趨飽和，而且地處九龍灣，周圍高樓林立，是城市中的大型國際機場，也是世界有名的危險機場。它所處的地理位置，決定了啟德機場絕無任何擴展的可能性。只有另覓新址建新機場，才是唯一的出路。

　　為了保持香港國際航運中心之一的地位和香港的長期繁榮，中方在八十年代初，還是尤德（Edward Youde）任港督時，就建議港英政府及早考慮新機場的建設問題，雖然英方計劃較早，但當時港英的態度並不積極，其間還多次反覆，直到中英聯合聲明簽署三年以後，1987 年 7 月才開始進行港口和機場發展策略的研究。1989 年英國改變對華政策後，港英以維繫港人信心為由，事先未同中方磋商，港督衞奕信於 1989 年 10 月 11 日在立法局突然宣佈在大嶼山的赤鱲角興建新機場和港口，正式提出這一計劃，作為一張牌打了出來。

　　這是一張立體牌。從經濟上看，港英在撤離香港前要把歷年的積蓄花光用盡，而且有可能給特區政府留下巨額的財政負擔。從政治上看，港英利用其管治權，單方面決定跨越九七年的事項，造成既成事實，由特區政府別無選擇地承擔其後果。在赤鱲角興建的這個現代化的大型機場，把英國的影響留下來，也符合英國「光榮撤退」的整體部署。

　　使操盤者沒有預料到的是，該計劃公佈後，英方卻陷入了孤掌

―――――

75　資料來源：區志堅、彭淑敏、蔡思行：《改變香港歷史的 60 篇文獻》，香港：中華書局有限公司，2011 年版，第 338－342 頁。

難鳴、無人喝彩的境地。這個計劃的公佈方式英方犯了一個常識性錯誤，正被中方逮個正着。世人皆知，根據中英聯合聲明，英國對香港的行政管理到 1997 年 6 月 30 日止，港英的法人地位也在此日終結，他們有何權力自行決定批出跨越 1997 年至 2006 年的這一大型基建項目呢？按常理，此事應由香港特區政府作出許可和承擔，九七年前由港英政府簽署的文書、合同和有關協議在九七後才能繼續有效，但特區政府當時並不存在，代表其利益的只能是中華人民共和國的中央政府。沒有中方的認可，「新機場計劃」根本行不通。

　　國際上的投資者、銀行家、香港各界人士自然地關注、重視中方對此的反應。於是，上述人士和團體絡繹於途，前來國務院港澳辦探個究竟。[76] 魯平副主任明確地告訴來訪的客人：港英提出的新機場建設計劃事先沒有告訴我們。我們是從香港報紙的報道中知道這個信息的。姬鵬飛主任針對香港人建議中方應支持新機場建設計劃時說：「我們什麼情況都不知道，怎麼支持？我們總不能閉着眼睛支持吧？」

　　中方對「新機場計劃」及其引起的反應，在內部作了分析研究。國港辦前主任魯平在口述回憶錄中作了記載：

　　　　研究分析以後，我們說我們不採取主動，穩坐釣魚台。為什麼呢？因為你這個工程是跨越一九九七年的，你這麼大的工程，肯定要向銀行借貸款的，大部分貸款要在一九九七年以後才償還。那麼，一九九七年以後誰來還這個錢？如果沒有我們的承諾，銀行不會貸款的，銀行肯定不會借你錢。所以說我們

76　一般香港大型團體由時為國務院港澳辦主任姬鵬飛會見，餘多為魯平副主任會見。筆者陪於末席並做記錄。

不擔心，現在他不理我們，到時候一定來找我們。後來果然這些外國銀行，滙豐啊，花旗銀行，都來找我們，要求我們承諾將來特區政府一定能夠償還這筆債務。因為那個時候特區政府還沒有成立，當然要我們中央政府替特區政府來承諾，我們說我們不能承諾，我們根本不了解這件事情，英國人根本沒有跟我們商量，我們怎麼能夠承諾？所以他一個錢都借不到。[77]

　　果然不出魯平主任所料，在香港內外投資者裹足不前、融資遇到意想不到困難的情況下，英方才回過頭來要求中方表態支持新機場建設，這才有了香港大型基建專家的會談。

　　1990 年 10 月 10 日，由時為國家計劃委員會顧問的勇龍桂率中國專家一行八人抵港，應邀與以港英經濟司陳方安生為首的專家小組舉行會議，磋商新機場建設計劃。就在中國專家成行的前五天，即 10 月 5 日，港英政府突然宣佈將自資興建通往赤鱲角機場的青衣至大嶼山幹線。英方此時為什麼採取這樣一個動作呢？這是因為港人當時對新機場的選址有不同意見，爭執不下。在中方專家抵港前，港英一錘定音，表明新機場建在赤鱲角這一決定是不能更改的。後來專家組會談的實際狀況顯示，英方把專家會談只是當作港英興建新機場的知會場所，不想給中方商量的餘地。從 1990 年 10 月至 1991 年 2 月，專家小組分別在香港和北京舉行了三輪會談，但毫無寸進。英方一方面尋求中方對新機場建設的支持，並且建議由雙方專家進行論證，同時匆忙決定將有關項目拍板上馬，單方面宣佈興建青馬大橋和十二項工程項目的招標，使會談陷入僵局。

　　1991 年 4 月 3 日至 8 日，英國赫德外相應錢其琛外長邀請訪

77　魯平口述、錢亦焦整理：《魯平口述香港回歸》，第 75－76 頁。

華，期間兩國外長重點談了新機場建設問題。

　　針對中英專家小組會談陷入僵局所反映出的問題，錢外長強調，保持香港的繁榮穩定，是中英雙方共同的利益所在。中國無意干涉在過渡期內香港的日常行政管理事務，因而不存在所謂的「共管」、「控制」和「否決權」的問題。關於新機場建設，錢外長說，「我們已對此闡明了中方的立場，我們希望既把香港機場建起來，又對香港 600 萬居民和香港未來的穩定和繁榮負責。」[78]赫德外相在離京前（6 日）的記者會上說，雙方都表示要遵守聯合聲明，雖然在這方面沒有取得「完全的一致」和「突破」，但「消除了一些相當嚴重的誤解」，「縮小了分歧」，「取得了進展」。他表示，雖然在 1997 年之前英方要保持對香港事務「全面有效的控制」，但將有關跨越 1997 年的重大問題向中國提供充分的信息，歡迎並會考慮中國的看法。[79]作為赫德外相這次訪華所取得的一個成果，雙方同意把關於新機場建設的談判升格為兩國政府工作小組層面的談判。英方決定由隨赫德外相訪華的英國外交部負責亞洲事務的助理國務次官伯恩斯牽頭組成政府工作小組，留在北京與中方重開談判。英方工作小組成員還包括英國駐華使館政務參贊、港督政治顧問、港府財政司等。中國政府工作小組由國務院港澳辦負責聯繫香港經濟事務的一司副司長陳佐洱任組長。[80]

　　1991 年 4 月 7 日至 13 日、5 月 18 日至 22 日，中英雙方工作小組在釣魚台國賓館舉行了兩輪會談，其中第二輪最後一天的會談從

78　袁求實編著：《香港回歸大事記（1979－1997）》，第 102 頁。

79　同上註。

80　筆者時為國港辦二司副司長也參加了中英雙方工作小組的會談。從第二輪談判開始，陳佐洱先生和筆者均升為司長。

16 時一直談判到 24 時，談了整整八個小時，除了進一步增進對所談問題的了解外，沒有什麼突破性進展。

　　中英雙方關於新機場建設在工作層面談判所處的膠着狀態，也使得英方騎虎難下。英國首相梅傑（港譯馬卓安）直接過問此事，派出自己的外事顧問、前駐華大使「中國通」柯利達，完全避開傳媒的視野，秘密前來北京尋求解決問題之道。從 1991 年 6 月 27 日開始，英國特使柯利達與中國國務院港澳辦主任魯平在釣魚台國賓館閉門談了四天。兩位「高手」過招，終於就新機場問題基本達成了共識。

　　這次問題的基本解決，主要是基於兩個原因：一是英方親身體驗到新機場計劃對外宣佈後，沒有中方的支持合作確實難以實施，只好同意就香港過渡時期內跨越 1997 年的重大事項聽取中方的意見。二是經過中方多次討價還價，在財政儲備上，英方起初預算為 50 億，最後同意留給香港特區 250 億港元。

　　根據中英聯合聲明附件三《關於土地契約》的規定，自中英聯合聲明生效之日起，在香港成立中英土地委員會，監察港英每年賣地的數量並依規定加以限制。賣地的收入，在扣除開發成本後，均等平分，分別歸港英政府和日後的特區政府所有。港英所得，只能用於土地開發和公共工程。特區政府所得的部分要存入在香港註冊的銀行。由於香港銀行利率較低，只存入銀行很難保值，由中國政府成立為未來特區政府理財的土地基金代為保管，1997 年 7 月 1 日以後全部移交給特區政府。值得一提的是，中英土地委員會中方代表、土地基金受託人和工作人員的所有開支，全部由中央政府負擔，沒有動用屬於特區政府的土地收入一分錢。根據當時土地基金的運作情況及前景看好，中方估計到 1997 年時可以累計到 700 億至

800 億港幣，[81] 再加上港英的 250 億，特區政府成立時能有一千多億的財政儲備，可以勉強過日子了。中方研究後認為，為了盡快解決新機場建設，遂接受了這項財政儲備安排。

萬事俱備，只待草簽。這當口，卻發生了驚險而精彩的一幕，請看當事者魯平主任的生動憶述：

> 最後我們要草簽了，但有一條規定：這個《新機場諒解備忘錄》，要兩國政府的首腦在北京正式簽署以後才生效。談到這一條他（柯利達）不幹了，說不行，我們首相不能到北京來。我說你來的時候曾經透露過將來可以考慮馬卓安到北京來，你怎麼現在出爾反爾。他就「啪」一拍桌子跳起來，說：「我沒有說過。」我也跳起來了，我說：「柯利達先生，我要不要把記錄拿出來給你看？你還想不想談？如果你不想談的話，現在就請你回去。」那個時候我是估計到他不會走的。他決不會功虧一簣、空手而歸的，因為現在首相親自插手了。他為什麼會跳起來說不同意呢？因為 1989 年以後西方對我們封鎖，這些國家的首腦一個都不來。所以我要馬卓安來，打破這個僵局，備忘錄不僅是解決香港機場問題，還有解決西方對我國封鎖的問題。他看我態度這麼堅決，馬上軟下來了。「魯平先生，對不起，我剛才態度不好。請您坐下來，我們坐下來再好好談。」他說能不能採取另外一個辦法，我們兩國政府的首腦到歐洲哪個第三國去簽，我說這像什麼話，什麼叫第三國？這

81　實際上，香港特區政府土地基金的運作實現了安全、保值和增值，並超過了預期的目標，到 1996 年 3 月底，土地基金淨資產總額已達 1,112 億港元。

個事情跟第三國沒有關係。這是我們兩個國家的事，跑到第三國不倫不類，怎麼跟外界解釋這個問題。最後，他說這個我定不了，我要請示首相，但首相現在不在倫敦。我說不在倫敦，你找他唄，你是他顧問，你知道他在哪裏。「你打電話」，我說。他出去了一會兒，不知道真打還是沒打，結果灰溜溜地回來了，他說首相同意了。

　　草簽完已經是半夜，開香檳酒相互祝賀，柯利達向我敬酒，「你是中國利益最好的捍衛者。」我也說，「柯利達閣下，你也是英國利益最好的捍衛者。」[82]

　　就這樣，1991 年 6 月 30 日，國務院港澳辦主任同英國首相特使經過秘密會談，終於在中英聯合聲明的基礎上，本着互諒互讓的精神，在北京草簽了《中英兩國政府關於香港新機場建設及有關問題的諒解備忘錄》（以下簡稱備忘錄）。同年 9 月 3 日，李鵬總理和梅傑首相在北京人民大會堂正式簽署了《備忘錄》而生效。香港和國際輿論對此給予了高度評價。

　　有人可能會產生這樣的疑問，在英方改變對華政策的情況下，英方作為一張牌打出的「新機場建設」，為何最終能達成諒解並予以解決呢？

　　可能正因為這張牌綜合性太強，涉及經濟、政治、金融和香港過渡時期事務以及未來特區政府所要承擔的責任和義務，多種矛盾糾結在一起，各種因素相互制約，反而有可能找到一條出路。

　　同英方這個時候打出的其他牌不同，中英雙方的決策層都認同香港迫切需要另建一個新機場。這是能解決新機場建設問題的大前提。

82　魯平口述、錢亦焦整理：《魯平口述香港回歸》，第 77－78 頁。

英國撤離香港前所餘歷年財政結餘，是香港納稅人的血汗錢，從理論上講，「九七」年後不能隨英國人的撤離而帶往英國，當然，英國也不可能將之全部留在香港，一定會盡可能消耗掉。在赤鱲角建新機場，是用盡財儲的最好出路。眾所周知，搞大型建築，容易把一個人的名字長期保存下來。在港英看來，龐大的、現代化的赤鱲角機場具有象徵性意義，使其影響得以長久地保留。

從中方的角度講，如果不把這筆財儲用在香港急需的機場建設項目上，港英也可能用這筆錢大派福利，以另一種形式實現「光榮撤退」的戰略部署，這將給未來的特區政府形成難題。還有一種情況是，如果不讓新機場快點建起來，可能又會出現人們最不想看到的景象：錢用得差不多了，機場未按期完工，成了半拉子工程，如同雞肋，食之無味，棄之可惜，造成巨大浪費，亦不可取。

當新機場建設問題擺在中英面前時，雙方的關注點是不同的：中方關注的是建新機場不能不講成本效益，將財政積累花光用盡，並使未來特區背上沉重的財政負擔，影響香港的長期繁榮穩定；英方關注的是中方能否借此機會參與此事，在「九七」年前干預英國的行政管理，衝擊港英的管治權，使港英政府成為「跛腳鴨」政府。明瞭彼此的關注點，只要在兩者之間找到平衡，顧及彼此的關注，合法、合理、合情地予以處置，新機場建設問題是可以得到解決的。

《備忘錄》的成功之處，就是緊緊圍繞新機場建設，列出技術上務實的規定，來滿足中英雙方的關注。

關於中方的關注點：《備忘錄》載明，「機場項目應符合成本效益，而且在一九九七年六月三十日以後不應在財政上給中華人民共和國香港特別行政區造成負擔。」[83] 由於新機場建設是一個跨越

83　以下所引《備忘錄》，載袁求實：《香港過渡時期重要文件彙編》，第189至191頁，不再註明。

「九七」年的項目，必然涉及到未來特區政府所要承擔的責任和義務，英方不能單方面作出決定。《備忘錄》為此作出規定：「關於跨越一九九七年六月三十日的與機場項目有關的重要事宜，中英兩國政府將本着合作的精神並根據中英聯合聲明進行磋商。」並規定了磋商機構（成立一個由中英聯合聯絡小組領導的機場委員會，中英雙方成員人數相等）、途徑、具體項目和目標。關於財務安排及其運作問題，《備忘錄》規定：「港英政府在安排財政計劃時，將以於一九九七年六月三十日留給香港特別行政區政府使用的財政儲備不少於二百五十億港元為堅定目標。」「如果在一九九七年六月三十日以後償還的債務總額不超過五十億港元，港英政府將根據需要自行舉債，並通報中國政府。超出五十億港元總額的舉債，須由雙方對該舉債建議取得一致意見後方可進行。」

關於英方的關注點：《備忘錄》亦載明，「港英政府將在一九九七年六月三十日以前對包括在本諒解備忘錄中的項目建設負責。」這嚴格體現了中英聯合聲明的有關規定，即「自本聯合聲明生效之日起至一九九七年六月三十日止的過渡時期內，聯合王國政府負責香港的行政管理，以維護和保持香港的經濟繁榮和社會穩定；對此，中華人民共和國政府將給予合作」。對英方關注的中方對新機場建設的態度和未來香港特區政府對此的承擔，《備忘錄》的規定是：「中國政府對新機場及其有關項目的建設將予以支持。中方將按照本諒解備忘錄所載明的原則，向感興趣的潛在投資者表明，港英政府所承擔或擔保的與機場項目有關的義務將從一九九七年七月一日起繼續有效，並將得到香港特別行政區政府的承認和保護。」

此外，從中英磋商解決香港新機場建設的實例出發，舉一反三，對中英雙方臨近 1997 年 6 月 30 日就香港問題加強磋商和合作

機制也納入了《備忘錄》：「作為加強磋商的一部分，中國外交部長和英國外交大臣將每年會晤兩次來討論共同關心的問題，中國國務院港澳辦公室主任和香港總督也將進行定期會晤。」

總之，這是在當時條件下，《備忘錄》是實現中英雙方將香港新機場建起來的共同目標的務實文件，而且為香港過渡時期後半段中英合作，保證香港的平穩過渡和政權的順利交接，創造了有利的條件。文件最終經中英兩國政府首腦正式簽署生效，也是現實主義的勝利。是中方以香港福祉為長遠目標，以鬥爭求合作的一個範例。

1991 年 9 月 3 日，《備忘錄》簽字生效，港英政府按照已經達成的諒解，可以展開新機場建設了。可是，好事多磨，一波數折。在中方的多次催詢下，港英政府才於 1992 年 3 月底提出了一個大大超出《備忘錄》規定的財務安排方案，使將來特區負擔的債務大幅度增加。僅半年時間，新機場成本預算從簽署《備忘錄》時的 986 億提高到 1,122.2 億（以 1991 年 3 月不變價格計。且不包括通脹因素及 25 億元應急款項，竣工時價格為 1,753 億），升幅 13.8%，其中的機場鐵路成本由 125 億升至 221.6 億，升幅高達 77%。特別令人關注的是這個財務方案還提出了「或有負債」的概念，即當出現機場管理局和地鐵工程延誤、成本上升、收入低於預測、通脹高企等不利情況，港英政府需向這兩個機構追加注資 225 億港元。「或有負債」有可能在 1997 年前後出現，當出現時就成了實際債務，只能由特區政府承擔。此外，方案還存在港英變相擔保的有關機構大量舉債、加大未來特區政府承擔所有風險責任的問題。

這個財務安排公佈後，在香港引起了普遍的質疑和批評，更使不少投資者望而卻步。在《備忘錄》簽署生效之後，中英雙方關於新機場建設的分歧點又聚焦在財務安排上。為了走出困局，盡快使機

場建設開工，中英雙方又再召開以新機場建設財務安排為中心議題的高層會談。

　　1992 年 7 月 3 日至 6 日，國務院港澳辦副主任陳滋英同英國首相特使、英國外交部副次官科爾斯（John Coles）在北京釣魚台三號樓舉行了三輪會談。中方與會人員還有：中英聯合聯絡小組中方首席代表郭豐民、國務院港澳辦一司司長陳佐洱、二司司長王鳳超、外交部港澳辦主任趙稷華、中英聯合聯絡小組機場委員會中方委員胡厚誠；英方與會人員還有：英國駐華大使麥若彬、中英聯合聯絡小組英方首席代表高德年、香港政府庫務司楊啟彥、英國外交部香港司副司長郭乃傑、香港政府副憲制事務司黎慶寧、英國駐華使館參贊寇大偉等。

　　中英雙方圍繞機場建設財務安排中的成本上升、「或有負債」和佔用未來特區政府正常收入的三個問題，進行了認真的討論，各自闡述了自己的觀點，沒有取得實質性進展。雙方同意在機場委員會正式商談。

　　從 1992 年 4 月至 1994 年 2 月，英方曾先後提出過四個新機場財務安排方案。在最後一個方案中，英方作出較大調整，港英政府對新機場和機場建設道路的注資不少於 603 億港元，兩項工程完成時的債務，不超過 230 億港元，且由機場管理局和地鐵公司承擔。機場整體成本由 1992 年估算的 1,122 億港元調整到 1,080 億港元。中英雙方終於就此達成了共識，於 1994 年 11 月 4 日，由中英聯合聯絡小組中英雙方首席代表趙稷華和戴維斯簽署了會議紀要。

　　1995 年 6 月 30 日，中英聯合聯絡小組關於新機場兩個財務支持協議的聯合公報公佈，為中英雙方爭論了長達近六年之久的新機場問題劃上了句號。聯合公報指出，中英聯合聯絡小組機場委員會

根據《備忘錄》的規定及關於赤鱲角新機場和機場鐵路總體財務安排會議紀要的決定，對港英政府擬與機場管理局及地鐵公司簽訂的具體協議進行了討論，並達成共識。雙方同意港英政府現可根據中英機場委員會達成的共識，分別與機場管理局、地下鐵路公司訂立財務支持協議。英方重申，根據機場核心工程的持續進度，港英政府直接斥資興建的七個工程項目和西區海底隧道工程將於 1997 年 6 月 30 日前完成，而赤鱲角新機場和機場鐵路在 1997 年 6 月 30 日前將最大程度上完成。中方重申，對新機場及其有關項目的建設予以支持，並再次確認，港英政府所承擔或擔保的與機場項目有關的義務，將從 1997 年 7 月 1 日起繼續有效，並將得到香港特別行政區政府的承認和保護。雙方表示有決心和信心，使新機場和機場鐵路的建設全速進行，盡快全部完成。

1997 年 2 月 21 日，香港新機場第一條跑道落成。

6.「政改方案」

這是英方撤離香港前打出的最後一張牌，也是香港最後一任總督（第二十八任）彭定康（Christopher Francis Patten, 1944－　）上任後的最大動作。

彭定康就讀於牛津大學貝利奧爾學院歷史系，大學畢業後到美國學習，1966 年加入保守黨研究部，1972 年成為當時保守黨主席卡靈頓（Peter Carington）的私人助理及政治秘書。1979 年 5 月當選巴斯選區的下議院議員。1989 年晉身內閣，出任環境大臣。1990 年出任保守黨主席。在他的謀劃下，保守黨贏得了 1992 年大選，而他自

己卻在巴斯選區落選。同年 4 月 24 日，英國首相宣佈委任保守黨前主席彭定康為香港總督，7 月 9 日抵港赴任。三個月後，即 10 月 7 日，彭定康在立法局發表題為《香港的未來：五年大計展新猷》的首份施政報告。報告以發展香港民主為名，公佈了對香港現行政制作出重大改變的一套政制改革方案，簡稱「政改方案」或「憲制方案」。

政改方案的主要內容包括兩個方面：一是關於香港的政制發展；二是對港英管治下 1994－1995 年最後一屆三級政制架構（區議會、兩個市政局、立法局）的選舉提出了一套具體安排。

方案公佈之前，9 月 26 日，英國駐華大使麥若彬送來一份彭定康致魯平主任的書面口信，通報了施政報告中有關香港政制的主要內容。10 月 3 日，魯平主任也以書面形式回覆彭定康，對政改方案有關香港政制的主要內容表達了中方的原則立場和意見，明確表示未經中英雙方磋商前，英方在政改方案中單方面宣佈 1994－1995 年的選舉建議是十分不合適的。但是，彭定康一意孤行，容不得商量，還是照本宣科，原樣公佈了施政報告。

關於政制方面，政改方案建議行政局和立法局徹底分家，兩局議員不重疊。強化立法局的功能，使之發展成為一個「有效地代表市民」、「制衡政府的獨立組織」。立法局主席由議員互選產生，港督不再兼任立法局主席，而以行政機關首長身份向立法局負責。在立法局會期內，港督每個月至少一次與立法局議員會面，答覆議員的問題及討論政府的政策及建議，並就港督出訪或其他重要發展向立法局彙報。為建立立法局與政府之間的有效工作關係，建議成立政府及立法局事務委員會。

關於 1994－1995 年選舉安排，報告提出以下幾點：（1）投票年齡由 21 歲降低至 18 歲；（2）分區直選採用「單議席單票制」；（3）

把現有功能組別的法團投票改為個人投票，新增 9 個功能組別以行業劃分，界定範圍包括全港的工作人口。上述措施將使 30 個功能組別的選民範圍擴大至全港 270 萬工作人口中所有符合資格的選民；（4）加強地方行政，擴大區議會的職能，使區議會在處理影響區內居民的問題上負起更大的責任。1994 年起，除了新界的區議會的當然議員外，所有區議員由直接選舉產生，取消區議會和兩個市政局的委任議員制；（5）1995 年立法局選舉的選舉委員會由直選區議員組成；（6）成立獨立及直接向港督負責的選區分界及選舉事務委員會。[84]

　　施政報告發表後，英國首相梅傑當天發表聲明表示全力支持彭定康的施政取向。英國外相赫德讚揚彭定康「透過有技巧性的途徑加快和伸延香港的民主步伐」。[85]

　　彭定康發表施政報告的第二天，國務院港澳辦發言人發表談話指出，在香港發展民主是中方的一貫主張。民主的發展應循序漸進。目前香港的政制不應大變，而且必須與基本法銜接，這是保證香港順利過渡的基本前提。否則，將引起混亂。然而，彭定康在施政報告中提出的一系列決定，對現有的政治體制作了重大的變動。關於 1995 年立法局選舉的所謂「建議」事先既沒有同中方磋商，更無視香港社會的各種不同意見，因而更無法談起同由特區籌委會所要決定的第一屆立法會產生辦法銜接。至於改變區議會職能和取消區議會、兩個市政局的委任制度也是不合時宜的。現在英方無視中方的合理要求，未經與中方磋商，即單方面公佈其所謂「建議」，是蓄意挑起一場公開爭論。顯然，這樣做同聯合聲明有關中英兩國

84　源自袁求實編著：《香港回歸大事記（1979－1997）》，第 119－120 頁。
85　同上註，第 120 頁。

政府要在後過渡期加強合作，共同審議為平穩過渡所要採取的措施的規定是相違的，其後果只能是給香港的平穩過渡和政權的順利交接造成障礙。中方不能不嚴肅地指出，假如香港在後過渡期發生的任何改變不能同基本法銜接，其責任完全不在中方。屆時，香港特別行政區及其有關機構將按基本法和全國人大的有關決定加以設立。同一天，外交部發言人也發表了內容相同的評論。[86]

簡言之，彭定康的政改方案是一個違反中英聯合聲明精神、違反與香港基本法銜接的原則、違反中英已達成的協議和諒解的「三違反」的政改方案。

按常理來說，有了 1984 年中英簽署的聯合聲明，1990 年初中英兩國外長為香港政制發展銜接問題進行磋商交換的七封外交函件和 1990 年 4 月香港基本法的正式頒佈，香港最後一任總督應在上述的大框架下，與中方密切合作，細化落實各項規定和中英業已達成的共識，為香港的平穩過渡和政權的順利交接鋪平道路。這完全符合香港的利益，也符合中英雙方的共同利益。可是彭定康卻反其道而行之，拋開已有的規定、協議、共識和承諾，另搞一套。當然，這也不完全是彭定康的個人行為，更是當時的英國保守黨政府改變對華政策的直接反映。

外交部和國務院港澳辦發言人已對政改方案的要害是「三違反」作出了評論，這裏再不厭其詳地作些具體說明。

中英聯合聲明及其附件一規定：香港的現行社會、經濟制度不變；生活方式不變；現行的法律基本不變；香港特別行政區成立後不實行社會主義的制度和政策，保持香港原有的資本主義制度和生

86　同上註，第 120－122 頁。

活方式，五十年不變。正是在這些規定頒佈之後，1985 年 7 月，中方正式啟動草擬香港基本法的工作，而基本法總體上是把「一國兩制」的各項方針政策以法律的語言作出規範，並以香港原有的資本主義制度和港英有成效的管治做法作為重要的參照。

　　以立法局功能組別選舉為例。這種選舉制度是港英政府根據香港的具體情況從議員的委任制演變而來的，自 1985 年實行以來已為香港各界所接受。中方認為這種選舉方式適合香港的實際情況，有利於均衡參與，中方在聽取了香港社會意見後，在香港基本法中對這種選舉制度予以保留，稱之為「功能團體選舉」，並在基本法中規定了香港特區第一、二、三屆立法會由功能團體選舉的議員各為 30 人。這部分立法機構的議員是由各法定的功能團體選舉產生的。1984 年 11 月，港英政府在《代議政制在香港的進一步發展》白皮書也對此作出了說明：「鑒於本港財經界及專業人士對維繫香港前途的信心和繁榮，關係重大，故綠皮書[87]強調這些人士應有充分的代表權。」白皮書的這個說明意味着設立功能組別選舉的作用和目的，是吸收在經濟和專業方面的代表進入立法局。白皮書還提出了選舉功能組別議員的準則：第一條是「與經濟和社會有關的選民組別，將會以全港性而為各界承認的主要組織、社團和機構為基礎」。第二條是「由專業人士組成的選民組別，則以某種職業的從業員資格為依據；這些職業應具有悠久而當局承認的專業地位」。顯然，這種選舉是一種間接選舉。2011 年香港出版的《改變香港歷史的 60 篇文獻》一書中，在對 1984 年的白皮書進行解讀時，也明確認為，「根據白皮書對立法局選舉的改革建議，1985 年的立法局選舉，是首次通過間接

87　港英政府於 1984 年 7 月 18 日發表。

選舉的方式選出立法局非官守議員。」[88] 到 1991 年才用直接選舉的方
式選出部分立法局議員。由此可以看出，功能組別的選舉是間選，
該書作者對間選和分區直選作了清楚的劃分，反映了香港社會的普
遍理解。就連英國政府當時也認為功能組別選舉是間接選舉。《英
國政府提交國會 1985 至 1986 年度香港事務年報白皮書》中寫道：
「自 1985 年起，以間接選舉的方式選出 24 名議員加入立法局。其中
12 名是由各區議會、市政局及區域市政局全體議員組成的選舉團選
出，而另外 12 名則由代表社會各主要階層的功能選民組別選出。」
《英國政府提交國會 1990 年度香港事務年報白皮書》中寫道：「功能
組別的間接選舉於 1985 年開始推行。」《英國政府提交國會 1991 年
度香港事務年報白皮書》中寫道：「現時，立法局內有接近 2 / 3 的議
員是由直選或間選產生的。」

　　「政改方案」提出功能團體選舉全部取消法團投票，即使是法團
的代表，也只能以個人的名義投票。這就從根本上改變了英方當初
設置功能組別選舉的原意，把功能團體選舉變成分行業的直選。由
於「政改方案」對功能團體間接選舉的性質作出了改變，使功能團體
的選民人數由 1991 年的不足 10 萬人，一下子擴大到 270 萬人，違
背了香港民主發展要循序漸進的原則，造成這一部分選舉不能與基
本法的規定銜接。

　　「政改方案」提出的有關選舉委員會組成的建議，違反了中英兩
國在這個問題上所達成的協議和諒解。早在 1990 年初，中英兩國政
府曾就此進行過多次磋商，當時的中國外長錢其琛同英國外交大臣

88　區志堅、彭淑敏、蔡思行：《改變香港歷史的 60 篇文獻》，第 315 頁。

赫德有過多次信件往來，最後達成了協議。[89] 英方原則同意中方提出
的選舉委員會按照香港基本法附件一第二項所規定的成份和比例組
成，即由工商金融界；專業界；勞工、社會服務、宗教等界；立法
會議員、區域組織代表、香港地區全國人大代表、香港地區全國政
協委員的代表四部分人士組成，每部分人士各佔 25%。但「政改方
案」無視中英雙方達成的協議，另提選舉委員會的組成，即全部或大
部分由直選產生的區議員組成。彭定康的建議不但直接違背了中英
兩國已達成的協議，而且不符合設立選舉委員會選舉的原意。

　　在「政改方案」中，彭定康還提出取消區議會和兩個市政局的
委任議席，所持唯一理由是 1995 年立法局議員完全由選舉產生後，
就沒有理由繼續實行區議會的委任議員制度，兩個市政局的委任議
席也應廢除。實際上，區議會和兩個市政局委任議席的存廢，與立
法局的選舉制度沒有關聯性。如果「直通車」的安排得以實現，特區
的立法會將是特區的立法機關，是特區政權架構的一個組成。區議
會和兩個市政局則是非政權性的區域組織，接受特區政府就有關地
區管理和其他事務的諮詢，或負責提供文化、康樂、環境衞生等服
務。立法局選舉制度的民主發展同區議會和兩個市政局委任議席是
否存在沒有必然聯繫。如要取消全部委任議席，不符合基本法規定
的政制發展要循序漸進的原則，也不符合區議會和兩個市政局運作
的實際需要。聯想到彭定康提出 1995 年的選舉委員會由直選產生的
區議員組成，可以推測出 1994 年所有區議會議員由直選產生，以此
倒逼擴大 1995 年立法會的直選議席，突破基本法關於 1997 年第一
屆立法會分區直選 20 席的規定。

89　詳見本書第二章中之六‧3「1995 年選舉委員會的組成」。

「政改方案」對香港現行政治架構產生根本性變化的一些所謂
改革設計，諸如兩局分家、彭定康提出立法局「已擁有發展本身的
委員會架構所需的權力」等，均涉及行政和立法關係的變化，有的
變化可能導致與基本法的規定不符。根據基本法第 72 條的規定，立
法會主席行使的職權之一是「決定議程，政府提出的議案須優先列
入議程」；第 74 條規定，涉及公共開支或政府體制或政府運作的議
案，只能由政府提出，議會提出的法案如涉及政府政策者，提出前
必須得到行政長官的書面同意。要落實這兩項規定，立法局的委員
會就不能對議案具有否決權、擱置權，也不能對政府提出的法案的
原則、要旨進行修改。「政改方案」中對立法局委員會制語焉不詳，
中方擔心立法局委員會制度向有的國家國會的委員會的權力方向發
展，這將抵觸基本法的有關規定。

在「政改方案」提出前，港英立法局曾討論過實行委員會制的問
題，意見不統一，先後提出過幾種方案。有的方案主張將現行的專
責小組「正式化」，是一種溫和的委員會制方案；有的方案是在「三
權分立、互相制衡」原則下設計的一種注重制約行政權力的議會體
制，不適應以「行政主導」為特點的香港政制。1992 年 1 月 18 日，
立法局就夏佳理方案、陳坤耀、梁智鴻方案和譚耀宗提出的維持現
狀的「零方案」分別進行表決。最後，夏佳理方案，即溫和的委員
會制方案以 28 票勝出。7 月 8 日立法局據此方案修訂立法局議事常
規，於 9 月 1 日新會期開始後正式實行，但對立法局委員會制的討
論仍未完結。這個問題也涉及到 1997 年後香港特區立法會的運作。

關於立法局分區直選的投票制度，彭定康認為「最佳的辦法，是
在單議席選區中，讓每一名選民投一票，選出一名由直接選舉產生
的代表」。這就是「單議席單票制」。這是一個值得商榷、不是可以

被普遍接受的直選方案。如果每區設一席，20 個席位分 20 區，照此發展，最終達到 60 個席位全部直選時，全港就要劃分 60 個選區，這很難說成是民主的發展，而是民主的倒退。選區過小，當選者必然缺乏代表性，也影響廣大市民對當選議員的認受性，容易使立法局成為一個為各種局部利益而爭吵的場所。

以上的具體說明，反映了當時彭定康「政改方案」公佈前後中、英對此看法分歧的情況。中英雙方圍繞「政改方案」爭論的實質，絕非 1994 － 1995 年選舉安排的一些具體內容，也不是要不要在香港發展民主或民主步伐快慢的問題，而是英方守不守信義的問題，即中英聯合聲明還要不要履行，香港政制發展還要不要同基本法銜接，中英雙方過去所達成的協議和諒解還要不要遵守和執行的原則問題。

彭定康公佈「政改方案」後，於 1992 年 10 月 20 日抵達北京訪問。這是港督彭定康首次訪問北京，也是他在港督任上最後一次訪京。彭定康的這次北京之行，可以用一句中國俗語來形容，這就是：「話不投機半句多」。

10 月 21 日一整天，分上、下午兩個半天，國港辦主任魯平同港督彭定康在釣魚台國賓館舉行了兩輪會談。中方參加會談的還有國港辦副主任陳滋英、外交部港澳辦主任趙稷華、國港辦一司司長陳佐洱、二司司長王鳳超、副司長徐澤。英方參加會談的還有英國駐華大使麥若彬、參贊寇大偉、港英政治顧問歐威廉、港督私人秘書賀理等。

上午的會談是一般性會談，下午主要談香港政制發展問題。下午會談伊始，魯平主任就單刀直入，直奔主題，對「政改方案」的主要之點逐條據理作出駁斥。在談到立法會選舉委員會的組成問題時，彭定康輕描淡寫地籠統提到他也看過當年中英兩國政府來往的

信件，並具體說在 1990 年 2 月的信中，由於當時中國政府拒絕了英方的建議（即「五點建議」），所以他不得不重新考慮委員會的組成。聽到彭定康的這一辯解，出席會談的中方人士舉座皆驚，因為他們都是那次兩國外長書面磋商的知情者，完全有理由懷疑他是否看過中英兩國外長 1990 年初交換的七封外交信件，以及他所說的看過中英兩國政府來往的信件是否包括這七封信。在這種情況下，魯平主任只得當場讀出當時赫德外相給錢外長信件中的有關內容：「我原則同意你（錢其琛外長）提出的成立選舉委員會的安排。這一選舉委員會可於 1995 年成立。」魯主任同時強調指出：現在文件中白紙黑字，證明你們英方已經同意了基本法規定的方案，而不是中方沒有同意英方的建議，你的說法是不符合事實的。中國政府向來遵守兩國政府達成的協議，希望英方也能尊重這些協議。魯平主任還表

1992 年 10 月 21 日魯平在北京釣魚台國賓館同彭定康會談。左起：魯平、陳滋英、筆者；右起：麥若彬、彭定康

示，過去中英雙方磋商的情況都已存檔，相信你們也有檔案，如果有必要我們可以公佈雙方過去來往的文件，這樣就可以澄清事實。

在彭定康訪京期間，錢其琛外長還同他坦率地交換了意見，和外交部副部長姜恩柱舉行了會談。錢外長明確指出「政改方案」「三違反」，這種做法損害了香港的繁榮與穩定，並為香港 1997 年的平穩過渡和政權順利交接設置障礙。我們希望合作，不希望對抗，港英當局的做法實際上是對合作的挑戰。要解決問題還是應該回到中英聯合聲明的規定進行認真磋商的軌道上來。[90]

10 月 23 日下午，彭定康結束了訪京活動，登機赴港，魯平主任即在港澳中心舉行記者招待會。面對大批留京的香港記者，魯主任嚴厲批評了彭定康的政改方案，指出：如果彭定康完全不考慮中方的意見，到時中方將按照基本法的規定組成香港特別行政區立法會、第一屆政府和司法機關。魯主任還對中英雙方目前存在的分歧作出評論：目前雙方分歧的實質不是加快不加快香港的民主步伐問題，而是究竟要合作還是要對抗。中方不希望對抗，因為這對香港不利。但英方一定要對抗，中方也只能奉陪。[91]當香港記者提出「中方是否要另起爐灶」問題時，魯主任回應說，現在是英方在搞「三違反」，另起爐灶，在這種情況下，我們不排除也會考慮另起爐灶，目的是反對他們另搞一套，以堅持中英聯合聲明和香港基本法，保證1997 年的平穩過渡。

彭定康返港後於 10 月 25 日在立法局報告北京之行時，仍堅持說「至今中方未能提出令他信服的論據，證明他的建議的任何部分違

90　袁求實編著：《香港回歸大事記（1979－1997）》，第 123 頁。
91　同上註，第 124 頁。

反基本法」。[92] 關於七份外交書面信息，彭定康說，如果中英雙方同意，他不反對將兩國有關香港政制問題的來往信件公開。

7. 公佈七份外交函件

　　1992 年 10 月 28 日，中英雙方在同一天（中方在稍晚些時候）公佈了 1990 年 1 月 18 日至 2 月 20 日中英兩國外長就香港政制銜接等問題進行磋商及達成協議和諒解的七份書面信息。在公佈時，來自英方的說法都竭力否認七封信的協議性和權威性。英國外交部及港督府發言人則表示，上述文件顯示中英雙方在 1995 年選舉的選舉委員會問題上，從來沒有達成協議。[93] 據英國下議院外交委員會的報告《從現在到 1997 年及 1997 年後的英中關係》（1994 年 4 月）披露，外交委員會徵詢的三名獨立律師（法律證人）認為，1990 年的信件「只不過是雙方外交書信的交換」。在三位專家證人中只有佩里‧凱樂先生認為這些信件接近於法律協議。

　　來自英方的上述觀點，涉及到 1990 年中英兩國外長所交換的七份書面信息的性質。從英方看來，這七封信函僅是「書信的交換」，除此之外，別無他意。如是這樣，當時中英雙方為何多此一舉呢？為什麼中方在兩年前，即 1990 年 4 月 4 日正式頒佈香港基本法時，英方不但沒有提出這方面的問題反而予以正面評價呢？英方後來改變對華政策造成了自陷不能自圓其說的境地。

　　七份書面信息是正式、嚴肅的外交文件，其協議性、權威性的

92　同上註，第 124 頁。
93　同上註，第 125 頁。

性質不容置疑。書面信息的傳遞方式、原件的具體內容和基本法的有關規定有力證明了這一點。

七封書面信息是通過中英正式外交渠道相互交換的。

中國外交部港澳事務辦公室主任陳滋英代表中方，英國駐華大使唐納德代表英方，相互轉交七份書面信息。例如在第六份信息中，陳滋英主任對唐納德大使說：「大使先生於 2 月 6 日代表英方向中方傳遞的信息，我已報告給錢外長，……」。有時，陳滋英先生作為中方的代表，還緊急約見唐納德大使，奉命向英方轉述對英方有關信息的答覆。

英國外交大臣赫德與中國外交部長錢其琛相互交換的信息，就香港政制發展與中方正在草擬的香港基本法銜接進行磋商，不是以個人名義在發表意見或交換看法，而是分別代表兩國政府在進行磋商，這可以從行文的表達方式和具體措辭中彰顯出來。例如，赫德外相 1990 年 2 月 12 日致錢外長的書面信息中，就使用了「政府」的提法：「我極為重視我們兩國政府就香港未來的政治制度達成諒解，重建相互信任的氣氛。」「我現在準備就以下文字同中國政府確認一項諒解」等等。

關於七份書面信息中英雙方所達成的四點協議和諒解，即關於直接選舉的比例問題、關於選舉委員會問題、關於分開計票問題、關於非中國籍的和在外國有居留權的香港永久性居民在特區立法會的席位限額問題，已分別列入香港基本法的正文、附件和《全國人民代表大會關於香港特別行政區第一屆政府和立法會產生辦法的決定》之中，於 1990 年 4 月 4 日公佈。這裏僅就上述要點再作一重申歸納：

關於立法機構直選議席數目逐屆增長的問題，中英雙方達成共

識：英方在一定條件下同意把 1991 年港英立法局的直選議席限制在
18 席。關於港英最後一屆立法局（1995 年）和香港特區第一屆立法
會（1997 年）直選議席數目，英方的說法是「不少於 20 個」，中方
的態度是「可以考慮增加到 20 個」，雙方的表述雖不盡相同，但並
無矛盾。

關於選舉委員會的組成，經過磋商，英方最後也同意中方的安
排，為了銜接，英方明確表示「這一選舉委員會可於 1995 年成立」。

關於香港特區立法會議員的國籍限制問題，中方最後吸納了英
方「考慮增加名額」的要求，在基本法公佈時，限制的名額由原來的
15% 擴大到 20%。

關於分開計票問題，英方表示 1995 年的立法局不能採取分組表
決程序。中方對此採取了靈活的態度，表示「無意堅持此點」，認為
「從 1997 年特區第一屆立法會實行分開計票的辦法，對政制銜接並
無影響」。

透過七份書面信息的磋商而達成協議的當事人 —— 國務院副總
理兼外交部長錢其琛先生，在後來撰寫的回憶錄中寫道：

> 七份外交文件表明，在基本法定案時，雙方就香港政制發
> 展的進度正式達成了協議和諒解。此時，英方還不得不遵守同
> 中方磋商一致和與基本法相銜接的原則。

> 我同赫德外相尚未謀面，便通過交換信件達成了一項重要
> 協議。這也是我任外長期間與英方達成的唯一的書面協議。沒
> 有想到的是，它後來竟被英方所毀棄。中英雙方以及大眾傳媒
> 還就這七份外交文件的內容和形式到底算不算是雙方的協議和
> 諒解、有沒有約束力，展開了一場辯論。其實，任何具有外交

常識的人，更不用說熟悉中英談判歷史的人，對此不難得出正確的結論。[94]

關於七份書面信息的性質，錢外長作了上述肯定的回答。錢外長提到由此還展開了一場辯論。在這場持續時間不短的辯論中，有些情況還是值得提一下的，因為它們確有使人眼界大開的功效。

中方批評彭定康的方案「三違反」，其中一個「違反」是指英方違反了中英已經達成的協議和諒解，重點指中英兩國外長為此交換的七份書面信息。其中關於選舉委員會的組成和成立的時間，赫德外相作了明確無誤的答覆。白紙黑字，鐵證如山，連斧頭都砍不掉，這就是在中英兩國外長的層次上達成了「直通車」安排的協議。英方改變對華政策後，這件事成了英方的最大軟肋，只有徹底否定中英在這個問題上有過協議，才是英方唯一的出路，這可以解釋英方為什麼對選舉委員會的組成似乎有種偏執，總是不厭其煩地在各種場合提及此事。英方在公佈七份書面信息時，英國外交部及港督府發言人如是說，彭定康與魯平主任會談時也說因為在這個問題上沒有協議而自己另提組成建議與中方討論。最出人意表的是英國下議院外事委員會砌辭為「政改方案」辯解的理據竟然是這樣的：

> 我們的法律證人，總督和英國政府認為，1992 年香港總督提出的建議（指「政改方案」──作者）與基本法的條款絕無不一致之處，而且我們的法律證人也找不出任何認為該等建議與基本法不一致的國際法律權威。特別是基本法並沒有包括 1995 年選舉的選舉委員會的組成。中方認為彭定康的建議違

94　錢其琛：《外交十記》，香港：三聯書店，2004 年版，第 295 頁。

反了基本法或聯合聲明的「精神」。這種概念在國際法上是沒有地位的。[95]

當然，彭定康先生早就持這一論調。他在一次外國記者俱樂部午宴上說：「我所提出的政制方案與中英聯合聲明和基本法一致。基本法中並沒有說明 95 年的政制模式，亦沒有說明有關新增的九個功能組別或選舉委員會。」[96]

這是一種缺乏政治常識和無視不同法律體系的欺人之談。香港基本法的全稱是「中華人民共和國香港特別行政區基本法」，是中國對香港恢復行使主權時的 1997 年 7 月 1 日實施的全國性的法律。由於政治程序和 1997 年 7 月 1 日前後兩部法律的性質不同，怎麼能要求基本法正文對 1995 年的選舉委員會的組成作出規定呢？正如基本法可以對香港特區成立後第二、第三屆立法會直選議席數目作出規定一樣，也不可能包括 1991 年和 1995 年立法局直選議席數目的內容。無論如何，1997 年前的選舉屬港英管治的行政行為。這其中涉及的 1997 年前後政制銜接的問題，正是通過七份書面信息的溝通中英才達成「直通車」協議的。在此前提下，全國人民代表大會才作出關於香港特區第一屆政府和立法會產生辦法的決定。「決定」清楚說明了特區首屆立法會與 1995 年港英最後一屆立法局的關係：「原香港最後一屆立法局的組成如符合本決定和香港特別行政區基本法的有關規定，其議員擁護中華人民共和國香港特別行政區基本法、願意效忠中華人民共和國香港特別行政區並符合香港特別行政區基本法

---

95 《從現在到 1997 年及 1997 年後的英中關係 —— 英國下議院外交委員會第一份報告》。
96 《聯合報》，1992 年 11 月 3 日。

規定條件者，經香港特別行政區籌備委員會確認，即可成為香港特別行政區第一屆立法會議員。」以字面上「基本法並沒有包括 1995年選舉的選舉委員會的組成」為由，為彭定康的方案沒有違反基本法作出辯解，是可笑的。

香港基本法頒佈在前（1990 年 4 月 4 日），「政改方案」發佈於後（1992 年 10 月 7 日），時間相差兩年半。是後者違反了與前者銜接的原則，但香港有極少數人在為彭定康方案辯護時，卻提出「逆向銜接」的思路，要求修改基本法向「政改方案」靠攏、銜接、契合。當中方嚴正指出，基本法在實施前，香港方面是不能修改的。他們振振有詞地反問道：「什麼法律都可以修改，為什麼基本法不能修改」，以此誤導視聽。

基本法當然是可以修改的，但一定要按照基本法規定的程序進行。基本法於 1997 年 7 月 1 日起實施，在此之前，香港方面不能提出修改提案。在 1997 年 7 月 1 日之前，香港提出修改基本法的條件根本就不存在。

基本法第 159 條規定：本法的修改提案權屬於全國人民代表大會常務委員會、國務院和香港特別行政區。香港特別行政區的修改議案，須經特區的全國人民代表大會代表三分之二多數、香港特區立法會全體議員三分之二多數和特區行政長官同意後，交由香港特區出席全國人大的代表團向全國人大提出。對基本法的修改議案在列入全國人民代表大會的議程前，先由香港特區基本法委員會研究並提出意見。

從上述規定的修改程序可以看出，香港特區於 1997 年 7 月 1 日才能成立；所涉機構如特區立法會、特區基本法委員會；所涉人士如行政長官、特區的全國人大代表、特區的立法會議員，均為 1997

年 7 月 1 日才能正式運作的機構和正式履職的人員。因此，基本法的修改程序和環節決定了基本法在實施以前，香港方面不能提出修改。

在錢其琛外長提到的關於七份外交文件性質的辯論中，大眾傳媒一直在追問一個問題：彭定康在設計、提出他的「政改方案」時，到底看沒看過七份書面信息？傳媒對此有過不少揣測性報道和深度分析，想鬧個明白。魯平主任在與港督彭定康北京會談中，對此也談了個人感受：

> 那個時候我壓了一張牌沒打，什麼呢？這個「直通車」方案是我們跟英國互相經過外交途徑磋商達成的協議，這裏面有兩國外長交換的七封信件為證明，有文字為據的。我估計他不知道有這個七封信，因為他跟外交部關係不好。最後我就把這張牌打出來了，我說，彭定康先生，有個中英兩國外長交換的七封信件，你知道嗎？他聽了，問旁邊的人，有嗎？旁邊的人說，有。他真不知道。[97]

魯平主任的估計是有道理的。弗蘭克·韋爾什也寫道：「彭定康先生不會跟着外交部的指揮棒轉，他可以直接與外交大臣乃至首相一起把事情安排妥當。」[98]

再請看陳滋英副主任關於同一現場情景的生動描述：

> 魯平主任問他：彭定康先生，有個中英兩國外長交換的七封信件，你知道嗎？他聽後，似乎一無所知，轉身問他的陪同

97　魯平口述、錢亦蕉整理：《魯平口述香港回歸》，第 85–86 頁。
98　【英】弗蘭克·韋爾什著：《香港史》，第 586 頁。

人員，有嗎？陪同人員說，有，於是從公文包裏掏出，放在彭的面前。彭看了很久，長時間不語，後突然說，你們不能公佈這些秘密文件！魯主任堅定地回答，你堅持不改，我們就要公佈。數小時的激烈爭論就此不歡而散。[99]

時隔四年後，1996 年 6 月 28 日，彭定康接受香港有線電視訪問時，首次公開承認，他在提出政改方案前，並沒有看過中英兩國外長談判香港立法局選舉問題互通的七封函件。看過七封函件的，是他的顧問。[100]

如果彭定康先生這次講的是真話，是常人難以理解的。誕生在公元前的孔子都知道「溫故而知新」的道理，難道提出牽動香港政制全局的「政改方案」，居然未看過曾為此方案涉及的重要內容磋商過的外交文件，不知何故。

八、從春暖花開到雪壓青松
——中英關於 1994/1995 年選舉安排的談判

1. 會談的緣起

中英兩國外長七封書面信息公佈後，關心此事的公眾終於有機會一窺其「盧山真面目」，在香港和倫敦政商界人士中引起了廣泛反

---

99 陳滋英：《港澳回歸紀事》，澳門基本法推廣協會編印出版，2015 年版，第 61 頁。

100 袁求實編著：《香港回歸大事記（1979－1997）》，第 298 頁。

響。香港各界人士在了解事實真相後，對英方的立場和態度表示了
強烈不滿和批評。他們中的一些人主動推動中英雙方繼續坐下來，
圍繞已經達成的協議和諒解，就港英最後一屆三級架構的選舉，即
1994 / 1995 年選舉安排進行磋商，希望政制上實現「直通車」的安
排，圓滿實現政權的順利交接。這也是香港的主流民意。

　　在倫敦方面，英國政、商界人士和「中國通」也紛紛發表看法，
對彭定康的所作所為提出批評。前港督麥理浩在英國上議院發言指
出，彭定康的政改方案與中英協議相抵觸。英國國會中國事務小組
主席艾德禮批評彭定康的表現無助於香港的穩定。柯利達反對與中
國對抗，強調要中英合作，說彭定康在政改問題上一意孤行，最後
只能導致兩國關係破裂。前港督衛奕信、前英國英中貿易協會主席
夏普等也都對彭定康的作法提出了批評。[101] 英國上議院議員肖克羅斯
在上議院發言也指出：彭定康的方案違反了聯合聲明、基本法和中
英協議，這已經是不爭的事實。[102]

　　在這種情況下，英方通過不同渠道向中方試探就政制銜接問題
重開談判的意向。1993 年 2 月 6 日，赫德外相致函錢其琛外長，
建議雙方「不附加先決條件地」進行談判。2 月 11 日，錢外長答覆
赫德外相，提出了談判的基礎和英方不得將政改方案提交立法局討
論的要求。中方從香港平穩過渡的大局出發，吸納了香港的主流民
意，經中英雙方多次交換意見，於 1993 年 4 月 7 日，就談判以符合
中英聯合聲明、與香港基本法銜接及中英雙方已達成的協議和諒解
為基礎（簡稱「三符合」）達成了協議。同日，中國外交部副部長姜

---

101 陳滋英：《港澳回歸紀事》，第 63 頁。
102〈訪問周南暢談香港前景〉（1993 年 1 月 13 日），載強世功編：《香港政制
　　發展資料彙編（一）》，香港：三聯書店，2015 年版，第 43 頁。

恩柱約見英國駐華大使麥若彬，奉命答覆中方關於政制談判的第五點意見為：「在中英會談達成協議之前，如英方將所謂的政制方案提交香港立法局討論，那將再次表明英方對談判毫無誠意，意味着談判的中斷，其責任不在中方。」[103]

中方在此作了「有言在先」、「立此存照」的表態，先前發生的情況和以後的談判進程表明，這種申明是必要的。

在中英雙方就政制談判事宜通過外交渠道磋商時，英方就多次將彭定康的政改方案刊登憲報的期限進行催促，已引起中方的警覺。同年 2 月 10 日，魯平主任針對這一動作提醒英方，希望英方拿出誠意，為談判營造良好氣氛，放棄邊談判邊由港英立法局討論的想法。2 月 11 日，錢其琛外長在給英國外交大臣赫德的一封覆信中又指出：如在中英雙方達成協議之前，就把港督彭定康提出的所謂政改方案以法案形式提交立法局討論，對中英談判顯然無益。2 月 12 日，魯平主任在約見英國駐華大使麥若彬時再次說明，中方不希望在雙方談判過程中香港立法局又討論有關方案，那樣只會給談判造成困難和障礙。[104]

在港人的企盼中，1993 年 4 月 13 日，中英兩國政府共同發佈了會談的消息：「中英雙方商定，兩國政府代表將於 1993 年 4 月 22 日開始在北京根據中英聯合聲明、與基本法銜接的原則以及中英已達成的有關協議和諒解就香港 1994 / 95 年選舉安排問題進行會談。」這個簡短的消息表明：這次會談的基礎是「三符合」，會談的範圍是關於 1994 年舉行的區議會選舉、1995 年舉行的兩個市政局和立法局

---

103 袁求實編著：《香港回歸大事記（1979−1997）》，第 141 頁。

104 源自國港辦發言人 1993 年 12 月 3 日的談話，載 1993 年 12 月 4 日《人民日報》。

中、英雙方代表（右姜恩柱、左麥若彬）在會談前同記者見面

三級架構的選舉辦法。會談的目的是解決這些選舉安排經中英兩國政府討論磋商並達成一致，使港英最後一屆三級架構產生的議員能乘「直通車」過渡到 1997 年 6 月 30 日以後。

　　這次談判是中、英兩個主權國家間的外交談判。經商定，中英兩國政府各派一個代表，其餘人員以顧問或專家身份列席會談。[105] 中國政府代表為中國外交部副部長姜恩柱，英國政府代表為英國駐華大使麥若彬。[106] 談判地點在北京釣魚台賓館。

---

105 筆者時為國務院港澳辦二司司長，以顧問和專家身份自始至終列席了這
　　場談判。
106 從第十六輪會談開始，由韓魁發代替麥若彬。

2. 談判伊始，枝節橫生

　　這次談判的範圍、主題是清楚而明確的。英方還多次強調三級架構選舉立法的緊迫性，要求談判加快、高效進行。按常理，英方在談判伊始，就應開門見山，直奔主題。可是，英方在首輪談判中就提出旁逸斜出的三項議題與中方討論，即香港特別行政區籌委會中的香港委員應由中英雙方磋商產生；如果香港特區在 2007 年有意願普選產生立法會議員，中國政府應作出保證予以支持；中方應以 1995 年的選舉委員會為模式，作為 1997 年以後產生香港特別行政區第一任行政長官的推選委員會和產生以後各任行政長官的選舉委員會。

　　很明顯，英方提出上述要討論的議題，不但超出了中英商定的會談範圍，而且游離了會談主題，是對中國主權範圍內事項的干預。

　　關於中英雙方磋商產生香港特區籌委會委員的問題，早在 1990 年 4 月 4 日七屆全國人大第三次會議通過的《決定》已對籌委會委員、包括香港委員均由全國人大常委會委任作出了規定，不存在中英雙方磋商的問題。

　　關於 2007 年特區立法會議員普選產生的問題，就說的更遠了。對此問題基本法第 68 條和基本法附件二第三項都有規定，也不存在由中國政府作出保證予以支持的問題。再說，根據基本法附件一和附件二的規定，2007 年是「兩個產生辦法」可以修改的起始年代，並非「雙普選」的起始年代。

　　關於以 1995 年選舉委員會為模式的問題。產生香港特區第一任行政長官的推委會和以後各任行政長官的選委會，其組成方式和產生辦法，1990 年 4 月 4 日全國人大通過的《決定》和基本法附件一

已有規定，英方無權再建議搞一個什麼統一的模式。

不屬於 1994 / 95 年選舉安排的事項，英方卻率先提出討論，而中英雙方早已就政制銜接達成的協議和諒解，英方卻予以否認，這就直接危及到這次談判的「三符合」基礎。以英方多次提到的選委會為例。在談判中，英方無視赫德外相白紙黑字的書面答覆，堅持在選委會問題上沒有協議的立場，但又提出，英方願意研究中方就基本法附件一所規定的那種選委會組成提出具體構想。這就是說，英方將中英雙方 1990 年初就選委會組成達成的協議丟在一邊，拒不落實，而在 1993 年執意變成中方單方面建議重新提出來供英方研究。英方耍弄的這種手法，使「三符合」中的「中英已達成的有關協議和諒解」這一具體內容變為空無一物，實在令人浩歎！

對已經實施過的中英兩國外長達成的協議和諒解，已既成事實，英方實在躲不過去，只好又硬着頭皮承認。例如，關於立法機構 1997 年前後直選議席的數額，兩國外長就 1991 年至 2003 年的直選議席逐屆增加的數目達成了整體協議。香港基本法就是照此協議來規定 1997 年至 2003 年香港特區立法會的直選議席數目。在談判中，英方只承認 1991 年立法局有 18 個直選議席是中英雙方的「共同看法」。接着，一個自然而然的邏輯就產生了：1995 年立法局選舉的直選議席是多少？按照兩國外長達成的協議，1997 年已定為 20 席，不言而喻，1995 年當然也只能是 20 席，不能多也不能少，否則無法銜接。就是這樣一個簡單而明確的事實，英方到了談判的第三輪才極不情願地承認。

英方改變對港政策後，當面對以前寫下的協議和諒解時，也難免陷入尷尬的境地，不能自圓其說。這也是導致 1994/95 年選舉談判居然談了十七輪的主因。

3. 會談破裂的節點 [107]

　　為了打破僵局，推動會談的進展，在 1993 年 5 月 28 日至 29 日舉行的第四輪會談中，中方主動提出將三級架構的選舉「分拆」為兩段進行討論的建議，按選舉日期緩急、先易後難的原則處理。先討論 1994 年 9 月舉行的區議會和 1995 年 3 月舉行的兩個市政局的選舉，達成協議後，再集中討論比較複雜的 1995 年立法局選舉安排。中方的這個建議，被英方要一攬子解決為由而拒絕。

　　同年 10 月 1 日，錢其琛副總理兼外長在紐約同英國外交大臣赫德會晤時，再次提出「分拆」的建議，又被英方拒絕。到 10 月中旬的第十三輪會談，英方雖然同意了中方的建議，但又提出三項先決條件，即在選民年齡、投票辦法和委任議席三項，中方必須同意英方的建議。中方對英方最後終於同意「分拆」建議表示歡迎，但也表示了提出先決條件不是解決問題的態度。儘管如此，中方還是率先於 10 月 28 日舉行的第十五輪談判中提出了五點口頭諒解建議：

　　1、英方承諾在香港過渡期的最後幾年保持香港區議會和兩個市政局的非政權性質和原有職能不變，以便同香港特別行政區基本法的有關規定銜接。

　　2、英方同意廢除區議會、兩個市政局和立法局選舉條例中對香港的中華人民共和國各級人大代表參選限制的有關規定。英方在修改有關選舉條例時，對原條例中關於其他國家和地區的國會議員或議會議員以及受薪官員不得進入香港立法局、區議會和兩個市政局的限制將繼續予以保留。

─────
107 本題撰寫重點參考鄭言（即筆者）發表在《人民日報》1993 年 3 月 18 日題為〈英方談判的誠意在哪裏？——評《香港代議政制》白皮書〉一文。

3、雙方同意將選民年齡從 21 歲降低為 18 歲。

4、中方對英方在區議會和兩個市政局選舉中採取「單議席單票制」不持異議。

5、英方主張在 1994／95 年選舉中取消區議會和兩個市政局的委任議席，中方主張在 1994／95 年的區議會和兩個市政局選舉中保留適當比例的委任議席，1997 年 6 月 30 日後由香港特別行政區政府依據基本法第 98 條的規定自行決定區議會和兩個市政局委任議席的數目。

關於區議會和兩個市政局委任議席的存廢，在本次會談中，是中英雙方分歧焦點之一。在區議會議員構成中，有部分委任議員是歷史形成的，有其合理性。由於區議會在地區提供的文化康樂、環境衛生等服務有些有較強的專業性，委任部分區議員有利於更好地發揮區議會的功能。事實上，委任區議員中有不少是專業界人士，對提高地區管理和服務水平方面作出了應有的貢獻。對區議員委任制作出改變時，不僅要考慮到擴大民主成分的需要，也要考慮到區議會的有效運作。如果改變過快，幅度太大，會產生不利影響。英方堅持取消委任制，而實際情況是，香港多數區議會和兩個市政局議員都要求保留。中方根據港人的意願和這兩級架構運作的需要，主張保留現有的委任議員數目。但英方堅持取消。為了體現中方的誠意，中方又作了靈活處理，根據循序漸進的原則，在保留委任議席的比例上，從約佔全體議員的三分之一多，減至四分之一。英方仍然不同意。

為了能盡快就此達成第一階段的協議，中方再次尋求妥協，提出兼顧雙方主張和彼此均能接受、各說各的解決辦法，妥善予以解決。上述五點，意涵豐富，特別是第五點，就是中方解決問題思路的產物。

　　11 月 3 日，英方向中方遞交了根據中方上述五點口頭建議草擬的諒解備忘錄文本，其中第五點寫道：

　　5、英方建議從 1994 年 9 月和 1995 年 3 月起先後取消區議會和市政局的委任制。為此將提出有關的立法草案。中方建議這些機構應保留一定比例的委任議席。中方提出，1997 年 7 月 1 日或在這之後，香港特別行政區當局將根據基本法第 98 條自行決定區議會和市政局委任議席的數目。

　　從上述引證可以看出，在委任制這個棘手議題上，英方接受了中方提出的處理建議。在區議會和兩個市政局選舉所涉選民年齡、投票辦法和取消委任制這三個問題上，中方已滿足了英方的要求，達成階段性協議的障礙已經掃除。可是，就在這個節骨眼兒上，在 11 月 3 日英方傳遞的信息中，再次節外生枝，又提出將區議會和兩個市政局選舉所採取的投票辦法適用於 1995 年的立法局選舉的新要求。這就使問題突然變得複雜了。

　　11 月 5 日，中方對 11 月 3 日英方提交的文本作了初步回應，並說明以後將作正式答覆。中方表示，英方文本將「單議席單票制」的選舉辦法用在立法局分區直選上是「不合適」的。區議會和兩個市政局選舉採用的投票辦法與立法局選舉的投票辦法沒有規定必須採用同一個投票辦法，在過去的 1991 年選舉就是採用兩種不同的投票辦法。立法局選舉的投票辦法還有時間討論，既然是「分拆」處理，就沒有必要現在一定把立法局的投票辦法放到討論區議會和兩個市政局的選舉同時解決。中方主張，1995 年立法局選舉的投票辦法，完全可以而且應該在稍後中英雙方專題討論立法局選舉時再解決，而

不應削簡就繁。

　　英方對此表示不同意，強調在第一階段協議中必須包括對立法局選舉採用「單議席單票制」的內容，並說明這對英方來說是「實質性」的。否則，對英方來說就不是一個「平衡」的協議，對英方「沒有吸引力」。彭定康將此理由表述得更直接、明白，他強調立法局已經通過了 1995 年立法局分區直選採用「單議席單票制」的動議，由於這個政治方面的原因，現階段中英達成的諒解必須將此點包括進來。所謂立法局已通過 1995 年立法局分區直選採用「單議席單票制」的動議，是時任立法局議員麥理覺（James David MoGregor）所提的動議。彭定康就任港督不久，1992 年 7 月 16 日凌晨 3 時 25 分，立法局經過五個小時的激烈辯論，以 28 票贊成、23 票反對、2 票棄權，通過此動議，從而否定了立法局檢討選舉專責委員會提出的「多議席單票制」方案。按常規 1995 年立法局選舉是港英最後一屆立法機構選舉，其產生辦法應與中方充分磋商，才能實現「直通車」的安排。

　　1993 年 12 月 17 日，英國《金融時報》刊文介紹中英此次談判時，對此有更詳細的描述，錄以備考：在第十五輪會談後，英方依據中方的建議草擬了一個諒解備忘錄，但彭定康卻要加上立法局選舉也採用單議席單票制，作為「第一階段協議」的必須條件。該文引述彭定康的話說，「立法局曾以大比數通過了上述安排……當我們提交有關法案時，如果不包括該項安排，是不切實際的，我們在英方建議的諒解備忘錄中提出了該項安排。」[108] 如是這樣，彭定康的這個理由是站不住腳的。按照港英的政制，立法局是港督的立法諮詢機

---

108 袁求實編著：《香港回歸大事記（1979－1997）》，第 159 頁。

構。難道中英兩國政府之間的外交談判，還要受制於它的決定嗎？

　　為了解決英方關注的所謂「平衡」問題，中方在第十七輪會談時，再次作出努力，建議在雙方的五點諒解中可不涉及立法局選舉安排的內容，並向英方提交了中方草擬的「徹底分拆」口頭諒解草案，全文如下：

　　　　一、英方確認，香港區議會和兩個市政局不是政權機構，它們的性質和職能應與香港特別行政區基本法第 97 條的規定保持一致。

　　　　二、英方同意，區議會和兩個市政局選舉條例中禁止香港以外國家和地區的國會議員和議會議員以及受薪官員參加上述機構的規定應予以修改，目的在於取消對香港的中華人民共和國各級人大代表的限制，同時仍保留現行的對其他國家和地區國會議員和議會議員以及受薪官員的限制。

　　　　三、雙方同意將區議會和兩個市政局選舉的最低投票年齡從 21 歲降至 18 歲。

　　　　四、雙方同意在區議會和兩個市政局選舉中實行「單議席單票」的投票方法。

　　　　五、英方建議從 1994 年 9 月和 1995 年 3 月起分別取消區議會和兩個市政局的委任議席。中方建議在 1994 年和 1995 年產生的區議會和兩個市政局中保留適當比例的委任議席。中方聲明自 1997 年 7 月 1 日起由香港特別行政區政府按基本法第 98 條的規定決定區議會和兩個市政局委任議席的數目。

　　以上各點構成雙方就上述問題的口頭諒解，並予以實施。

雙方表示，將以積極和建設性的精神繼續在聯合聲明、與基本法銜接的原則以及中英已達成的有關協議和諒解的基礎上就有關 1995 年立法局選舉問題進行討論並爭取盡快達成協議。

英方研究後在個別會晤中稱：英方不能接受任何不包括 1995 年立法局選舉投票辦法的諒解。第十六輪談判剛一結束，英方就向中方下了最後通牒，告知第十七輪談判是雙方達成「第一階段」諒解的最後機會。果然，在第十七輪談判的次日，英國政府談判代表韓魁發宣讀了一份早已準備好的聲明，並稱「我所得到的指示沒有授權我繼續討論第一階段的諒解」。英方就在這個節點上單方面中斷談判，拂袖而去。

這場馬拉松式的政制談判，一共進行了十七輪，斷斷續續耗時七個月。中英兩國政府的代表、雙方的顧問專家和不辭辛勞的香港記者，幾乎在釣魚台賓館度過了春夏秋冬四季。談判剛開始的時候，進入人們眼簾的是桃花盛開、灼灼其華的宜人景致；當英方離開談判桌時，已是滿眼飛絮、雪壓青松了。

七個月來英方談判中的運行軌跡，清晰在目。用抽象肯定、具體否定的方式直接破壞「三符合」的談判基礎，或對中英已達成的書面協議和諒解提出重新討論，或者把與談判主題無關的議題硬塞進談判中與中方糾纏，或者製造外緊內鬆的氣氛，把拖延談判的責任推向中方。當時間到了英方預設的時限時，再尋找藉口，停止談判。同時又提出建議，就其他更複雜的問題繼續展開談判，為最終將談不成的責任歸向中方做好鋪墊，然後按英方既定設計，將政改方案「斬件」提交立法局，逐一討論通過。

4. 中方做了「一拍兩散」的準備

自英國保守黨政府錯誤估計當時中國形勢和發展前景，逐漸改變對華對港政策後，中國政府根據變化了的情況，及時將對英方的政策調整到「以我為主、兩手準備」的工作方針上來。

還在中英雙方磋商政制談判細節時，中方就貫徹了這一方針，對談判前景作出了估計：如果中英雙方在「三符合」基礎上達成協議，「直通車」的安排付諸實施，對中英雙方均有利；如果談判的結果是「一拍兩散」，「直通車」不能直通了，由此會產生許多新麻煩，將使籌建香港特區的工作更加艱巨、繁重和緊迫。根據 1990 年 4 月全國人大的決定，全國人大常委會設立的特區籌委會到 1996 年才能成立，如果按這個時間表行事，在英方改變政策不能全面合作的情況下，肯定來不及了。對此，中方作出了應變的準備。

在談判開始前一個月，1993 年 3 月 31 日，第八屆全國人大一次會議審議了包括有香港地區全國人大代表在內的廣東省代表團提出的有關議案，決定授權第八屆全國人大常委會設立香港特別行政區籌備委員會的準備工作機構。7 月 2 日，正值中英關於 1994 / 95 年選舉安排談判期間，第八屆全國人大常委會第二次會議通過了《全國人大常委會關於設立全國人大常委會香港特別行政區籌備委員會預備工作委員會的決定》。《決定》指出，香港特別行政區籌備委員會預備工作委員會（簡稱預委會）是全國人大常委會的工作機構，其職責是在特區籌委會成立之前，為中國對香港恢復行使主權，實現香港的平穩過渡進行各項準備工作。預委會由內地和香港各方面人士和專家組成，其中香港委員不少於 50%。預委會在特區籌委會成立後結束工作。

　　中方就預委會的性質和工作職責知會了英方。

　　1993 年 7 月 16 日，預委會在北京成立，由國務院副總理錢其琛任主任。下設政務、經濟、法律、文化、社會及保安五個專題小組，分別就有關平穩過渡的事項提出預案，供香港特區籌委會參考。預委會成立時提出的主要研究議題有：就設立香港特區籌委會的有關事宜進行研究並提出意見；就第一屆政府和立法會的具體產生辦法進行研究並提出建議；推介基本法；對香港現行法律中與基本法相抵觸的條款提出處理意見；研究跨越 1997 年並可能對香港特區利益產生重大影響的事項並提出意見；研究同中國對香港恢復行使主權、實現平穩過渡有關的其他事項；處理全國人大常委會交辦的有關事項。1993 年 11 月，中英政制談判中斷後，在「直通車」通不了的情況下，預委會又研究了設立香港特區立法會和臨時區域組

喬石委員長向筆者頒發預委會委員任命書

織（即區議會和兩個市政局）的問題，並提出了相應的建議。

　　從 1993 年 7 月到 1996 年 1 月，預委會工作了兩年半時間，起草有關方案、建議和意見達 150 萬字，形成 46 份比較系統的書面建議和意見，涵蓋了小到港英時期發行的郵票，大到新機場等基建項目的承接，均提出了過渡性安排的預案，為籌委會的工作奠定了充實的基礎。此外，為了充分發動和調動「港人治港」的積極性，中方創造條件，建立平台，使他們盡早參與到香港過渡時期事務中來，國務院港澳辦和新華社香港分社先後聘請了四批香港事務顧問，新華社香港分社聘請了三批香港地區事務顧問。他們在香港過渡後期發揮了重要建言獻策的作用。實踐證明，在香港過渡時期後半段，中方採取以我為主、未雨綢繆的戰略部署是完全正確的。

1993 年 7 月 16 日下午在北京召開的分組討論會上：右筆者，中譚惠珠委員，左曾鈺成委員

5. 尾聲

1993 年 12 月 2 日下午，港督彭定康就 1994 / 95 年選舉安排發表一項聲明，宣佈於 12 月 10 日將有關選舉部分立法草案刊登憲報，並於 12 月 15 日提交立法局。國務院港澳辦發言人就此事發表談話，重申：在中英雙方未就香港 1994 / 95 年選舉安排達成協議的情況下，香港立法局通過的任何有關選舉的法案，中方都不會接受，1997 年後，將根據基本法的有關規定，另起爐灶。

對彭定康單方面啟動政改方案進入立法程序的行動，英國政府予以支持。

12 月 6 日，英國外相赫德在下議院發表聲明，呼籲國會全力支持彭定康將部分政改草案提交立法局。同時重申，英方希望與中方繼續談判。[109]

針對彭定康的舉措，前英國駐華大使柯利達於 5 日在《星期日南華早報》撰文《香港的悲劇》指出，英國在香港問題上作了錯誤的決定，因為英方的選擇是最有害的一個，「對香港是個災難性的抉擇」。他在文中說，中英兩國在香港事務上有需要合作，主要是基於三個原因：第一，目前涵蓋香港 92% 土地的租約只餘下數年便屆滿，香港別無選擇要歸還中國，唯一的問題是回歸的條件；第二，中英兩國在這個問題上勢力懸殊；第三，英國有責任確保香港的未來擁有最佳的環境。「在香港的特殊環境下，單方面採取行動及與中國對抗，較談判解決問題對香港更為有害，故此亦與英國為香港盡力的責任不符。香港長遠的福祉必須是中英合作唯一的考慮。」[110]

---

109 同上註，第 155 頁。
110 同上註。

另兩位前英國駐華大使唐納德、伊文思在此期間也發表了主張英國選擇與中國合作的意見。唐納德說，英國單方面推行政改計劃違反了中英聯合聲明；伊文思強調，通過秘密談判去解決爭端比公開對抗好。[111]

彭定康將上述幾位來自英國前駐華大使的勸告、建議當成耳旁風，決心在香港問題上沿着對抗的道路走下去。1993 年 12 月 10 日，港府按時在憲報公佈《1993 年選舉規定（雜項修訂）（第二號）條例草案》。主要內容有：

1、1994 / 95 年立法局、區議會和兩個市政局的分區直選均採用單議席單票制；

2、投票年齡由 21 歲降至 18 歲；

3、兩個市政局和區議會取消所有委任議席，增加民選議席；

4、現行限制中國各級人大代表的香港居民參與三級議會的規定予以撤銷。

投票年齡降低後，合資格的選民人數由 370 萬人增至 390 萬人。

12 月 15 日，立法局首讀和二讀該條例。16 日，中國外交部發言人就此發表談話指出，英方採取這一行動，就意味着談判的終止。中國政府重申，在中英雙方未達成協議的情況下，對香港立法局討論通過的有關 1994 / 95 年選舉的任何立法，中方都不予接受，據此產生的任何機構都不能過渡到 1997 年 6 月 30 日之後。[112]

12 月 27 日，國務院港澳辦發言人也就港英最後一屆三級架構的任期問題發表了談話：根據中英聯合聲明和香港基本法的規定，中

---

111 同上註，第 157 頁。
112 同上註，第 159 頁。

國政府將於 1997 年 7 月 1 日對香港恢復行使主權，英國政府於 1997 年 7 月 1 日將香港交還給中華人民共和國，它對香港的行政管理權在 1996 年 6 月 30 日止，港英的政制架構也隨之終結。這是中國對香港恢復行使主權，英國結束其在香港管治的必然結果。[113]

　　1994 年 2 月 23 日，立法局經過十個小時的辯論，三讀通過《1993 年選舉規定（雜項修訂）（第二號）條例草案》，即彭定康第一部分政改方案。次日，彭定康在立法局答問大會上宣佈，港英政府將在 25 日於憲報刊登第二部分政改方案，並強調港英堅定的目標是在七月立法局休會前完成選舉的立法工作。英國外交部就此發表聲明說，英國政府歡迎第一階段政改方案獲得立法局通過，彭定康把第二階段政改草案提交立法局，是首相梅傑、外相赫德和彭定康三人共同決定的。[114]

　　1994 年 3 月 9 日，政改方案第二部分《1994 年立法局（選舉規定）（修訂）條例草案》提交立法局首讀和二讀。草案建議：

　　1、現有功能組別以個人投票取代法團投票；新增的 9 個功能組別[115]以本港各行業為基礎，連同現有的功能組別，選民範圍將包括全港超過 270 萬工作人口中所有符合資格的選民；

　　2、設立選舉委員會，在 1995 年選出 10 名立法局議員。選舉委員會將由選舉產生的區議員組成，而所有登記在選民總名冊上的人士均有資格競逐上述 10 個議席。

---

113 同上註，第 159 頁、165 頁。

114 同上註。

115 新增的 9 個功能組別分別是：漁農礦產、電力及建築界；紡織及製衣界；製造界；進出口界；批發及零售界；酒店及飲食界；運輸及通訊界；金融、保險、地產及商業服務界；以及公共、社會及個人服務界。

次日，李鵬總理在八屆全國人大二次會議作政府工作報告中指出，中英兩國政府代表關於香港 1994 / 95 年選舉安排談判終止，責任完全在於英方。

政改方案第二部分提交立法局後，在立法局議員中和香港社會引起了激辯。自由黨的一些議員從力爭實現立法機構「直通車」的願望出發，針對政改方案第二部分上述兩項建議提出了修訂方案，向香港基本法的有關規定靠攏，被稱為「九四」方案：在功能組別方面另設新 9 組，維持以公司為單位的投票選舉辦法；選舉委員會由代表社會各階層的四大類人士組成。提出「九四」修訂方案的議員展開了艱苦的拉票活動，打破了彭定康方案一統立法局的局面，使得港英當局和倫敦大為緊張。

1994 年 6 月 30 日，立法局經過二十小時的激烈辯論後，通過了彭定康政改方案第二部分（32 票贊成，24 票反對，2 票棄權），而「九四」方案僅以一票之差被否決（28 票贊成，29 票反對，2 票棄權）。對此，中國外交部發言人、港澳辦發言人和新華社香港分社發言人分別發表了談話，重申原有立場，並申明：1997 年 7 月 1 日後，香港特別行政區的三級議會架構將重新組建。具體的重組辦法，將由 1996 年成立的香港特區籌委會作出決定。[116]

1994 年 8 月 31 日，八屆人大常委會第九次會議以全額贊成票通過《全國人大常委會關於鄭耀棠等 32 名全國人大代表所提議案的決定》。會議認為，港英最後一屆立法局、市政局和區域市政局、區議會於 1997 年 6 月 30 日終止。英國政府單方面決定的有關港英最後一屆立法局、市政局和區域市政局、區議會的選舉安排，違反中英

---

116 袁求實編著：《香港回歸大事記（1979−1997）》，第 186 頁。

聯合聲明，不符合香港基本法和《全國人民代表大會關於香港特別行政區第一屆政府和立法會產生辦法的決定》。會議決定：由香港特區籌委會根據《全國人民代表大會關於香港特別行政區第一屆政府和立法會產生辦法的決定》，負責籌備成立香港特區的有關事宜，規定香港特區第一屆立法會的具體產生辦法，組建香港特區第一屆立法會。根據香港基本法，香港特區的區域組織的職權和組成方法由香港特區的法律規定。

根據立法局通過的政改方案，在香港進行了港英最後一屆三級議會的選舉。

1994 年 9 月 18 日舉行了區議會選舉。總投票人數為 69.3 萬人，比 1991 年上屆選舉多 27 萬人，投票率為 33.1%，比上屆增加 0.6 個百分點。在當選的 346 個區議員中，有政黨背景的佔 67.3%，共 233 人。民建聯躍升為全港第二大黨，親中力量在本屆區議會選舉中佔有率達六成。

1995 年 3 月 5 日舉行了兩個市政局選舉。投票人數為 56.19 多萬人，投票率為 28.5%，較上屆高 2.7%。親中力量佔有兩個市政局一半議席。

9 月 17 日立法局舉行選舉。分區直選的投票人數為 92 萬人，比 1991 年立法局選舉增加 22.7%，但投票率為 35.79%，比 1991 年的 39.15% 少了近 4 個百分點。功能組別的投票人數為 46 萬人，投票率為 40.42%。

親中人士對是否參與港英最後一屆三級議會的選舉，不少人有不同意見。選舉實踐證明，他們通過參與，鍛煉了隊伍，積累了實戰經驗。從總體上看，希望香港平穩過渡和順利回歸祖國是香港的主流趨勢。

九、匆忙政制改革催生政黨並形成政黨政治

在香港政制停滯期，香港不會產生參政團體，更不會出現政黨，只能在社會結構趨向多元化的上世紀七十年代，出現一些壓力團體。這些壓力團體以職業或行業會聚而成，在政府制定涉及有關政策過程中，施加一些間接壓力，以爭取和維護自身的利益。到了八十年代，伴隨着中英關於香港前途問題的談判、中英聯合聲明的簽署、香港基本法的起草和各種形式諮詢工作的展開、英方代議制改革的啟動和香港社會對「港人治港」的討論，先是議政團體在香港相繼湧現，紛紛表達自己的政治主張。

1991 年 9 月，在香港政制發展史上首次引進立法局 18 個直選議席，為一些議政團體乘勢快速變成參政團體（隱性政黨）提供了條件。

1990 年 4 月成立的香港民主同盟（港同盟，時統稱「民主派」，後又稱「泛民主派」，又簡稱「泛民」），就把競爭 1991 年立法局直選議席作為參政首要目標，在其宣言明確表明本組織是一個「爭取民主的積極參政組織」。隨後，1990 年 9 月，主要代表工商界的自由民主聯盟（自民聯）成立。

在 1991 年立法局選舉中，以港同盟為代表的民主派陣營奪取直選中大多數議席，而時稱傳統「親中力量」則無人當選。在直選中，據傳媒統計，港同盟推出的 14 名候選人中，有 12 人當選，匯點（1983 年 1 月成立）推出了 3 名候選人，有 2 人當選；民主民生協進會（1986 年 10 月成立，簡稱「民協」）推出 3 名候選人，有 1 人當選。另外，以獨立人士身份的一名民主派人士也當選。民主派陣營

奪去了地區直選 18 席中的 16 席[117]。在本屆立法局全部 60 個議席中，加上功能組別和以獨立人士身份當選者，民主派人士佔了全部議席的三分之一多。從此，民主派議員在立法機構中佔據三分之一左右的議席似成常態。

　　1991 年立法局首次直選議席爭奪戰，最早顯示了直選中的政團效應。港同盟的示範性和可觀性帶動議政團體急劇向參政團體轉變，各自尋求在港英三級架構和特區政制發展中謀求更多的席位。不少參政團體經過粗糙的改造，匆忙演化為政黨或直接組成政黨，形成選舉政治亢奮的「組黨潮」。

　　親中力量痛定思痛，吸取教訓，迅速效法，於 1992 年 7 月 10 日成立民主建港聯盟（民建聯）。

　　當時立法局中最大的政團啟聯資源中心（1991 年 12 月成立），廣納工商、專業界人士和各級議員，於 1993 年 7 月 18 日以「自由黨」名稱冠名，成為代表香港工商界利益的政治團體。

　　為了備戰港英管治下立法局 1995 年最後一次選舉，多種政治勢力集中趕在 1994 年組合、組黨。主要有：

　　港同盟與匯點合併，於 1994 年 10 月 2 日組建成立民主黨；

　　由一批在台灣就讀校友為主和民主黨個別成員，組成一二三民主聯盟（一二三聯盟），於 1994 年 3 月成立；

　　以工商、專業界為主，包括多名港區人大代表和政協委員組成的香港協進聯盟（港進聯），於 1994 年 7 月成立。

　　香港回歸祖國前後成立的主要政黨或參政團體有：

　　於 1996 年 8 月組建的激進民主派組織前線；1997 年 5 月建立的

---

117 有的統計為 17 席，根據當時和後來的情況綜合來看，定為 16 席更確切。

民權黨；2005 年 3 月成立的全民黨；2005 年 2 月 16 日民建聯與港進
聯合併，定名為香港民主建港協進聯盟，仍稱「民建聯」。2006 年 3
月 19 日成立的公民黨，是由「基本法 23 條關注組」、「基本法 45 條
關注組」相繼演變而成，是以法律界人士為核心的反對派政黨。2006
年 10 月 1 日成立的社會民主連線（簡稱社民連），是激進的反對派
組織。2008 年 12 月，前線全體成員加入民主黨，完成整合。2011 年
1 月 9 日以專業、紀律部隊為主要成員的新民黨成立。2011 年 12 月
18 日以反對派最大的工會組織職工盟（1990 年 7 月成立）為基礎的
工黨成立。2012 年 10 月 7 日，以工商專業界為主的香港經濟民生聯
盟（經民聯）成立。

　　截至到 2013 年，香港的組黨活動雖然仍處在進行時，但已進入
了穩定期。隨着政制發展的深入，政黨政治必將趨於活躍。

　　一般而言，在資本主義制度下，有選舉，就會有政黨。各政黨
行為的積累，就會出現政黨政治。政黨政治就是政黨行為的總和。
由於政黨本身就是一個歷史範疇，因而政黨政治在不同的國家和地
區甚至同一國家和地區的不同時期，都有不盡相同的內涵。香港現
階段政黨政治的主要內容，與世界上資本主義政黨初始時期基本功
能的發揮大致相同，主要是參與選舉，議政參政，培養人才，宣傳
鼓動。

　　關於參與選舉。香港的政黨本來就是應選而生，通過選舉奪取
議席是各黨的第一要務，甚至是政黨生存和發展的基本條件。

　　各政黨在香港社會的排名及市民的支持度，取決於該黨在立法
機構所佔議席的多少。無論是建制派 [118] 政黨還是反對派政黨，凡是

―――
118 愛國愛港的政治力量在香港回歸後又泛稱建制派。

在選舉中失利的，其政黨負責人都主動承擔了責任。民建聯、民主黨、自由黨、民協等資格較老的政黨的主席，都曾因選舉失利而鞠躬下台。有的政黨在立法機構選舉中未獲席位而導致與同類政黨合併，有的因長期拿不到席位只好自動清盤，結束運作。從這個意義上講，香港的政黨都是「選舉機器」。

關於議政參政。立法機構是香港政黨議政參政，發揮政治影響的主要平台，這一點在香港特區立法會中的表現尤為明顯。有的政黨為了擴大本黨的影響力，爭奪話語權，把立法會當成與特區政府討價還價、掣肘行政主導的場所。尤其是反對派陣營中的激進政黨，將搏出位行動和「拉布」策略交替使用，使政府法案陷於長時間辯論與修訂之中，給政府施政帶來極大的困擾。立法會議員中的反對派，利用自己在立法會中佔據關鍵少數的地位，有時在立法會中提出對中央政府任命的特區政府主要官員的不信任動議，甚至提出挑戰國家行政行為的動議，這又使立法會成為擁護和反對「一國兩制」兩種對立思想交鋒的陣地。雖然這些時而有之的動議沒有法律效力，常被立法會中的「分組點票」機制打掉，但形成的負面影響卻不能低估。

關於培養人才。政黨是培養、推舉人才的政治機構。由於香港是一個高度發達的商業社會、服務性社會，加之政制發展起步很晚，形成了政治人才的匱乏。各政黨為了參選、議政參政和自身發展的需要，注重自行培養人才，成為香港政黨政治的一項重要內容。香港不少政黨內部都設有相應的培訓機構，不定期開展有關活動。

關於宣傳鼓動。香港政黨在這方面的工作，可以說是無時不在，無處不在。以發達、多樣的現代媒體為載體，及時將政黨的主

張、理念向外傳播。特別是每隔五年的一個選舉周期，是政黨政治的「嘉年華」，各政黨緊貼社會脈搏，與傳媒共舞互動，甚至利用商業手法，炒作有關政治、經濟、社會、香港與內地關係等議題，提出具有發酵作用的選舉口號。這是選舉搭台，各派政治力量唱戲的生動圖景。

總之，有選舉，就會有政黨；有政黨，就會有政黨政治。這已成為香港政制發展歷程所證明的簡單事實。對此，一方面不能回避，另一方面也要防止對特區以行政長官為核心的行政主導政治體制的衝擊，堅持對行政長官當選作必要的限制。香港法律規定，任何行政長官候選人須在當選後七個工作日內，聲明不是任何政黨的成員，並書面承諾任內不會成為任何政黨的成員並不接受任何政黨的黨紀約束。如當選者是立法會議員，須於中央政府任命當日，當即辭去議員席位。香港的政黨政治，除上述表像外，還包括政黨與國家的關係，政黨與特區政府的關係，政黨與民意（包括傳媒）的關係，政黨之間的相互關係及政黨與外國勢力的關係等。

一般研究認為，資產階級政黨萌芽於十七世紀七十年代的英國，定型於十九世紀早期的英國和中期的美國。英、美的政黨在誕生時是「難以拿到出生證」的。[119] 香港的政黨也是這樣。香港法律體系中沒有政黨法，香港的政黨通常都按照《公司條例》註冊，也無法拿到政黨的「出生證」。英、美兩國政黨早期並不受本國多數人的歡迎，一些政治家對政黨甚至持否定態度。香港政黨的總體處境與此類似，政黨的認同度也不高。據不同時段的數次民調，香港市民對建制派和反對派的政黨認同度，加起來約四成，六成市民沒有明顯

---

119 王韶興主編：《政黨政治論》，濟南：山東人民出版社，2011 年版，第 16 頁。

的政黨認同。

英國對香港實行以港督為核心的封閉式行政主導管治長達一個半世紀，只是為了最後撤離香港的戰略部署，才匆忙推行代議制改革。香港特區的政制又保留了原有政制中行之有效的部分，實行以行政長官為首的行政主導體制，由特區政府政策局制定和實施政策。香港市民對政府及其執政團隊的信任遠遠高於政黨。歷史傳統的慣性力量和現實施政力量的確定性都抑制了政黨政治的發展，從而也減弱了政黨都想做執政黨的本能欲望。

綜觀英國在香港過渡期所進行的匆忙政制改革，前期以基層代議制為主，並逐步向立法局擴充；後期按彭定康的政改方案實施，對香港政制作了急劇、結構性的變革，英方不想將原來實行的香港政制原封不動地交給中國，而是以發展民主作為包裝，在政制改革中盡快形成一套代議制很強的政權架構，造成既成事實，為將來特區落實以行政長官為首的行政主導體制增加難度。這種快速推出的選舉政制，必然催生政黨的產生和政黨政治的發展，加上部分傳媒的鼓動，極大地刺激了香港社會的普選訴求，為後來特區政府按基本法的規定發展民主和順暢施政，帶來很大的挑戰。

第三章

政制發展期

（1997 － 2015）

　　中國對香港恢復行使主權後，香港特區進入依據基本法落實政制發展的新時期：香港渡過了十年政制穩定期；截至 2015 年，在香港當地選舉產生了四任行政長官人選後由中央政府任命；在政制發展過程中，中央按照憲法和基本法的有關規定，履行憲制責任，通過釋法和作出「決定」，明確有關香港特區政制發展中的法律問題，為政制發展鋪路架橋。

一、第一任行政長官的產生

　　按照香港特區成立時工作程序安排，第一任行政長官須依法在 1997 年 7 月 1 日之前產生，屆時行政長官才有時間籌組政府，出席宣誓就職等一系列活動。為此，需要先成立相應的工作機構。

1. 籌委會的設立

　　「籌委會」的全稱是「香港特別行政區籌備委員會」（簡稱籌委會），它是根據 1990 年 4 月 4 日第七屆全國人大第三次會議通過的香港特區第一屆政府和立法會產生辦法的決定設立的，於 1996 年 1 月 26 日在北京成立，是國家最高權力機關授權進行籌備成立香港特區的有關工作機構。為了開展工作的需要，籌委會的工作規則規定，籌委會實行集體負責制和保密原則。

　　籌委會共 150 名委員組成，由全國人大常委會委任。其中內地委員 56 名，香港委員 94 名，佔委員總數的 63%，錢其琛任主任委

員，王漢斌、安子介、霍英東、魯平、周南、王英凡、李福善、董建華、梁振英任副主任委員。魯平兼任秘書長。籌委會成立之初，下設六個工作小組，即推選委員會小組、第一任行政長官小組、臨時立法會小組、經濟小組、法律小組、慶祝活動小組。11 月，又設立了第一屆立法會產生辦法工作小組。

籌委會的設立標誌着中國政府對香港恢復行使主權的準備工作進入了實施階段。

2. 推委會的組建

根據 1990 年 4 月 4 日全國人大第三次會議通過的「決定」，籌委會負責籌組香港特別行政區第一屆政府推選委員會（簡稱推委會）。推委會由 400 名香港永久性居民組成，來自四個部分，比例如下：

工商、金融界	25%
專業界	25%
勞工、基層、宗教等界	25%
原政界人士、香港地區全國人大代表、香港地區全國政協委員的代表	25%

推委會委員如何產生，全國人大「決定」未作具體規定。因此，籌委會首要任務是研究推委會的具體產生辦法。為廣泛諮詢港人的意見，在籌委會秘書長魯平的率領下，由 43 名籌委組成的推委會工

作小組分為四個組在香港舉行了十六次諮詢活動，有 362 個團體出席諮詢會，參加的各界人士達 1,073 人次。在諮詢、收集意見、反覆研究的基礎上，1996 年 8 月 10 日，籌委會第四次全體會議審議並通過了《中華人民共和國香港特別行政區第一屆政府推選委員會的具體產生辦法》。此「辦法」規定，推委會的前三部分人士即工商、金融界、專業界、勞工、基層、宗教等界的委員以及第四部分人士中的原政界人士，均由籌委會委員以無記名投票和差額選舉的方式產生，每部分差額比例不少於 20%。第四部分人士中的香港地區全國人大代表和香港地區全國政協委員的代表，由具有香港永久性居民身份的 26 名香港地區全國人大代表自動成為推委會委員，香港地區全國政協委員的代表的產生辦法由香港地區全國政協委員自行決定。該辦法的制定，走出了組建推委會工作的關鍵一步。1996 年 8 月 15 日至 9 月 14 日，推委會的報名工作在香港舉行。報名方式是公開的、開放的，報名人數達 5,789 人。籌委會秘書處對所收到的報名表進行了歸納整理，並於 9 月 25 日公佈了所有報名人士的名單。在這個範圍內，籌委會委員以個人身份推薦，提出了 2,545 名建議人選。由於這些建議人選代表性廣泛，籌委會主任委員會議決定完全按照委員們提出的建議人選所獲推薦數多少的順序，確定差額不少於 20% 的候選人，共有 409 人為推委會四部分人士的候選人名單。在個別界別中，由於排名在第 120 位的建議人選出現了兩人所獲推薦數相等的情況，主任委員會議決定將兩人一併列入候選人名單，不作取捨，留待全體籌委會委員選舉決定。

　　1996 年 11 月 1 日，籌委會第六次全體會議在北京人民大會堂開幕。本次大會將選舉產生特區第一屆政府推委會；審議《香港特別行政區第一屆政府推選委員會守則》（討論稿）。籌委會主任委員錢其

琛在開幕詞中說：「這次會議上，我們將進行差額選舉，就是從 409
位候選人中選出 340 位，他們將與 26 位香港地區全國人大代表和 34
位香港地區全國政協委員的代表一起，組成香港特別行政區第一屆
政府推選委員會。由於所確定的候選人具有同樣的地位，在正式選
票中將按姓氏筆劃排列。」[1]

　　從 2 日上午開始，出席籌委會全體會議的委員，在人民大會堂
東大廳持續了一天的選舉工作。當夜幕降臨時，無記名投票才順利
結束，400 人的推委會正式組成。其成員涵蓋了香港社會各界：既
有工商、金融界人士，也有來自勞工、基層、宗教等界的人士，包
括公務員工會的人士。專業界委員中薈萃了教育、醫學、衛生、法
律、會計、工程、測量、規劃、科技、文化、體育等專業和行業的
精英。原政界人士中，還包括原港府高官、原立法局議員、行政局
議員和在諮詢機構任職的資深人士。香港地區全國人大代表中的香
港永久性居民和香港地區全國政協委員中的部分代表也進入了推委
會。推委會中還有多位以香港為家並為香港的繁榮發展作出貢獻的
外國人。

3. 第一任行政長官人選的產生

　　推委會組成後，根據籌建特區時間表，推委會產生後要在
四十五天內，推舉產生香港特區政府的第一任行政長官人選。

　　籌委會第五次全體會議通過的《中華人民共和國香港特別行政區
第一任行政長官產生辦法》（1996 年 10 月 5 日）規定，特區第一任

―――
1　《人民日報》（海外版），1996 年 11 月 2 日。

行政長官參選人須具備六項資格：

　　1. 是香港永久性居民中的中國公民；

　　2. 在外國無居留權；

　　3. 年滿 40 周歲；

　　4. 在香港通常居住連續滿 20 年；

　　5. 擁護中華人民共和國香港特別行政區基本法；

　　6. 願意效忠中華人民共和國香港特別行政區。

　　資格中規定的「在香港通常居住連續滿 20 年」，是指行政長官參選人在表明參選意願前在香港通常連續居住滿 20 年。「在外國無居留權」是指不具有居英權或任何形式的外國居留權。

　　除上述資格外，香港的一些團體和社會人士還對行政長官人選提出了一些要求：在政治理念上愛國愛港；在業務上懂經濟，有一定的行政管理能力；在對外交流上，善於溝通，享有一定地區甚至國際的知名度。這些都是執掌「一國兩制」下國際都市香港特區行政長官必備的素質。

　　籌委會在討論行政長官參選人資格時，許多委員還對現職公務人員和具有政黨或政治團體身份的人能否參選進行了熱議。籌委會研究後認為，沒有理由剝奪現職公務人員參選的權利。但是，為了保持公務員政治中立的傳統，防止他們利用掌握的權力和資源為參選服務，對其他參選人形成不公平，所以在「辦法」第 3 條規定：「現職公務人員如願意參選第一任行政長官，在表明參選意願前，必須辭去公務人員職務，並離開工作崗位。」以此類推，具有政黨或政治團體成員身份的人，在被提名前也必須退出政黨或政治團體。這是因為根據香港基本法的規定，行政長官是香港特區的首長，代表香港特區，不是某政黨或政治團體的代表。基本法對行政長官的規定

是「雙負責制」，即依據基本法對中央人民政府和香港特別行政區負責，不是對某政黨或政治團體負責。基本法的這個規定，就是確保行政長官在履職時始終以國家和香港特區的整體利益為依歸。可以設想一下，如果行政長官還保留政黨或政治團體的身份，就要受到其政黨或政治團體的紀律約束，無法履行基本法賦予行政長官的上述職責，也與香港特區以行政為主導的政制相悖。據此，「辦法」第4條規定：「有意參選第一任行政長官的人應以個人身份接受提名。具有政黨或政治團體身份的人在表明參選意願前必須退出政黨或政治團體。」

　　香港特區行政長官人選意向也引起了國際輿論的關注。隨着選舉產生人選日期的臨近，各種猜測紛至沓來。對此，江澤民主席於1996年5月24日在珠海會見英國副首相赫塞爾廷時表示，香港未來的第一任行政長官必須為中央政府接受、為廣大港人接受，同時也會讓英方接受。江主席的這種宣示，展現了中央在行政長官人選方面的廣闊胸懷和海納百川的包容精神。香港特區第一任行政長官能為各方所接受，有利於香港平穩過渡的大局，有利於第一屆特區政府的順利施政，有利於增強國際投資者對香港的信心，有利於營造香港各界人士心情舒暢、喜迎香港回歸的良好氛圍。

　　1996年11月15日，推委會委員在香港會議展覽中心七樓會堂舉行第一次全體會議。針對社會上流傳的所謂行政長官「欽定」說，錢其琛主任面對全體推委鄭重地說：「如果你們聽到，說什麼人是『上面定的』，或者是哪裏的意見，請各位推選委員會的委員不必理會。中央在這個問題上的態度是十分明確的，就是完全按基本法和全國人大的有關決定以及籌委會制定的有關產生辦法辦事。也就是說，請你們推選委員會的400名委員通過無記名投票來決定。今天

的大會將會通過委員提名來確定第一任行政長官的候選人。」[2]

由香港人自己選舉產生香港的最高行政長官，是香港歷史上的第一次。只有在香港回歸之際，港人才能獲得這樣的民主權利。

參選行政長官人選的報名程序從 10 月 14 日至 28 日進行，籌委會共收到三十一位有意參選首任行政長官的報名信函。根據《中華人民共和國香港特別行政區第一任行政長官人選的產生辦法》，籌委會主任委員會議對參選人士資格進行了審查，並確定了其中八位參選人，於 1996 年 11 月 2 日籌委會第六次全體會議主任委員會議通過。依繁體字姓氏筆劃為序，他們是：退休警務人員杜森，前香港最高法院上訴庭副庭長、特區籌委會副主任委員李福善，前九龍倉和會德豐集團主席、香港醫院管理局主席吳光正，執業醫生余漢彪，執業律師區玉麟，前東方海外公司主席董建華，前首席大法官楊鐵樑，退休土木工程師蔡正矩。隨後，八名參選人開始了他們各具特色的競選活動，推介自己的「施政綱領」，深入到各界諮詢意見，並不斷修改完善自己的治港之策。

11 月 15 日，推委會舉行第一次全體會議。根據規定，推委們在上述八位參選人中，凡獲得推委會委員 50 人或 50 人以上提名者，即成為第一任行政長官候選人。在提名操作過程中，籌委會主任會議以及秘書處，按港人習慣作了精細安排。提名採取署名、個人分別提名，以便於對所投選票等於或少於投票人總數或所投選票多於投票人數作出準確統計，為判斷投票是否有效提供確鑿數字根據。為了減少委員們因提名署名而可能產生的種種顧慮，籌委會秘書處專門設計了一種外大封套內小封的提名專用封。推委們在提名票所

2　《人民日報》（海外版），1996 年 11 月 16 日。

列的八位參選人中畫勾選擇一位候選人後，將提名票放進小信封內，小信封封面不留任何字跡，再將小信封裝進大套封內，並在大套封封面簽上自己的名字，這樣，可知有多少推委參加了投票。開票時，將內外封分拆處理：先打開外套封，將有實質內容的內信封取出投入密封的票箱，打開票箱後，從內信封中取出提名票，進行唱票、計票。進行這樣操作的結果，無法查核提名人提了誰的名，最大限度消除了推委們的疑慮。這種投票設計，體現了操作者的匠心。

提名程序開始前，在工作人員派發提名票和信封時，發現一些推委面露難色：原來是他們擔心提名票和內信封被事先做了記號，事後仍可查出誰投了誰的票。這種猜測和推測，對於來自內地的工作人員來說可能是笑談，但卻引起籌委會主任委員會議的重視。為再次打消推委們最後的顧慮，魯平秘書長臨時宣佈了一項改進措施，原由工作人員派發的提名票改為推委自行去票堆中揀取。頓時，推委中沉悶疑慮的空氣一掃而空。這種景象應了西諺所言：細節出天使。

推委們順利地選出了三位行政長官候選人：董建華（206 票）、楊鐵樑（82 票）、吳光正（54 票）。正如籌委會主任錢其琛所說，「今天是香港歷史上值得紀念的一天」。這次選舉投票全過程電視進行了現場直播，香港數百萬受眾同推委們在不同場地渡過了這一有紀念意義的時刻。

11 月 27 日，推委會舉行第二次全體會議。會議開了兩天半。會議聽取了三位候選人報告自己的施政主張和本人狀況，並分四場分別對四個界別的推委會委員的 240 個提問作了回答。這些問答內容涵蓋了香港社會各方面的問題，讓推委們檢驗了候選人的真才實學

和應對能力。答問會的整個過程貫穿着文明、理性、公平、公正。每位候選人在每場答問中的時間均控制在一小時；凡有意在分組會上向候選人提問者，在與會簽到時須將個人名片或另行填寫的卡片投放在指定的盒子中，由會議主持人隨意抽取，被抽中者現場提問。這就使候選人事先不可能知道哪位委員提問及提什麼問題。每場答問的三位候選人出場順序，由臨時抓鬮排定。當一位候選人回答提問時，另兩位候選人在場外等候，他們不知道其他候選人現場應對情況，無經驗、教訓可以吸取。推委們普遍認為，這種富有香港特色、別開生面的「君子之爭」以及簡明易為的必要限制措施，體現了中華民族美德的選舉文化。

1996 年 12 月 11 日，全部 400 名推委齊聚香港會議展覽中心，舉行推委會第三次全體會議。上午 10 時許，會議開始。籌委會主任錢其琛宣佈：「第一任行政長官人選的選舉工作已經進行到最後的關鍵性時刻，我們在前一段所作的一切就是為了今天的這場選舉。希望大家繼續本着對歷史負責的精神，不負包括香港同胞在內的全國人民的重託，投下自己神聖的一票！」

同選舉第一任行政長官候選人時一樣，選舉仍採用推委自行領取選票的辦法。10 時半，投票正式開始。一個個紅色信封，裝着一張寫有吳光正、董建華、楊鐵樑三位候選人名字的黃色選票被推委們投進票箱。計票採用寫「正」字的中國傳統式辦法統計。選票經監票人核對後，用廣東話和普通話分別唱名一次，工作人員隨着唱名，一筆一劃地在統計板上書寫「正」字。當董建華先生的得票數累計達到 201 票超過全體推委半數時，投下神聖一票的推委們不約而同地起來鼓掌，場內掠過歡騰的聲浪。12 時 15 分完成點票。在 398 張有效選票中，董建華獲 320 票，楊鐵樑獲 42 票，吳光正獲 36

票。錢其琛主任委員莊嚴宣佈：經過全
體推委會委員以無記名的方式投票，董
建華當選為香港特別行政區第一任行政
長官人選！按照程序，將由籌委會全體
會議通過，並報請中央人民政府任命。

董建華

場內掌聲經久不息。近三百名中外
記者在選舉現場進行了採訪。電視在現
場直播了除寫票外的選舉全過程，時間
長達約兩小時。董建華先生當選為第一
任行政長官人選的消息，從香港的選舉
場地傳遍了全世界！

董建華 1937 年生於上海，1947 年隨家人赴香港定居。他在香港
接受中學教育後，負笈英國繼續求學。1960 年畢業於利物浦大學，
取得海事工程理學士學位。大學畢業後在美國通用有限公司及家族
公司任職。1969 年返香港，協助其父拓展董氏集團的航運業務。
1979 年正式出任家族企業「東方海外集團」的主席兼行政總裁，金
山輪船國際有限公司主席，摩納哥駐港名譽理事，香港美國經濟合
作委員會主席及港日經濟合作委員會委員，香港公益金執行委員會
委員，香港管理專業委員會委員。1992 年 10 月，被委任為港英行政
局議員，1996 年 6 月辭職。1985 年任香港基本法諮詢委員會委員，
1992 年被國務院港澳辦和新華社香港分社聘為港事顧問，1993 年擔
任第八屆全國政協委員，1996 年擔任籌委會副主任委員。

董先生具有國際視野，懂經濟，而且其主要業務不在香港，在
生意上和他人沒有利益衝突；他的處世作風低調務實，待人寬厚仁
和，是各方面都能接受的人。

　　董建華當選為第一任行政長官人選後第一時間，香港反應熱烈，有八家報紙為此發行了「號外」。國際社會也對董先生當選作出積極反應。英國、美國、法國、加拿大、日本、澳大利亞等國政府和政要也紛紛發出賀電。

　　董建華當選的第二天，籌委會第七次全體會議在深圳召開，通過了報請國務院任命董建華為香港特區第一任行政長官的報告。12月16日，國務院召開第十一次全體會議作出決定，任命董建華為香港特區第一任行政長官。李鵬總理簽署了這項任命的國務院第207號令。

二、第二任行政長官的產生和補選新的行政長官

1. 董建華先生成功連任

　　根據香港基本法附件一《香港特別行政區行政長官的產生辦法》規定，從第二任行政長官產生開始，就由一個具有廣泛代表性的800人組成的選舉委員會（簡稱選委會）選出行政長官人選，再由中央人民政府任命。同第一任行政長官的產生辦法相比，選委會的選民基礎比推委會擴大一倍，體現了香港民主循序漸進的發展原則，而且選委會組成人員中增加了普選成份，例如有直選產生的立法會議員。具體組成和人數如下：

工商、金融界	200 人

（續上表）

專業界	200 人
勞工、社會服務、宗教等界	200 人
立法會議員、區域組織代表、香港地區全國人大代表、香港地區全國政協委員的代表	200 人

選委會組成成分前三部分與選出第一任行政長官人選的推委會相同，第四部分因應香港回歸祖國而在組成成分的名稱上有所改動。

關於候選人的產生。不少於 100 名的選委可聯合提名行政長官候選人。每名選委只可提出一名候選人。選委會根據提名名單，經一人一票無記名投票選出行政長官人選。

從第二任行政長官選舉開始，只要行政長官的產生辦法未作出修改，就可沿用。但選委會在香港常被反對派說成是「小圈子」；選委會提名、選出行政長官人選被反對派指責為「小圈子選舉」，遭到他們的「杯葛」（抵制）。這種言行是不正確的。

根據香港基本法和《行政長官選舉條例》的規定，組成選委會的四部分人士來自 38 個界別分組。選委會委員由三種方式產生：一是當然委員，即港區全國人大代表和立法會議員共 96 人；二是宗教界界別分組的 40 名委員，由香港的六大宗教團體提名產生；三是其餘 35 個界別分組的 664 名委員，則由每個界別分組的投票人選舉產生。委員中有可能出現身份重疊，選委會的實際組成人數可能不足 800 人。每人在行政長官選舉中只有一票。除第四部分作了具體規定外，前三部分在《行政長官選舉條例》中都作了詳細劃分。其中工商、金融界包括 17 個界別；專業界包括 10 個界別；勞工、社會服務、宗教等界包括 5 個界別，總共涵蓋了 32 個界別，包括香港社會上（工商界上層）、中（中產專業界）、下（基層）的各行各業。對

有些界別又根據內部構成的現實狀況又作了細化。如專業界中的教育界就分為高等教育和教育兩個界別；醫學界分為中醫界、醫學界和衛生服務界。對宗教界的委員席位的分配不但要照顧到天主教、伊斯蘭教、基督教、道教、佛教、孔教六大宗教，而且要考慮宗教界的特殊性，將該界別的 40 名選委名額的分配由六大宗教領袖抽籤決定。在第四部分中，60 名立法會議員是分別由功能團體選舉、分區直選和選委會選舉產生的。區域組織中的 21 名鄉議局委員由鄉議局議員選舉產生。港九、新界各區議會的 42 名選委是由各自的區議會議員選舉產生的。香港地區全國人大代表、香港地區全國政協委員的代表共有 77 人，他們來自香港各界。因此，800 人的選委會有廣泛的社會基礎和代表性，絕不是「小圈子」。在香港這樣一個多元化十分突出的社會裏，選委會這種選舉組織形式是向普選過渡的必經途徑。

第二任行政長官選舉的提名期為 2002 年 2 月 15 日起至 28 日。本屆選委會的組成，因其中 3 人身兼立法會議員和全國人大港區代表，身份重疊及 1 人去世，總人數實有 796 人。

在提名期間，董建華先生連續兩天在香港會議展覽中心舉行四場連任諮詢大會，回答了 63 名選委提出的問題。董先生應對答問自信而從容，獲得普遍好評。最後董建華獲得 714 名選委的提名。在提名期間，只收到一份由候選人董建華提交的提名表格。選舉主任彭鍵基法官核實過提名表格內的各項資料後，確定董建華完全符合行政長官選舉候選人的法定資格，並於 2 月 19 日裁定董建華的提名有效。由於在提名期結束時只有一位候選人的提名有效，彭鍵基法官根據《行政長官選舉條例》，宣佈董建華自動當選。

負責進行及監督這次選舉的香港特區行政長官選舉管理委員會主席胡國興法官也表示：「選委會依法履行了有關選舉工作的各項職

責。選舉的各項安排和程序符合香港特區基本法、《行政長官選舉條例》及其他有關的選舉法例的規定。這次選舉結果是合法有效的。」[3]胡國興法官還表示：這次選舉從提名期開始至今，並無收到任何投訴，但由前日起的 45 日內，選管會仍會接受有關投訴。選管會已通知特區政府選舉結果，以便特區政府按照基本法第 45 條向中央人民政府報告。

3 月 4 日，國務院總理朱鎔基主持召開國務院第八次全體會議，審議了香港特區上報的關於選舉董建華為香港特區第二任行政長官人選的報告，並聽取了國務院港澳辦公室主任廖暉關於香港特區第二任行政長官人選產生過程的彙報。

朱總理在會議上的講話指出，董先生在第一任行政長官任期內，為「一國兩制」的方針和基本法在香港的正確貫徹落實做了大量工作。在面對亞洲金融危機的衝擊和香港內外經濟環境變化的過程中，為維護香港國際金融、貿易、航運等中心的地位，加強香港與內地在經濟和其他各個領域的交流與合作，保持香港的社會穩定和經濟發展，作出了積極的努力。

會議決定，任命董建華為香港特別行政區第二任行政長官。隨後，朱總理簽署了國務院第 347 號任命令，於 3 月 7 日頒發。

2. 行政長官的補選

2005 年 3 月 10 日，第二任行政長官董建華經過慎重考慮，向國務院呈送了辭職報告。是日傍晚，董先生在特區政府總部舉行的記

3　《香港回歸十年志 2002 年》，大公報出版有限公司 2007 年版，第 33 頁。

者會上宣佈了此事：「一個小時以前，我已經正式向中央政府提交了請求辭去行政長官職務的報告。八年前，我接受中央政府任命，出任香港特別行政區行政長官，與香港市民一起，開始走一條從來沒有人走過的路——落實『一國兩制』、『港人治港』、高度自治。」

董先生在講話中，對擔任行政長官以來的八載風雨崎嶇路作了簡要回顧，並說明了請辭的原因：「由於長時期的操勞，在去年第三季度以後，我已經明顯感覺到自己的健康狀況大不如前。以香港利益為重，我考慮過向中央提出辭去行政長官職務。這是出於對香港、對國家負責的態度。」[4] 董先生對全國政協提名他為全國政協副主席建議人選，是中央政府對他的信任，表示了衷心感謝。

12 日，國務院總理溫家寶主持召開國務院全體會議，批准董建華先生辭去香港特別行政區行政長官職務。溫總理簽署了國務院第 433 號令，即日生效。此令載明：「依照《中華人民共和國香港特別行政區基本法》的有關規定，批准中華人民共和國香港特別行政區行政長官董建華辭去行政長官職務，於 2005 年 3 月 12 日離職。」

此次國務院全體會議審議了行政長官董建華請求辭去香港特別行政區行政長官職務的報告，聽取了國務院港澳事務辦公室主任廖暉就此事所作的彙報。

溫總理在會上發表了講話。他指出，董建華先生在擔任香港特別行政區行政長官期間，為「一國兩制」、「港人治港」、高度自治方針在香港成功地付諸實踐做了大量開創性的工作。董建華先生領導特區政府全面貫徹香港基本法，依法施政，團結香港廣大同胞，努力克服亞洲金融危機和國際經濟環境變化等因素帶來的種種困難和挑

4　《香港回歸十年志（2005）》，第 79 頁。

戰，妥善處理一系列重大的政治、經濟和社會問題，維護了香港穩定繁榮的大局。董建華先生擔任香港特別行政區行政長官以來，面對各種困難和壓力，勤勤懇懇，任勞任怨，恪盡職守，廉潔奉公。中央政府對董建華先生和香港特別行政區政府的工作是充分肯定的。

溫總理說，根據香港基本法的規定，行政長官缺位後，香港特別行政區應依照基本法第 45 條和附件一的規定，在六個月內選舉產生新的行政長官人選。

根據香港基本法第 53 條第一款規定，「香港特別行政區行政長官短期不能履行職務時，由政務司長、財政司長、律政司長依次臨時代理其職務」。據此，時為政務司長的曾蔭權任代理行政長官。

2005 年 3 月 12 日下午，在全國政協十屆三次會議閉幕大會上，通過了董建華增選為全國政協副主席。董建華先生的贊成票為 2,065 票，反對 21 票，棄權 20 票。

國務院頒令批准行政長官董建華辭職，是香港回歸以來首次出現行政長官缺位的情況，香港特區須在六個月內產生新的行政長官，但對補選新的行政長官的任期，香港基本法沒有直接的條文作出規定。這樣，補選的行政長官的任期是完整一任的五年還是原行政長官剩餘任期的兩年，在香港社會上出現了不同的理解，產生了人們稱之為「二五之爭」。

香港基本法第 46 條規定：「香港特別行政區行政長官任期五年，可連任一次。」剔除政治因素，按照普通法中的法例解釋原則，法律條文清晰的按字面理解，不少港人認為補選新的行政長官的任期為五年。香港反對派人士也持這種觀點。其中有人甚至用「陰謀論」看待此事，認為這是中央有意迴避 2007 / 08 年「雙普選」的計謀。個別人士以為自己洞察先機，竟然出乎人們的預料，一反常態，一度

主動要求中央對補選行政長官的任期釋法。

　　另一種意見認為，補選產生的新的行政長官的任期不能直接適用香港基本法第 46 條，該條的規定是指一般情況產生的行政長官，不包括因行政長官缺位後補選的行政長官，補選的行政長官的任期應適用香港基本法第 53 條，因為該條直接規定行政長官缺位時，新的行政長官如何產生，即「行政長官缺位時，應在六個月內依據本法第 45 條的規定產生新的行政長官」。45 條的規定是：「行政長官產生的具體辦法由附件一《香港特別行政區行政長官的產生辦法》規定。」從附件一的規定可以看出，在由任期五年的選委會產生行政長官人選制度的安排下，行政長官缺位時由同一個選委會產生新的行政長官，其任期只能是前任的剩餘任期，這樣才能使行政長官的任期與選委會委員任期相一致。如果補選產生新的行政長官任期也是完整任期的五年，那就超過了該屆選委會的任職年限，選舉結果的合法性將成疑。

　　國務院 3 月 12 日批准董建華先生辭職的第一時間，特區政府即對此表態，明確宣佈第二任行政長官缺位後補選的行政長官的任期是原行政長官的剩餘任期。之後，全國人大常委會法制工作委員會發言人也就此發表了談話，支持特區政府的立場，認為特區政府對第二任行政長官缺位後補選的行政長官的任期問題所發表的意見，「是符合基本法立法原意的，第二任行政長官缺位後由任期 5 年的選舉委員會補選的行政長官，仍為第二任行政長官，其任期應為原行政長官的剩餘任期。」接着，該發言人對此闡述了如下的理由：

　　　　理解補選的行政長官的任期問題，不能僅從基本法第 46 條的規定（即「香港特別行政區行政長官任期 5 年，可連任一

次」）去考慮，還要結合附件一有關行政長官產生辦法的規定去考慮。在基本法起草過程中，對行政長官缺位後補選的行政長官的任期問題，曾有不同意見，有的主張是剩餘任期，有的主張是新的一屆 5 年任期。因此，基本法第 53 條關於行政長官缺位補選的條文的起草，曾經歷了一個變化過程。1988 年 4 月公佈的香港基本法（草案徵求意見稿）曾經寫明：「行政長官缺位時，應在 6 個月內產生新的一屆行政長官。」1989 年 1 月公佈的香港基本法（草案）以及 1990 年 4 月七屆全國人大三次會議通過的香港基本法，將這一規定修改為：「行政長官缺位時，應在 6 個月內依本法第 45 條的規定產生新的行政長官。」基本法第 53 條刪去了其中的「一屆」兩字，把「新的一屆行政長官」改為「新的行政長官」，表明補選的行政長官只是「新的一位」，並不涉及他的任期是剩餘任期，還是新的一屆五年任期。值得注意的是，在刪去「一屆」的同時增加了「依本法第 45 條的規定產生」的內容。因此，新的一位行政長官的任期應看第 45 條。基本法第 45 條規定：「行政長官產生的具體辦法由附件一《香港特別行政區行政長官的產生辦法》規定。」附件一則規定：「行政長官由一個具有廣泛代表性的選舉委員會根據本法選出，由中央人民政府任命。」「選舉委員會每屆任期五年。」設立一個任期五年的選舉委員會，而選舉委員會的唯一任務和職權是選舉行政長官，這是一種獨特的選舉制度。基本法附件一規定在 2007 年以前設立一個任期五年的選舉委員會選舉行政長官，目的就是為了便於在五年中

　　行政長官缺位時能夠及時補選新的行政長官以完成剩餘任期。[5]

　　全國人大常委會法工委發言人的上述談話，詳細而透徹地說明了特區第二任行政長官缺位後補選的行政長官的任期為剩餘任期的理由和在制定基本法時對這個問題的討論決定的過程。這是一個針對性強的解惑釋疑的談話，但可惜的是，香港的傳媒多數沒有報道。3 月 15 日，律政司司長在立法會內務委員會會議上又重申了特區政府對這一問題的立場。中央有關部門和特區政府的表態，本意是通過溝通和解釋，引導達成共識，免卻全國人大常委會就此釋法，但遺憾的是，這個願望沒有達到。

　　另一法律根據是：香港基本法附件一第 7 條規定：「2007 年以後各任行政長官的產生辦法如需修改，須經立法會全體議員三分之二多數通過，行政長官同意，並報全國人民代表大會常務委員會批准。」2004 年 4 月 26 日《全國人民代表大會常務委員會關於香港特別行政區 2007 年行政長官和 2008 年立法會產生辦法有關問題的決定》規定：「2007 年香港特別行政區第三任行政長官的選舉，不實行由普選產生的辦法。」在此前提下，「2007 年香港特別行政區行政長官的具體產生辦法」可以「作出符合循序漸進原則的適當修改」。這些規定表明，第三任行政長官將在 2007 年根據屆時的產生辦法選舉產生。第二任行政長官缺位後由選委會補選產生新的行政長官，其任期為第二任行政長官五年任期的剩餘任期，順理成章，符合基本法附件一的上述規定和全國人大常委會「4·26」決定。

5　全國人大常委會香港基本法委員會、全國人大常委會澳門基本法委員會辦公室編：《中央有關部門發言人及負責人關於基本法的談話和演講》，第 119-120 頁。

解決「二五之爭」又有其緊迫性。此事受到三個法定時間的限制和面臨兩個法律程序的不確定性，容不得拖延。

三個法定時間是：一是按基本法有關規定，行政長官缺位時，應在六個月內產生新的行政長官；二是特區的《行政長官選舉條例》也規定在 120 天內選出新行政長官，即在 7 月 10 日選出；三是本屆選委會任期在 2005 年 7 月 13 日屆滿。這三個時間限制是不能變通的。

兩個法律程序的不確定性是指，一是指《行政長官選舉條例》未對缺位補選的行政長官的任期作出規定，這次出現了行政長官缺位補選的情況，需要修訂此條例，把缺位補選的新的行政長官的任期，以條文規定明確下來，以鞏固行政長官補選工作的法律基礎。但立法會議員們對此爭執不下，很難預測達成共識的時間。二是指有關補選行政長官任期的司法覆核，一旦開始司法覆核程序，不知何時有結果。此外，新的行政長官參選人也要明瞭自己的任期是五年還是兩年，這是決定自己是否參選的一個參考。同時，選委會委員也要知道自己投票選出的行政長官人選究竟任期是幾年，這可能成為選舉人選擇候選人的一種因素。總之，剛性的法定時間和彈性的法律程序，以及參選人和選舉人的共同願望，都指向全國人大常委會釋法。釋法勢在必行。

2005 年 4 月 6 日，曾蔭權先生表現出擔當的精神，以政務司司長的身份在立法會就新的行政長官的任期發表聲明，就尋求全國人大常委會釋法的有關考慮作了詳細說明。同時，鑒於香港社會對新的行政長官任期問題存在嚴重分歧，而有關問題又屬於中央管理的事務，又以署理行政長官的名義提交《關於請求國務院提請全國人大常務委員會就〈中華人民共和國香港特別行政區基本法〉第 53 條第二款作出解釋的報告》。

「聲明」中說：

由於《行政長官選舉條例》沒有具體規定一旦行政長官在任內出缺時經補選產生的新的行政長官的任期，我們會在今天的立法會會議上，首讀《行政長官選舉（修訂）（行政長官的任期）條例草案》，並開始二讀辯論。這項《條例草案》的目的，是把行政長官任期問題按特區政府的理解以清晰明確的條文規定下來。

有議員建議修改《基本法》，對新的行政長官的任期問題作出規定。我們知道較早前全國人大常委會法制工作委員會已經表明，《基本法》對行政長官缺位後新的行政長官的任期問題已有明確制度設計，立法原意是清楚的。現在出現分歧是由於對《基本法》的理解不一致，通過法律解釋就可以闡明立法原意，不需要修改《基本法》。況且，《基本法》修改權限屬於全國人民代表大會，下一次的全國人民代表大會須待 2006 年 3 月左右才召開，時間上也根本不能趕及於 7 月 10 日前修改《基本法》。

我多番掙扎思量，最後為了香港社會的穩定和特區政府的有效運作，我作為署理行政長官決定提請中央釋法，以解決香港目前的爭議。我深知這不是一個最受歡迎的決定，但令我釋然的，是我肯定這決定絕對不會影響「一國兩制」、港人治港和高度自治，絕對無損香港賴以成功的法治精神。在「一國兩制」設計下，全國人大常委會有權對《基本法》作出解釋，這是香港憲制的一部分。依循《基本法》的規定尋求全國人大常委會為新的行政長官的任期問題作出最權威的法律解釋，正是

合法合憲的做法。

給國務院的「報告」中說：

對新的行政長官的任期的問題，香港社會出現兩種不同意
見。有的意見支持應當是剩餘任期，有的意見認為是 5 年任
期，相信就此問題的分歧將會持續。再者，已經有立法會議員
及個別市民公開表示會就《行政長官選舉條例》的修訂草案提
出司法覆核申請。因此，特區政府現時面對兩個問題：

（1）為確保修訂草案的立法程序如期完成，需要對《基本
法》有關條文的權威性及決定性的法律解釋，方可為本地立法
提供穩固的基礎。

（2）如出現司法覆核情況，司法程序一經展開，需要一段
較長時間才完成，極有可能使我們不能如期在 7 月 10 日選出
新的行政長官。[6]

國務院研究此報告後認為，報告中提到的問題關係到香港基本
法第 53 條第二款的正確實施，關係到香港特區新的行政長官人選
的順利產生和此後中央人民政府對行政長官的任命，因此提請全國
人大常委會對香港基本法第 53 條第二款作出解釋。2005 年 4 月 10
日，國務院總理溫家寶簽發了提請解釋的議案。

全國人大委員長會議審議了國務院的報告，決定向十屆全國人
大常委會第 15 次會議提出釋法草案，並依照香港基本法的規定，經
廣泛聽取香港各界人士意見後，於 2005 年 4 月 27 日，十屆人大常

6　以上節錄自時為署理行政長官曾蔭權致在港全國政協委員函所附「聲明」
　　和「報告」全文。筆者因此身份獲得一份。

委會第 15 次會議審議通過了釋法草案。

本次釋法的主要內容是：

香港基本法第 53 條第二款中規定：「行政長官缺位時，應在六個月內依本法第 45 條的規定產生新的行政長官。」其中，「依本法第 45 條的規定產生新的行政長官」，既包括新的行政長官應依據香港基本法第 45 條的規定的產生辦法產生，也包括新的行政長官的任期應依據香港基本法第 45 條規定的產生辦法確定。

香港基本法第 45 條第三款規定：「行政長官產生的具體辦法由附件一《香港特別行政區行政長官的產生辦法》規定。」附件一第 1 條規定：「行政長官由一個具有廣泛代表性的選舉委員會根據本法選出，由中央人民政府任命。」第 2 條規定：「選舉委員會每屆任期五年。」第 7 條規定：「2007 年以後各任行政長官的產生辦法如需修改，須經立法會全體議員三分之二多數通過，行政長官同意，並報全國人民代表大會常務委員會批准。」上述規定表明，2007 年以前，在行政長官由任期五年的選舉委員會選出的制度安排下，如出現行政長官未任滿香港基本法第 46 條規定的五年任期導致行政長官缺位的情況，新的行政長官的任期應為原行政長官的剩餘任期；2007 年以後，如對上述行政長官產生辦法作出修改，屆時出現行政長官缺位的情況，新的行政長官的任期應根據修改後的行政長官具體產生辦法確定。

簡言之，任期五年的選舉委員會只能選舉產生任期五年的行政長官；在行政長官五年任期內出現空缺，由該選舉委員會選出新的行政長官，其任期理當是原行政長官沒有任滿的剩餘任期。

全國人大常委會這次釋法，一錘定音，社會上的反應基本平靜，使特區《行政長官選舉條例》在立法會順利通過，新的行政長官如期

產生，避免了可能發生的憲制危機，獲得香港社會普遍支持和肯定。

3. 補選的行政長官產生

2005 年 3 月 12 日，特區政府收到國務院批准董建華先生辭職的
文件後，特區行政長官開始出缺。根據香港基本法第 53 條的規定，
行政長官缺位時，應在六個月內產生新的行政長官，即為 9 月 11 日
前產生。按照《行政長官選舉條例》的規定，行政長官必須在出缺後
的 120 天內選出，即為 7 月 12 日前。此外，本屆選委會於 2000 年 7
月 14 日組成，其任期到 2005 年 7 月 13 日結束。綜合這三個時間節
點，7 月 10 日是離時限最近的一個週日，就確定此日為選舉日。

在全國人大常委會就補選新的行政長官的任期作出權威法律解
釋後，5 月 25 日，立法會通過了《行政長官選舉（修訂）（行政長官
的任期）條例草案》，確立 7 月 10 日補選出來的新的行政長官，只
履行前行政長官董建華的餘下任期。

本次行政長官參選人須獲得總數為 796 名選委中至少 100 名委
員提名，即成為候選人。而候選人僅為 1 人時，即自動當選為特首
人選，經中央政府任命，即正式成為香港特區行政長官。提名期自 6
月 3 日開始至 16 日下午 5 時結束，為期 14 天。

5 月 25 日，曾蔭權宣佈辭職、休假並表明了參選意向。6 月 2
日上午，國務院批准曾蔭權辭去政務司長職務，下午曾蔭權在君悅
酒店召開記者會，宣佈參選行政長官並公佈了施政綱領。他在參選
講演中深情地說：「當年我不過是一個孤單的推銷員，但今天我希望
有機會在另一個層面服務相關市民，我深信我以後不會再孤單，因

為我是香港人的子弟，因為我服務的祖國，今天擁有強盛的實力和信守契約的誠意。而且，更重要的是，一旦我得到你們的信任，將有千千萬萬人與我一起上路同行。」[7]

隨着競選活動的展開，曾蔭權先生展現了「每票必爭」的決心和能力。他先後出席了大紫荊勳章人士茶會、選委會全體委員答問大會和四場分界別選委閉門座談會。各場會議後都會見了傳媒。6月15日中午，曾蔭權前往選舉事務處正式報名參選，並遞交了支持其參選行政長官的 674 名選委的提名表和 36 名選委簽署的《支持同意書》（至 6 月 16 日提名期結束時，《支持同意書》增加至 40 份）。此兩類選委共 714 人，約佔選委總數 796 人的 90%。

這裏需要對有 40 名選委不是直接提名而是以填寫《支持同意書》的方式支持曾蔭權先生作一說明。

據香港法律，以某種公職身份當選為選委會委員的人士，在五年任期內若不再擔任該公職，其選委資格繼續保留。凡是合資格的選委將名列《選舉委員會正式委員登記冊》（由選舉登記主任發表）。但名列登記冊的委員如有下列八種情況，即喪失提名行政長官候選人和在選舉中投票的資格：

(1) 辭去委員席位；

(2) 正在服監禁刑；

(3) 已不再與有關界別分組有密切聯繫；

(4) 已不再登記或不再有資格登記為地方選區的選民；

(5) 已在香港內外被判處死刑或監禁但既未服刑亦未赦免；

(6) 精神上無行為能力處理和管理其財產和事務；

7　《人民日報》（海外版），2005 年 6 月 17 日。

（7）是任何國家或地區的武裝部隊的成員；

（8）在投票日前三年內被裁定犯了以下罪行：選舉舞弊或非法行為、賄賂罪行或與選舉有關的其他罪行。

喪失提名資格的選委如為候選人提名，該提名的有效性將受到質疑，而且使其提名支持的候選人，在當選後可能受到司法挑戰。任何選委若明知自己沒有投票資格而投票，屬刑事罪行。一經定罪，最高罰款 50 萬港元並服刑 7 年。

上述八種情況中的第三種情況涉及的選委面較廣且不易處理，特別是履行補選新的行政長官人選的本屆選委會，已臨近任期的尾聲，一些委員因各種原因而產生變動。有的委員已榮休，離開了自己原來所在的界別分組；有的從全國政協委員界別產生的選委，因政協換屆而不再擔任全國政協委員；有的轉崗換位，也不在原界別分組了。問題的難處在於，選委不再擔任有關公職後，是否屬於「不再與有關界別有密切聯繫」，特區政府和選舉管理委員會均無權最終判定。要在有人投訴的情況下，經廉政公署調查後，交由法官裁定。投訴者必須提供充分的證據，否則，不予受理。所以，在法官作出裁決之前，這個問題並不明確。

以往反對派人士對他們稱之謂的「小圈子選舉」是抵制的，競爭並不像後來這樣激烈，選委的提名、投票資格並未受到特別關注，也沒有太多的人較真。這次選舉不同以往，香港傳媒對部分資格有疑問的委員作了系統、跟蹤的報道，最後累計委員數達 50 人左右，傳媒稱之為「問題選委」。

此事引起了特區政府有關選舉機構的重視。5 月 24 日，總選舉事務主任林文浩向所有選委發出函件，明確提醒他們「已不再與有關界別分組有密切聯繫」，即喪失提名行政長官候選人和在選舉中投

票的資格。函件特別指出，「選舉委員如
對本身所處的情況如有不肯定之處，宜徵
詢其法律顧問的意見。」這種提醒是必要
的，體現了選舉事務處負責的態度。

曾蔭權

行政長官候選人提名開始以來，曾
蔭權先生及其競選辦公室只能根據選舉管
理委員會公佈的選委名冊尋求支持，當然
也包括一些「問題選委」在內，但請他們
逐一簽署《支持同意書》。該同意書是由
選舉事務處印製的表格，供任何人士或團
體用於簽署同意所支持的候選人進行競選活動時，使用其姓名等資
料，並無法律效力。候選人在報名時可將《支持同意書》與報名表
一併遞交，也可用於報名後陸續遞交。選舉主任公佈提名委員名單
時，也可公佈簽署《支持同意書》的委員名單。曾蔭權先生報名參選
時就將選委的提名表格和《支持同意書》分開處理的。此間香港報紙
對此作出這樣的分析：曾蔭權及其智囊班子，巧妙地利用無法律效
力《支持同意書》的方式，要求資格有問題的選委簽署，而非直接簽
署提名表格。這種做法能讓有關的近 40 位選委可政治上表態支持曾
蔭權，令民主派不能將這些「可能問題票」歸為自己所有，故此無法
獲得 100 票支持以正式參選，亦避免對手抓着法律資格上的問題而
去打官司。

曾蔭權先生提交的提名表格載有 674 名選委的簽署，經選舉主
任朱芳齡法官的查核，裁定曾蔭權先生是獲有效提名為行政長官的
候選人。6 月 16 日下午 5 時候選人提名結束，5 時半朱芳齡法官在
中環美利大廈特區政府新聞處新聞會議室宣佈，經核實，曾蔭權是

唯一獲得有效提名的候選人。她依法宣佈曾蔭權自動當選。6 月 17 日，選舉結果刊憲，並公佈了為其提名的選委名單。同日，署理行政長官唐英年向中央政府提交了報請任命曾蔭權為新的行政長官的報告。

曾蔭權 1944 年在香港出生，祖籍廣東南海九江。他於 1964 年畢業於香港華仁書院預科後即在輝瑞製藥公司做推銷員。1967 年加入港府任行政主任，1971 年轉職為政務官，1981 年在美國哈佛大學進修，獲公共行政碩士學位。1985 年任副常務司（後稱憲制事務司），1991 年任貿易署署長，1993 年任庫務司，1995 年獲任財政司。香港回歸祖國，任特區政府財政司司長，2001 年接任政務司司長，成為香港特區的二號人物。2002 年榮獲特區大紫荊勳章。

2005 年 6 月 21 日，國務院總理溫家寶主持召開國務院全體會議，會議決定任命曾蔭權為香港特別行政區行政長官。溫總理當即簽署了任命曾蔭權為香港特別行政區行政長官的國務院第 437 號令，即日起就職，任期至 2007 年 6 月 30 日。

溫總理在會上發表了講話。他說，這次香港特區行政長官選舉，是在行政長官出缺後進行的一次補缺選舉。這次選舉是按照香港基本法和香港特區《行政長官選舉條例》等有關法律的規定進行的，體現了公開、公平、公正的原則。曾蔭權先生此次獲得 714 名選委的提名和支持順利當選，表明他得到了香港各界的廣泛認同和支持。

6 月 24 日，曾蔭權行政長官的宣誓就職儀式在北京人民大會堂香港廳舉行。溫總理等出席了宣誓就職儀式。

三、第三任行政長官的產生

2005 年，特區政府依據全國人大常委會有關「釋法」和「決定」提出的「政改方案」（後文將詳述），因遭到立法會中反對派議員的「捆綁」反對，未獲全體議員法定議員三分之二多數通過，導致政府的方案沒有通過，使香港的政制發展原地踏步。2007 年第三任行政長官的產生辦法原則上沿用原辦法產生。選舉過程中與選委會委員的有關事項，包括選委為其所支持的候選人提名等安排，均通過特區政府新聞公報或在政府憲報刊登公告的方式作出公佈。

香港政制發展的進程和泛民主派對自己選舉策略的調整，使本任行政長官的選舉有別於以前的兩任。概括起來可歸納為四個「首次」：

首次取消行政長官自動當選的規定。

反對派不再「杯葛」，首次全力以赴參與本屆行政長官選舉委員會的選舉。

以前兩屆行政長官選委會產生後，先選立法會議員，後選行政長官人選，由於選委會前一項職能已完結，本屆選委會是首次為選舉行政長官而組建，因此本屆選委會組成的時間（2006 年 12 月 10 日選出）首次距行政長官選舉投票日（2007 年 3 月 25 日選出）最近，反對派有可能在選舉委員會選舉階段就推出行政長官參選人，提前炒熱行政長官選舉。

為此，《行政長官選舉條例》於 2007 月 1 日又新增了若干規定。現僅對第三任行政長官選舉的投票制度要點作一簡介。

行政長官選舉採用「絕對多數當選制」，即當選者須取得選委會委員過半數有效票的支持。對有 1 名、2 名、3 名或以上行政長官候

選人的投票安排，分別有以下不同的規定：

第一，若只有 1 名獲有效提名的候選人，投票安排為：（1）該名候選人取得的支持票須超過有效選票的一半才能當選（在這種情況下，「有效選票」是指「支持票」和「不支持票」兩種，餘為無效票）。（2）若該名唯一獲有效提名的候選人取得的支持票未能超過有效票的一半，選舉程序終止。在此後的第 42 天或其後第一個周日再進行選舉投票。此前須依法重開候選人提名期。

第二，若有 2 名獲有效提名的候選人，投票安排是：（1）若其中一名候選人取得過半數有效選票，即當選（在這種情況下，「有效選票」是指明確選擇某一名候選人的選票，餘為無效票）。（2）若沒有任何一名候選人取得過半數有效選票（即兩人取得票相同），即進行下一輪投票。投票每天進行三輪，直至其中一人取得過半數有效選票而當選。（3）若到 2007 年 6 月 30 日仍未有任何候選人取得過半數有效選票，7 月 1 日起行政長官職位出缺。按照基本法第 53 條第 2 款規定，由政務司長、財政司長、律政司長依次代理行政長官職務。選舉程序仍繼續進行。

第三，若有 3 名或以上獲有效提名的候選人，投票安排是：（1）若其中任何一名候選人取得過半數有效選票，即當選（「有效選票」的概念與只有二名候選人的情況相同）。（2）若沒有任何一名候選人取得過半數有效選票，則得票最高的 2 名候選人及與其中任何一人得票相同的所有候選人進入下一輪投票。投票每天進行三輪，直至其中一名候選人取得過半數有效選票而當選。（3）若到 2007 年 6 月 30 日仍未有任何候選人取得過半數有效選票，7 月 1 日起行政長官職位出缺。按照基本法第 53 條第 2 款的規定處理。

在上述三種情況下的投票中，凡有以下一種情形者為「無效選

票」：選票上注有「重複」字樣；選票上注有「損壞」字樣；選票上注有「未用」字樣；未經填劃的選票，即通稱的「白票」；選票上有能夠識別選民身份的文字或者標記；殘破的選票；填劃方式不符合規定的選票；無明確選擇的選票。

行政長官選舉是法律規定的完整過程，包括選舉委員會選舉和行政長官選舉兩個階段。第一階段是選舉產生由 800 人組成的選舉委員會。

以往香港的反對派人士認為選委會選舉是「小圈子選舉」，不屑一顧，用不參選的方式進行抵制，但卻視情況積極參加行政長官的選舉。而行政長官候選人的產生，必須至少獲得全體選委八分之一（即 100 名委員）的公開提名。在 2005 年行政長官缺位補選時，反對派也想全力推出時為民主黨主席李永達為行政長官候選人，但因他沒有拿到 100 個選委的提名而未入閘。現實的情況使反對派人士在本屆選委會選舉中，只好改弦更張，放棄抵制，不得不按遊戲規則辦，成立統籌選舉的機構，首次全力以赴參加行政長官第一階段的選舉。自此，過去比較輕鬆的選委會選舉，就變得比較有競爭了。

2006 年 9 月 26 日，反對派政黨成立了競選工作小組，由民主黨楊森和代表公民黨的湯家驊共同擔任主席。工作小組的工作分兩部分：選舉選委的工作由湯家驊、余若薇、張文光、單仲偕統籌；統籌行政長官競選辦事處的工作，由吳靄儀和民主黨總幹事夏詠授負責。工作小組推舉民促會的高德禮（George Cautherley）為司庫，負責監管選舉的財政。

在公民黨 11 月 4 日舉行的會員大會上，梁家傑被推舉為公民黨的行政長官參選人。11 月 6 日，梁家傑又正式成為泛民的行政長官

參選人。[8]

2006 年 12 月 11 日，本屆選委會界別選舉結果揭曉。選舉產生的 427 名選委，連同已當選的 369 名選委一起，共同組成本屆選舉委員會。由於泛民人士的參與，競爭的激烈程度超過以往各屆。本屆選委會選舉共有 1,101 名候選人參與，比上屆的 723 人高出 53%。據香港選舉管理委員會統計，在 23 個有競爭的界別中，總投票率達 27.44%，高於上一屆選委選舉的 19.49%。

選委會主席彭鍵基表示，這次選舉按照有關法律進行，是公平、公開及廉潔的。[9]

第三屆行政長官選委會產生後，泛民陣營的選委已過百，他們中有 132 名選委提名公民黨核心人物梁家傑為第三任行政長官候選人。反對派利用只有梁家傑一人公開宣佈參選的優勢，以「有競爭的選舉」為鼓動口號和實施「捆綁策略」，全面展開為梁家傑的拉票活動。

2007 年 2 月 1 日，曾蔭權先生宣佈參選第三任行政長官。這是自香港特區行政長官選舉以來，首次出現了建制派推舉的候選人和反對派陣營推舉的候選人同台競選的局面。曾蔭權先生表態參選後，立即投入競選活動，分別於 2 日、3 日和 4 日舉行了全體選委和四大界別選委共五場答問大會，解釋參選政綱，解答選委提問，並通過巡區、給選委打電話、派發宣傳單等方式營造良好的選舉氛圍。

曾蔭權先生將參選政綱的重點放在闡釋影響香港未來發展的關鍵因素上，把宏觀的發展思路與定位，歸納為發展與保育、民主與

8　資料來源：吳靄儀：〈梁家傑參選的始末〉，《信報》，2007 年 6 月 27 日。

9　以上資料來源：〈香港特區行政長官曾蔭權談選舉委員會界別分組選舉〉，載大公報出版有限公司出版：《香港回歸十年志（2006）》，第 306 頁。

管治等十大關係，提出「進步發展觀」的理念。政綱針對香港內部對各種大型基建爭論不休，令建設停滯不前，嚴重影響經濟發展的現狀，綜合「環保人文效益至上」和「發展至上」兩種思想的合理因素，提出了「進步發展觀」：以調和社會矛盾、以促進經濟可持續發展為主軸，加快政府基建投資，同時在規劃過程中考慮環境與人文效益，將保護環境、保育文化的要求，融入建設之中。「進步發展觀」是曾蔭權先生參選政綱中的一個亮點。

反觀梁家傑先生的參選主張，竟然不是贏，而是為了「有競爭的選舉」，顯然是香港反對派「為反對而反對」的思維定勢的延伸。實際上，行政長官選舉一直按照香港基本法和有關法律進行，體現了依法、公開、公正的原則。從行政長官選舉委員會委員的選舉，到行政長官參選人向選委爭取提名以至最終當選，整個過程都充滿了競爭。任何人參加競選都是為了贏，即或是自動當選，不僅是香港法律規定的選舉制度的一項安排，也是有競爭的選舉結果。

反對派參選人抱着這種心態參選，是基於對選舉形勢的判斷。他們的慣性思維認為，選委會多數委員推出的候選人肯定會在「低民望、高得票」中當選，他們希望看到這兩者之間的落差，以證明「小圈子選舉」的荒謬，向現行的行政長官選舉制度提出挑戰，以此催谷2012年雙普選的實現。

曾蔭權的競選團隊和建制派並沒有對反對派的選舉策略作簡單化處理，他們明瞭，看到「有競爭的選舉」是香港市民的普遍願望，市民有一種「看戲」的期待，甚至看重一些形式上的「民主要素」，這也是香港文化的題中應有之義。曾蔭權的競選團隊在建制派的支持下，順勢而為，迎勢而上，全力以赴，在競選中實現行政長官人選在「高民望、高得票」中產生的目標，以事實回擊反對派及其專業

界泛民理念人士的誤導。這個意圖貫穿在整個行政長官選舉工程的始終，香港傳媒也予以客觀報道，構建了基本健康的選舉環境。

雙方擺擂台，候選人齊上陣。

2007 年 3 月 1 日和 15 日，曾蔭權和梁家傑舉行了行政長官候選人兩次公開答問論壇。首次公開辯論於 3 月 1 日晚在香港會展中心舉行，由 48 位選委委員發起，共 530 名選委出席。立法會主席范徐麗泰擔任主持人。除香港各大媒體外，CNN 、BBC、NHK 等共四十家媒體過百名記者到場採訪。香港五家電視台和兩家電台進行了全程直播，約有 67% 的香港市民觀看了電視直播。市民通過大會設立的渠道向兩位候選人提出 3,409 條問題。兩位候選人先各用三分鐘時間介紹自己的政綱，接着各有二十分鐘的時間回答現場選委的提問，提問者由主持人以現場抽籤方式選出。之後是十五分鐘的公眾提問時間，由主持人從場外公眾以電郵、傳真等方式提交的問題中抽籤選出問題，請候選人回答。最後再由候選人各以 2 分鐘時間做總結發言。

兩位候選人在辯論中的表現，雖各有精彩之處，但總體而言，曾蔭權近四十年公務員生涯的歷練，他的行政管理經驗在闡發中顯得扎實厚重。

候選人放下身段，落區推介政綱。

為了爭取高名望，候選人推介施政理念就不能限於選委會的選委，必須面向廣大市民。兩位候選人都落區在二十次以上，直接地氣，在開篷巴士上「喊咪」，爭取民意支持。候選人這種全方位拉票方式，其力度前所未有。

凝聚士氣，造勢大會壯聲勢。

3 月 23 日晚，支持曾蔭權的造勢大會在修頓露天球場舉行。有

民建聯、工聯會、自由黨、泛聯盟、新論壇等建制派政黨、團體的
負責人和高官、明星及各界人士近四千人出席。各界代表爭相上台
表態挺曾。「支持曾蔭權連任特首」的口號聲與各政團揮揚的旗幟，
此起彼伏，渾然一體。最後，曾蔭權身着印有「我會做好這份工」口
號的競選衫登台演講，將大會的氣氛推向高潮。

3月25日上午，香港特區第三任行政長官人選選舉在亞洲國際
博覽館舉行，出席的789名選委以無記名投票方式，就曾蔭權、梁
家傑兩名合資格候選人進行投票，經近三小時的投票和點票，在772
張有效選票[10]中，梁家傑得到123票，曾蔭權獲得649票，曾蔭權當
選。按選委投票總人數789名計，投票率達99.1%，曾蔭權得票率
82.3%，梁家傑15.6%，選舉管理委員會主席彭鍵基法官表示，這次
選舉的投票和點票過程順暢，各項安排符合《行政長官選舉條例》及
其他有關法例的規定。

2007年4月2日，國務院總理溫家寶主持召開國務院第十次全
體會議，就任命曾蔭權為香港特區第三任行政長官作出決定。溫總
理簽署國務院第490號令，任命曾蔭權為中華人民共和國香港特別
行政區第三任行政長官，於2007年7月1日就職，任期至2012年6
月30日。

4月9日上午，溫總理向曾蔭權頒發了任命令。下午，國家主席
胡錦濤會見曾蔭權，勉勵他在未來五年任重道遠的施政工作中，帶
領各界人士發展經濟，改善民生，循序漸進地推進民主，開創香港
更美好的未來。

這次行政長官選舉，梁家傑的得票數（123票）比提名票（132

---

10 這是剔除16張無效選票和1張未使用選票後的有效選票數。

票）還少，使泛民陣營的許多人大跌眼鏡。他們原以為，提名候選人須公開署名，有些選委擔心以後受壓而不參與提名，而在無記名投票時再投自己心目中的人選，在這種慣性思維的驅動下，他們估計梁家傑的得票數無論如何也應高於提名數。而選舉結果卻與他們的預計正好相反。在事實面前，在泛民陣營中流行一時的「中央欽定」、「中央干預」等說法，不攻自破。

在這次競選中，各種民調均顯示曾蔭權的支持率遠遠高於梁家傑，投票日前後更高達 80% 以上。選舉結果表明，一些人士希望看到的行政長官在「低民望、高得票」中當選的局面並未出現。曾蔭權先生反而在「三高」——高提名、高民望、高得票中順利勝出，證明選舉委員會大多數委員的選擇與香港社會主流民意是一致的。

四、全國人大常委會對香港政制發展作出「解釋」和第一個決定

在政制發展實踐過程中，香港社會就基本法附件一第七項和基本法附件二第三項規定有不同理解，由此產生的分歧和爭論，持續不斷，長達大半年的時間，影響了社會安定。這種不同理解還涉及到政制發展的具體操作程序，如不釋疑解惑，香港的民主進程很難起步。

基本法這兩個附件的上述兩項規定分別是：

2007 年以後各任行政長官的產生辦法，如需修改，須經立法會全體議員 2/3 多數通過，行政長官同意，並報全國人大人民代表大會常務委員會批准。

2007 年以後香港特別行政區立法會的產生辦法和法案、議案的

表決程序，如需對本附件的規定進行修改，須經立法會全體議員 2/3 多數通過，行政長官同意，並報全國人民代表大會常務委員會備案。

香港社會對上述規定的爭議是：「2007 年以後」包括不包括 2007 年，就有兩種截然不同的意見；「如需修改」由誰來判定是否修改，建制派主張由中央決定，反對派排斥中央對此的參與，主張由特區自行決定，行政長官的選舉最後中央才有份參與；提交立法會表決的修改法案或議案由誰提出，議員能否提修正案；修改立法會產生辦法的法案是否如同香港本地立法，行政長官簽署同意即可生效，等等。

在法治社會中，人們都生活在法律調控之中。沉默的法律條文與鮮活的個案對接，其橋樑就是訴諸法律解釋。香港特區成立後，根據《中華人民共和國憲法》第 67 條，由全國人大常委會行使「解釋法律」職權的規定和香港基本法第 158 條基本法的解釋權屬於人大常委會的規定，面對政制發展中的上述爭論，由全國人大常委會行使釋法權，讓政制發展適時啟動，勢屬必然，這也是香港法治不可或缺的部分。

2004 年 4 月 6 日，全國人大常委會對基本法附件一第七項和附件二第三項作出解釋，進一步明確了以下五個問題：

第一，「2007 年以後」包括 2007 年。

第二，兩個產生辦法「如需」修改，是指可以修改，也可以不修改。如不作修改，仍適用現有的規定。

第三，是否需要修改，應由行政長官向全國人大常委會提交報告，由全國人大常委會依照基本法的規定，根據香港的實際情況和循序漸進的原則確定。

第四，修改兩個產生辦法的法案和修正案，只能由特區政府提

出，立法會議員無權提出。第五，修改兩個產生辦法的議案，只有在依法完成了向全國人大常委會報批和報備的程序之後，才能生效。

　　上述解釋說明，判斷兩個產生辦法是否需要修改的決定權在全國人大常委會。因為香港特區的政制是由全國人大通過基本法確立的，兩個產生辦法作為特區政制重要組成部分，是否需要修改和為何修改，理應由中央來判斷和決定。香港基本法兩個附件規定的「三部曲」，即立法會全體議員三分之二多數通過，行政長官同意，報全國人大常委會批准或備案，是修改 2007 年以後兩個產生辦法必經的法律程序。這次釋法還明確了，在「三部曲」之前，還有行政長官就此向全國人大常委會提交報告，由全國人大常委會確定的程序，兩者相加，即人們概稱的「五步曲」（香港常稱「五部曲」）。釋法還明確，如全國人大常務委員會同意對兩個產生辦法作出修改，有關修改的法案及其修正案，由特區政府向立法會提出。這是因為，基本法第 74 條規定，「香港特別行政區立法會議員根據本法規定並依照法定程序提出法律草案，凡不涉及公共開支或政制體制或政府運作者，可由立法會議員個別或聯名提出。」也就是說，立法會議員個人或聯名不得提出涉及政制體制的法律草案。因此，關於修改行政長官和立法會產生辦法的法案及其修正案，只能由特區政府向立法會提出，立法會議員不能提出。

　　這次釋法雖然由中央主動出手，履行憲制責任，但完全依據程序進行。全國人大委員長會議根據部分香港地區全國人大代表的意見，提出釋法草案，並依據基本法的規定，徵詢了香港特區基本法委員會的意見。由政務司司長曾蔭權領導的香港特區政制發展專責小組在北京與內地主管部門負責人和內地法律專家分別會面，就香港的政制發展問題交換了意見。這次釋法還聽取了特區政府政制發

展專責小組彙集的香港各界對政制發展的諮詢意見。受全國人大常委會的委託，全國人大常委會副秘書長喬曉陽等有關部門負責人，在深圳召開座談會，聽取了香港地區全國人大代表和全國政協常委的意見。3月26日，委員長會議決定於4月2日召開全國人大常委會會議，並將釋法草案列入常委會會議日程，於4月6日經十屆全國人大常委會第八次會議通過。

香港特區政府高度重視香港的政制發展，為此於2004年1月7日專門成立了一個政制發展專責小組，由政務司司長領導，成員包括律政司司長及政制事務局局長。小組成立伊始，即收集香港社會各界對基本法中有關政制發展的原則和法律程序問題的意見，並在北京與國務院港澳辦和全國人大常委會法制工作委員會代表會面，就政制發展問題進行商討。在此基礎上，專責小組先後完成了專責小組第一號報告和第二號報告。隨後，行政長官董建華於10月15日依照釋法規定，向全國人大常委會提交《關於香港特別行政區2007年行政長官和2008年立法會產生辦法是否需要修改的報告》。報告寫道：

> 特區政府現已完成就《基本法》中有關政制發展的原則及法律程序問題的研究，經徵詢行政會議的意見後，我確認政制發展專責小組兩份報告的內容和同意專責小組的看法和結論。我認為2007年行政長官和2008年立法會的產生辦法應予以修改，使香港的政制得以向前發展。

全國人大常委會第九次會議審議了這個報告，會前廣泛徵詢了香港特區政府各方面人士和內地有關部門的意見，於4月26日，全

國人大常委會通過《全國人民代表大會常務委員會關於香港特別行政區 2007 年行政長官和 2008 年立法會產生辦法有關問題的決定》。《決定》有兩條：

（1）2007 年香港特別行政區第三任行政長官的選舉，不實行由普選產生的辦法。2008 年香港特別行政區第四屆立法會的選舉，不實行全部議員由普選產生的辦法，功能團體和分區直選產生的議員各佔半數的比例維持不變，立法會對法案議案的表決程序維持不變。

（2）在不違反本決定第一條的前提下，2007 年香港特別行政區第三任行政長官的具體產生辦法和 2008 年香港特別行政區第四屆立法會的具體產生辦法，可按照香港基本法第四十五條、第六十八條的規定和附件一第七條、附件二第三條的規定，作出符合循序漸進原則的適當修改。

全國人大常委會作出的這個《決定》，否決了 07/08「雙普選」，同時又給特區政制發展留下空間，這是根據香港實際情況做出的負責任的決定，是中央依法行使憲制權力的果斷之舉，這是中央對香港政制發展進程作出決定的首例。香港特區是我國直轄於中央的一個地方行政區域，而我國又是單一制國家，地方行政區不是一個政治實體，而構成政制中一個重要的組成部分的選舉制度，香港特區在國家法律中的地位決定了行政長官和立法會的選舉只能是地方性選舉，其選舉的方向、節奏只能由中央根據基本法的規定和香港的實際情況作出決定。

香港基本法第 45 條和第 68 條規定，「雙普選」是「最終達致」的目標。基本法附件一和附件二所規定的「2007 年以後」，是兩個產生辦法可以修改的起始年份，不是「雙普選」的起始年份，如果普選在 2007 年以後立即實行，那就與基本法附件一第七條規定「2007 年

以後各任行政長官產生辦法如需修改」就不一致了。用「各任行政長官」的表述，即是說，2007 年以後行政長官的產生辦法可以進行多次修改，以不斷接近普選的目標，而不是到了 2007 年就立即實現普選產生行政長官。

五、政制博弈的第一個回合

特區政府自 2004 年 1 月成立政制發展專責小組以來，就如何修改 2017 年行政長官及 2008 年立法會產生辦法，徵詢社會各屆的意見。專責小組先後在 2004 年 3 月、4 月、5 月和 12 月發表了四份報告書。根據基本法附件一、附件二和全國人大常委會 2004 年 4 月 6 日「解釋」和 4 月 26 日《決定》，2005 年 10 月 19 日，特區政府發表政制發展專責小組第五號報告書，公佈了《2007 年行政長官及 2008 年立法會產生辦法建議方案》（簡稱「建議方案」）。

「建議方案」的最大特色，是將全體區議員 529 人納入行政長官的選舉委員會；將新增的 10 名立法會議員的一半名額，撥給了功能團體選舉中的「區議員界別」。方案是圍繞着區議會作文章，因此「建議方案」又被稱為「區議會方案」。「建議方案」的主要內容如下：

（1）2007 年行政長官產生辦法

A、選舉委員會的委員數目由目前的 800 人增至 1,600 人。

B、選舉委員會由目前四個界別組成不變，按新增名額每個界別的委員數目為：

工商、金融界	300 人
專業界	300 人
勞工、社會服務、宗教等界	300 人
立法會議員、區議會議員，鄉議局的代表、香港特區全國人大代表、香港特區全國政協委員的代表	700 人

C、維持目前 12.5% 的提名規定。選舉委員會的人數增至 1,600 人後，實際提名所需人數將不少於 200 人。

D、考慮修訂《行政長官選舉條例》現行規定，取消「自動當選」。在提名期結束後，若只有一名候選人獲有效提名，規定仍需繼續進行選舉程序。

E、維持目前行政長官不屬任何政黨的規定。

（2）2008 年立法會產生辦法

A、立法會議員數目由目前 60 席增至 70 席。根據全國人大常委會 2004 年 4 月 26 日《決定》[11]，分區直選和功能團體選舉將各有 35 席。

B、新增的功能團體議席，全數由區議員互選產生。這樣，「區議會功能界別」議席數目由目前的 1 席增至 6 席。

---

11 《全國人大常委會對香港特別行政區 2007 年行政長官和 2008 年立法會產生辦法的決定》中規定：「2008 年香港特別行政區第四屆立法會的選舉，不實行全部議員由普選產生的辦法，功能團體和分區直選產生的議員各佔半數的比例維持不變」。據此，新增的 10 席須按「各佔半數的比例」進行分配。

　　特區政府公佈的這個「建議方案」，符合香港基本法和全國人大常務委員會的有關「解釋」和「決定」，體現了循序漸進地發展政制民主的原則。

　　「建議方案」將行政長官選舉委員會的委員數目翻了一番，增加至 1600 人。按四個界別的分配辦法，前三個界別將各有 50% 委員數目的增長。至於第四界別，專責小組建議委員數目增至 700 人，其分配委員數為：立法會議員（全體）70 人，區議員（全體）529 人，鄉議局代表 22 人，香港特區全國人大代表（全體）36 人，香港特區全國政協委員代表 43 人。顯然，區議員在第四界別中佔了大多數。這些區議員大部分由選舉產生，具有廣泛的地區代表性和民意基礎，代表的選民共達 300 餘萬，與上一屆選舉委員會只有 42 名區議員代表相比，「建議方案」的民主性、代表性有了大幅度的增強，比較符合香港主流民意希望增加選舉委員會委員和擴大選民基礎的期望。

　　「建議方案」把新增的功能團體的 5 席也給了「區議會功能界別」，使該界別在立法會議席的數目由 1 席增至 6 席。這是在現有功能團體構成不做任何改動情況下的唯一選擇，因為新增的 5 席，在傳統的 28 個功能組別中既無法平均分配，也不能分配給除「區議會功能界別」之外的其他任何一個界別，那將引起無休止的爭拗而使選舉陷入內耗。「建議方案」這種分配辦法，不但着眼於選民基礎的擴大，體現均衡參與的原則，而且更實質地幫助香港以政制循序漸進地邁向普選的目標。區議員中的絕大多數是由直選產生的，其選民基礎達 300 萬，而且區議員中各個界別的代表比例也大致平衡。在 529 名區議員中，工商界人士 134 人（佔 25.3%），專業人士 141 人（佔 26.7%），勞工、社福和宗教界人士 65 人（佔 12.3%），人大、

政協、立法會和鄉議局人士 189 人（佔 35.7%）。

　　2007/08 政改方案是特區政府提出的第一個修改兩個產生辦法的建議方案，即對香港基本法附件一和附件二作出修改。反對派議員提出，政府的建議方案必須與普選時間表掛鈎，否則就不收貨。他們的這種要求超出了全國人大常委會 2004 年 4 月 26 日決定的範圍，全國人大常委會只能受理 2007/08 年的政改方案，履行批准或備案的程序。當然，普選時間表是一個可以討論的問題，但不是 2007/08 年政改方案所應包含的內容。強行將兩者捆綁推銷，於法於理均不可行。

　　特區政府為了爭取政改方案在立法會通過，除了確保 35 名建制派議員成為「鐵票」外，還必須從 25 名泛民議員陣營中爭取 6 至 7 票。政府官員的拉票工作一直進行到立法會表決的最後一刻。

　　確保建制派全體議員支持政府的「建議方案」也不是易事。在建制派陣營裏面，也有不少人對政改方案的「區議會性」心存疑慮，擔心因此改變區議會的性質或有可能加劇區議會「政治化」或「泛政治化」，導致區議會選舉步立法會分區直選的後塵，而使建制派喪失在區議會選舉中的優勢。

　　這種擔心是可以理解的，但並不是必然出現的情況。

　　香港基本法第 97 條規定：「香港特別行政區可設立非政權性的區域組織，接受香港特別行政區政府就有關地區管理和其他事務的諮詢，或負責提供文化、康樂、環境衞生等服務。」以上規定清楚表明，區議會作為非政權性的區域組織，其性質是政府設立的地區諮詢組織，其職能是就有關地區和其他事務向政府提供諮詢意見，區議會的非政權性、非政治性是不能改變的。在基本法的框架內，突出區議員在行政長官選舉和立法會選舉中的作用，是循序漸進發展

民主的一種適當選擇，不會因此改變區議會的性質和職能。

　　自英國在上世紀八十年代初匆忙推行代議制改革開始，香港多種政治勢力就通過組成政團參與各類選舉爭奪管治權，選舉本身就是一種政治行為，從這個意義上說，區議會選舉早已被政治化了。但香港的選舉要依法依規進行，各類選舉又有其本身的特徵，不能離開選舉本身而「過於政治化」。區議會的性質和職能、區議會選舉小選區的劃分、選民多數對參選人在本選區實績的關切，都將制約區議會選舉的「過於政治化」。

　　2005 年 12 月 21 日，立法會分別對 2007/08 年政改方案中的兩個產生辦法議案進行表決。會前，有近 80 萬市民簽名支持政改方案；35 名建制派議員自始至終全部出席會議支持方案。在先行辯論的行政長官產生辦法議案時，有 19 名建制派議員發言，以此來爭取時間讓特區政府盡最後的努力做爭取泛民議員的工作。而泛民議員擔心由此生變，想盡快完成表決程序，除 5 名議員發言外，其餘均三緘其口。在僵局中，被坊間傳為有可能轉變態度的一位泛民陣營的議員，率先表態反對政府方案，這一信號發出後，就斷了其他泛民議員轉態的後路。此後，泛民議員感到否決政府議案之勢已明，遂在立法會產生辦法議案辯論中才爭相發言，滔滔不絕，前後判若兩人，這種煽情表演，均被電視直播收入鏡頭，留下歷史記錄。

　　表決結果盡在人們的預料之中。在 60 名議員中除立法會主席不投票外，34 名建制派議員全部投了支持政府議案的票，泛民議員中有 24 票反對，一票棄權，未達到基本法規定的立法會全體議員 2/3 多數支持，政改議案遭到否決。根據全國人大常委會的「釋法」和所作「決定」，香港特區 2007/08 年兩個產生辦法無需修改，仍沿用現行辦法。立法會中的泛民議員仍以政府議案未提供普選時間表和未

取消委任區議員議席為公開理由，集中捆綁否決政府議案，致使香港特區喪失了一次邁向普選目標的機會。

「香港」的確是一本難讀懂的書，常有出人意表的事情發生。從這次政制博弈第一回合的結局看，建制派並未因他們投票支持的政改方案沒有通過而感到受挫和不爽，因為主流民意在建制派一邊，泛民的民意支持度卻因此成為下滑的拐點。建制派不少人認為，有泛民主派承擔阻礙香港民主發展的責任「是最好的結果」，並為此而欣欣然；在泛民議員的心目中，認為政改方案被否決，是他們取得的一次勝利。正如一位投反對票的議員後來憶述的那樣：投票後數天便是聖誕佳節，支持民主的市民，「在一番折騰後，也終於收到了由民主派送出的聖誕大禮，普天同慶！」[12]。在不同的政治派別中，能對這一博弈結果形成相同的感受，可以說是一種戲謔化的場景。它反映了香港問題的複雜性。特區政府也順勢將「逢中必反，逢特（香港特區、特首）必反」的「反對派」的帽子戴在了泛民的頭上。

政制博弈的第一個回合在導致政制發展原地踏步中告一段落。那麼，2012 年「兩個產生辦法」怎麼辦？普選前景何時明朗？港人帶着這些關切進入了下一個選舉周期。

六、政制博弈的第二個回合

1. 行政長官的報告和全國人大常委會的第二個決定

2007 年 7 月和 12 月，特區政府公佈了《政制發展綠皮書》和

---

12 〈投票前一句鐘　煲吡密晤譚梁劉〉，《星島日報》，2009 年 6 月 30 日。

《政制發展綠皮書·公眾諮詢報告》，在此基礎上，根據政制發展「五部曲」程序，12月12日，行政長官曾蔭權向全國人大常委會提交關於香港特別行政區政制發展諮詢情況及2012年兩個產生辦法是否需要修改的報告（《報告》）。《報告》在「結論及建議」中說：

> 特區政府2004年專門成立政制發展專責小組，帶領社會就香港政制的發展作出積極的討論，並於2005年提出了一套擴大2007/08年兩個選舉民主成分的建議方案。特區政府於2005年11月透過策略發展委員會繼續推動社會開展普選討論之後，特區政府首次以《綠皮書》的方式，再一次就香港政制發展進行公眾諮詢，香港社會就普選議題展開了廣泛深入的討論，特區政府採取多種方法多方推動，其目的是希望凝聚社會共識，盡早實現基本法確立的普選目標。

> 這次公眾諮詢結果顯示，香港市民在普選議題上表現出務實態度。香港社會普遍期望特區的選舉制度能進一步民主化，並按照基本法的規定盡快達至普選的最終目標。

> 綜觀立法會、區議會、不同界別的團體和人士，以及市民的意見，在作出全面考慮後，我認為香港社會普遍希望能早日定出普選時間表，為香港的政制發展定出方向。在2012年先行落實普選行政長官，是民意調查中反映出過半數市民的期望，應受到重視和予以考慮。與此同時，在不遲於2017年先行落實普選行政長官，將有較大機會在香港社會獲得大多數人接納。

> 雖然，香港社會就行政長官普選模式仍有不同方案，但對於循「特首先行、立法會普選隨後」的方向推動普選，已開始

凝聚共識。至於立法會普選模式及如何處理功能界別議席，仍是意見紛紜。不過，制定行政長官和立法會普選的時間表，有助推動這些問題的最終解決。

　　基於上述結論，我認為，為實現基本法的普選目標，2012 年行政長官和立法會的產生辦法有需要進行修改。

行政長官的報告全面、如實向中央反映了香港社會對普選議題的意見和建議。基於公眾諮詢的結果，報告提出了明確普選時間表、雙普選的先後次序及 2012 年兩個產生辦法需要修改的重大問題。

香港基本法雖然規定了雙普選的目標，但並沒有明確的時間表和具體的路線圖。這是在上世紀八十年代中期起草基本法時難以作出規定的，就是香港回歸祖國後也不可能立即予以確定。香港政制十年穩定期過後，即 2007 年後，兩個產生辦法可以依法作出修改，以便使香港的政制發展循序漸進地接近普選目標。香港實行原有的資本主義制度，公眾的心理期待是政制發展前景能夠明朗，有可預見性。行政長官在報告中，將行政長官普選產生的起始時間建議定在 2017 年，是香港社會各界所能接受的最大公約數，有普遍的民意基礎。

關於雙普選孰先孰後的順序，理論上可以有三種選擇，特首先行、立法會先行或兩者同一年進行。行政長官的報告根據公眾諮詢的結果，選擇了第一種方案，即「特首普選先行、立法會普選隨後」的方向。這是有充分依據的。它有利於維護基本法規定的以行政為主導的政制；行政長官普選與立法會普選相較，前者簡便易行，後者涉及層面和利益較廣，不易協調，行事還是「先易後難」為宜；行

政和立法兩者之間有一個磨合的過程，分出前後次序，有時間作出調整。

　　全國人大常委會組成人員審議了行政長官曾蔭權的報告。2007年12月29日上午，十屆全國人大常委會第31次會議通過了《香港特別行政區2012年行政長官和立法會產生辦法及有關普選問題的決定》（《決定》）。關於普選問題，《決定》寫道：「2017年香港特別行政區第五任行政長官的選舉可以實行由普選產生的辦法；在行政長官由普選產生以後，香港特別行政區立法會的選舉可以實行全部議員由普選產生的辦法。」這個《決定》是香港政制發展歷程上的里程碑。

　　《決定》的其他內容如下：

　　（1）2012年香港特別行政區第四任行政長官的選舉，不實行由普選產生的辦法。2012年香港特別行政區第五屆立法會的選舉，不實行全部議員由普選產生的辦法，功能團體和分區直選產生的議員各佔半數的比例維持不變，立法會對法案、議案的表決程序維持不變。在此前提下，2012年香港特別行政區第四任行政長官的具體產生辦法和2012年香港特別行政區第五屆立法會的具體產生辦法，可按照《中華人民共和國香港特別行政區基本法》第45條、第68條的規定和附件一第七條、附件二第三條的規定作出符合循序漸進原則的適當修改。

　　（2）在香港特別行政區行政長官實行普選前的適當時候，行政長官須按照香港基本法的有關規定和《全國人民代表大會常務委員會關於〈中華人民共和國香港特別行政區基本法〉附件一第七條和附件二第三條的解釋》，就行政長官產生辦法的修改問題向全國人民代表大會常務委員會提出報告，由全國人民代表大會常務委員會確定。修

改行政長官產生辦法的法案及其修正案，應由香港特別行政區政府向立法會提出，經立法會全體議員 2/3 多數通過，行政長官同意，報全國人民代表大會常務委員會批准。

（3）在香港特別行政區立法會全部議員實行普選前的適當時候，行政長官須按照香港基本法的有關規定和《全國人民代表大會常務委員會關於〈中華人民共和國香港特別行政區基本法〉附件一第七條和附件二第三條的解釋》，就立法會產生辦法的修改問題以及立法會表決程序是否相應作出修改的問題向全國人民代表大會常務委員會提出報告，由全國人民代表大會常務委員會確定，修改立法會產生辦法和立法會法案、議案表決程序的法案及其修正案，應由香港特別行政區政府向立法會提出，經立法會全體議員 2/3 多數通過，行政長官同意，報全國人民代表大會常務委員會備案。

（4）香港特別行政區行政長官的產生辦法、立法會的產生辦法和法案、議案表決程序如果未能依照法定程序作出修改，行政長官的產生辦法繼續使用上一任行政長官的產生辦法，立法會的產生辦法和法案、議案表決程序繼續使用上一屆立法會的產生辦法和法案、議案表決程序。

會議認為，根據香港基本法第 45 條的規定，在香港特別行政區行政長官實行普選產生的辦法時，須組成一個有廣泛代表性的提名委員會。提名委員會可參照香港基本法附件一有關選舉委員會的現行規定組成。提名委員會須按照民主程序提名產生若干名行政長官候選人，由香港特別行政區全體合資格選民普選產生行政長官人選，報中央人民政府任命。

會議認為，經過香港特別行政區政府和香港市民的共同努力，香港特別行政區的民主制度一定能夠不斷向前發展，並按照香港基

本法和本決定的規定，實現行政長官和立法會全部議員由普選產生的目標。

全國人大常委會的《決定》回應了行政長官報告中的核心建議，即明確了雙普選的時間表，也就是說，2017 年可以普選行政長官，在此之後，立法會的全部議員可以普選產生。將開始實行普選的時間定在五十年不變中期的前半段，這是按照「最終達至」的基本法規定的雙普選目標最積極的安排。此外，決定還明確了雙普選前的適當時候，仍要履行「五部曲」的法律程序；明確了行政長官普選時提名委員會可參照基本法附件一有關選舉委員會的現行規定組成等。

一項民意調查顯示，七成香港人接受這個《決定》。中文大學香港亞太研究所於 2008 年 1 月 2 日至 4 日進行的調查中，共訪問了 909 名 18 歲或以上的香港市民，有高達 72.2% 的受訪者表示接受／完全接受 2012 年不實行「雙普選」，並於 2017 年先普選特首的《決定》，表示不接受／不完全接受的只有 21.4%。

按照這個《決定》，特區政府於 2009 年 11 月 18 日發表《2012 年行政長官及立法會產生辦法諮詢文件》，就 2012 年兩個產生辦法的重要內容向香港社會提出可供考慮的方向，展開了為期三個月的公眾諮詢。提出行政長官產生辦法可考慮的修改方向為：選舉委員會規模由現在的 800 人擴大至不超過 1,200 人；四大界別等比例增加選舉委員；第四界別的新增席位大部分分配給區議員，他們在選委會的代表，由民選區議員互選產生，委任區議員不參與互選；維持目前八分之一選委的提名門檻和行政長官不屬任何政黨的規定。立法會產生辦法可考慮的修改方向為：立法會議席總數由 60 席增加到 70 席，分區直選和功能團體選舉各增加五席，新增五個功能團體議席全部分配給區議會界別，區議會界別議席由一席增至六席，全數

由民選區議員互選產生，委任區議員不參與互選。

　　同日，行政長官曾蔭權發表講話，希望香港社會依照基本法和全國人大常委會的規定，在 2012 年兩個產生辦法的討論中形成共識，推動香港的政制發展，朝着雙普選的時間表邁進。政務司司長唐英年、律政司司長黃仁龍、政制及內地事務局局長林瑞麟，利用多種方式對諮詢文件的內容作出解釋和說明。中聯辦負責人接受了新華社記者的專訪，充分肯定特區政府在政制發展方面所做的工作，認為諮詢文件的內容符合基本法和人大常委會的決定，特區政府提出的修改方向增加了民主成分，呼籲香港社會在諮詢文件的基礎上，理性討論，形成共識，推動民主發展。

2. 特區政府的建議方案

　　諮詢期結束後，2010 年 4 月 14 日，特區政府公佈了《2012 年行政長官及立法會產生辦法建議方案》（以下稱建議方案）。這是自 2005 年之後，特區政府提出的對兩個產生辦法作出修改的第二個建議方案。

　　建議方案的重點，包括特區政府在諮詢總結報告中承諾的內容 [13]，如下：

13　特區政府承諾的內容為，在未來本地立法時，將行政長官選舉委員會第四界別新增的 100 席中的 75 席分配給區議員，由民選區議員互選產生；立法會功能界別新增的 5 席連同原來區議會的 1 席共 6 席由民選區議員以比例代表制互選產生。

（1）2012 年行政長官產生辦法

A、選舉委員會人數由現時的 800 人增加至 1,200 人。

B、選舉委員會中的四大界別同比例增加選舉委員會委員名額，即每個界別各增加 100 個議席：

工商、金融界	300 人
專業界	300 人
勞工、社會服務、宗教等界	300 人
立法會議員、香港特區全國人大代表、區議會議員的代表、香港特區全國政協委員的代表、鄉議局的代表	300 人

C、關於第四界別，建議方案把新增 100 議席的 3/4（即 75 席）分配給民選區議員，加上原來的 42 個議席，區議會將共有 117 個議席，由民選區議員互選產生，委任區議員不參與互選。

D、餘下的 25 個新增議席，除了 10 席分配予立法會議員外，政協委員增加 10 席，鄉議局增加 5 席。

E、維持目前提名門檻，即選舉委員會人數的 1/8，選舉委員會人數增至 1,200 人後，實際提名所需人數將不少於 150 人。

F、維持行政長官不屬任何政黨的規定。

（2）2012 年立法會產生辦法

A、立法會議席數目由 60 席增加至 70 席。分區直選和功能團體各有 35 席。

B、新增的 5 個功能界別議席和原有的 1 個區議會議席，全數由
民選區議員互選產生，。

與 2007/08 政改方案相比，特區政府在 2012 年的建議方案中回
應了 2005 年反對派立法會議員的兩點訴求：一是明確了「雙普選」
時間表；二是取消了委任區議員參與行政長官選舉委員會和立法會
區議會議席的選舉權。對於後者，特區政府在 2012 年的建議方案中
作出了說明：「我們必須強調，多年以來，委任區議員與民選區議
員一樣，一直都竭誠地服務市民大眾，特區政府是充分肯定他們所
作出的貢獻，但為了進一步提升選舉的民主成分，以及有助社會就
2012 年的政制發展達成共識，我們建議 2012 年只有民選區議員參與
選舉委員會和立法會內區議會議席的互選。」[14] 這是特區政府為尋求
政治共識而作出的最大努力。2007/08 政改方案被反對派捆綁否決，
他們所持公開理由是政府方案沒有普選時間表，沒有取消委任區議
員的選舉權，這次的建議方案滿足了反對派的這兩個要求，特區政
府就佔領了道德高地，掌握了主動權，為爭取在立法會經全體議員
2/3 多數通過 2012 年政改方案創造了條件。

與 2007/08 的政改方案相比，2012 年的方案在行政長官選舉委
員會的構成人數上，比前方案少了 400 人，這是否是民主的倒退？

首先，這兩個政改方案在法理上沒有必然聯繫。

其次，特區政府於 2005 年 10 月公佈 2007/08 年政改方案時，
全國人大常委會尚未作出決定明確普選時間表。當 2007 年 12 月全
國人大常委會決定將行政長官可以普選產生的開始時間定為 2017 年

---

14 《2012 年行政長官及立法會產生辦法建議方案》，2010 年 4 月，第 53-54
頁。

時，2012 年的行政長官選舉委員會只能用一次，確實沒有必要將選舉委員會的規模擴大一倍。按照循序漸進的原則，每屆以 400 人的增幅擴闊選民基礎是適宜的。[15]

第三，2007 年 12 月 27 日全國人大常委會在決定中已為 2017 年普選行政長官的提名委員會作出指引，即提名委員會可參照香港基本法附件一有關選舉委員會的現行規定組成。這樣，將 2012 年的行政長官選舉委員會人數增至 1,200 人，四個界別的議席數目保持均等，且規模適度，使提名委員會在 2017 年普選行政長官時參照選舉委員會組成簡便易行。

可以明顯地看出，特區政府先後提出的 2007/2008 年和 2012 年兩個政改方案，其突出點是在區議會上作文章。這是因為香港特區經過十年的政制發展，在行政長官產生辦法上，吸納了全部區議員或民選區議員參與行政長官選舉委員會，不斷提升行政長官選舉的民主成分。在立法會產生辦法上，特區政府在提出政改方案時，隨着分區直選議席的逐步增加，已經形成了分區直選和功能團體間選兩大部分席位相等的均衡結構，改革的重點也只能落在由 300 多萬合資格選民選出的民選區議員身上，並取消了委任區議員的選舉權和被選舉權。

3. 泛民陣營的方案

如何對待特區政府提出的建議方案，泛民陣營內部分歧公開

15　按香港基本法的規定，第一任行政長官人選由 400 人組成的推選委員會選出；第二任行政長官人選由 800 人組成的選舉委員會選出。

化，已形不成在立法會再次集體捆綁投反對票的一致行動，出現了兵分兩路各搞一套的格局。這在實際操作上，泛民陣營形成了兩個方案，一是以民主黨為首的一些黨派政團和部分學者組成的「終極普選聯盟」（簡稱普選聯），提出的透過與中央及特區政府溝通解決政制發展問題的方案。二是公民黨、社民連（簡稱公社聯盟）聯手提出的「公投」方案。針對這種情況，中央和特區政府從推動政制發展向前走的大局出發，採取了不同的對策。

所謂「公投」方案，也叫「五區總辭」方案，是泛民陣營中的激進勢力醞釀已久的抗爭行動。他們策劃在立法會分區直選的五個選區，即在香港島、九龍東、九龍西、新界東和新界西各安排一名現任立法會議員辭職，立法會產生五個席位空缺後，再利用《立法會條例》在議員缺位時需要補選的規定，剛辭職議員立即回過頭來參加補選，叫響 2012 年進行雙普選的口號，使他們一手造成的補選成為以 2012 年雙普選為主題的「公投」，意圖以此鼓動民意，形成聲勢，達到向中央和特區政府施壓的目的，挑戰全國人大常委會關於 2012 年不實行普選的「決定」。

2009 年 7 月，在泛民陣營就兩個產生辦法修改舉行的首次協調會上，社民連立法會議員就提出「五區總辭」的建議。9 月初，公民黨率先表態支持。民主黨考慮到自身利益，於 12 月 13 日召開黨員大會對此進行投票表決，票決結果是不參與「總辭」，也不以政黨名義支持補選。2010 年 1 月 26 日，立法會議員梁家傑、陳淑莊、梁國雄、黃毓民、陳偉業遞交了辭職信，正式啟動了這場「五區總辭」的行動。

香港現行法律並不禁止現任議員辭職，也不限制議員辭職後經選舉重新當選議員。據有關方面估算，「五區總辭」補選需花費公帑

1.5 億港元。香港激進勢力搞的這場「公投」行動理所當然地受到中央有關部門和特區政府的批駁。

2010 年 1 月 14 日，曾蔭權行政長官在立法會問答會上表示：在香港進行任何形式的所謂「公投」，都是完全沒有法律基礎和法律效力的，特區政府是不予承認的。翌日，國務院港澳辦發言人也就此發表談話，談話指出：

> 眾所周知，「公投」是由憲制性法律加以規定的，是一種憲制安排，具有特定的政治和法律含義。香港特別行政區基本法沒有規定「公投」制度。香港特別行政區是中華人民共和國的一個地方行政區域，無權創制「公投」制度。在香港特別行政區進行所謂「公投」沒有憲制性法律依據，沒有法律效力。[16]

同日，中聯辦負責人也發表了內容類似的談話。

上述表態表明，「五區總辭、變相公投」，是對香港基本法及其下的憲制結構的衝擊，不符合香港特區的憲制。中華人民共和國憲法第 62 條第 13 項規定：在全國人民代表大會行使的職權中包括「決定特別行政區的設立及其制度」。這是中央的權力。中國作為單一制國家，包括香港特區政府在內的各級地方政府的權力，均由全國人大依法授予。香港特區作為中華人民共和國的一個地方行政區域，既無權自行決定政制發展，更無權創制「公投」制度。中央有關部門和特區政府的表態，使不少香港建制派人士清醒，丟掉一度想通過「補選」與辭職議員爭奪席位的想法，決心杯葛五區「補選」。

---

16 〈國務院港澳辦發言人就香港個別社會團體發動對香港政制發展問題進行公投一事發表談話〉，2010 年 1 月 15 日，載《人民日報》，2010 年 1 月 16 日。

　　此事的最後結果於 2010 年 5 月 16 日揭曉，立法會五區補選以社會公認的失敗而告結束。共有 24 名候選人報名參選，約有 57 萬 9 千名選民投票，投票由早上 7 時 30 分至晚上 10 時 30 分進行，總投票率為 17.1%。比 2008 年立法會選舉 45.29% 的投票率低 28.19 個百分點，比 2007 年香港島補選 52.06% 投票率更低近 35 個百分點，成為香港回歸以來歷次立法會選舉的最低紀錄。

　　政制及內地事務局局長林瑞麟凌晨在選舉新聞中心對媒體表示，這次立法會補選，是特區政府成立以來立法會的大選及補選中，投票率最低的一次，從而看到市民對五區辭職補選的支持較低。這次只有 57 萬 9 千人出來投票是一個事實。50 多萬人意見要尊重，但同時又有 280 萬人選擇不參與補選。無論補選結果如何，都不影響政府處理政改的程序。

4. 政制發展前進了一步

　　為了爭取政府的建議方案能在立法會獲得法定多數議員贊成通過，特區政府在推介、解釋所提方案方面做了大量工作。中聯辦也在香港聽取了一些政團和社會團體的代表對政制發展的意見和建議。對民主黨表示的接觸、溝通態度，中央和特區政府也予以相應的回應，中聯辦的代表和民主黨的代表直接進行了溝通。

　　2010 年 5 月 24 日上午，中央政府駐港聯絡辦副主任李剛、法律部部長馮巍和副部長劉春華，與民主黨代表主席何俊仁、副主席劉慧卿和中委張文光在中聯辦辦公大樓就香港政制發展問題舉行會談。會談進行了約兩小時十五分鐘。這是雙方自香港回歸以來的首

次直接接觸。

李剛副主任於會面後的下午在中聯辦舉行的新聞發佈會上，介紹了這次會面的背景和基本情況。李副主任說：

> 從去年下半年政改諮詢以來，民主黨提出要在基本法和全國人大常委會決定的框架下，通過協商、溝通的方式解決香港政制發展問題的主張，並通過各種方式表明希望與中聯辦直接溝通，特區政府也向我們反映了民主黨的這個願望。不久前中聯辦法律部馮巍部長與民主黨主席何俊仁、副主席劉慧卿和張文光議員就接觸的有關具體安排事宜進行了商談；今天上午，我與三位議員在中聯辦辦公大樓會面。會面中，三位議員闡述了他們關於香港政制發展問題的意見和主張；我向幾位議員詳細闡述了我們在政制發展問題上的原則立場，表達了我們對

李剛副主任與民主黨主席何俊仁議員、副主席劉慧卿議員和張文光議員會面

2012 年兩個產生辦法向前邁出一步的期望。與民主黨的會面
是在坦率的氣氛中進行的。[17]

5 月 26 日，李剛副主任、馮巍部長和劉春華副部長，就香港政
制發展問題又與終極普選聯盟的代表舉行會談。參加會談的普選聯
代表共有七人，包括召集人馮偉華、副召集人蔡耀昌、黃碧雲，成
員湯家驊、李卓人、陳健民和葉健民。會談進行了兩個半小時。

李剛副主任會後在出席一個公開活動時表示，雙方會面氣氛坦
誠，雖然仍存在很大的分歧，但在幾個問題上有共同點：第一，香
港政制發展要根據基本法和全國人大的《決定》；第二，雙方都認為
香港政制發展要向前邁進一步；第三，只有理性、溝通的態度才有
利於問題的解決。

普選聯也在當天下午舉行記者會通報會談情況。陳健民解釋了
他們提出的區議會方案，稱此方案並非所有市民都有參選權，仍然
維持功能組別的性質，並無違反基本法和全國人大的《決定》。葉健
民說，現時立法會的鄉議局功能組別議席也是根據地域選舉產生，
所以只要特區政府將一人一票選出的區議會議席界定為功能組別議
席，便不會違反有關的規定。

5 月 28 日，繼民主黨及普選聯後，李副主任、馮部長和劉副部
長，就香港政制發展問題與香港民主民生協進會（民協）代表會談。
民協參加的代表有：主席廖成利、副主席譚國僑和莫嘉嫻、中委兼
立法會議員馮檢基、總監徐錦成。這是中聯辦負責人在一週內第三

17　全國人大常委會香港基本法委員會、全國人大常委會澳門基本法委員會
　　辦公室編：《中央有關部門發言人及負責人關於基本法問題的談話和演
　　講》，北京：中國民主法制出版社，2011 年版，第 106－107 頁。

次與泛民團體代表就政改問題交換意見。

　　李副主任就此公開表示：三次會面提出的問題各不相同，中聯辦將分三個層次處理：第一部分是早前在報紙上各政團公開談過的內容，已向他們闡述了中央一貫的原則、立場，這部分無需再回覆；第二部分是屬特區政府層面可以處理的事情，中聯辦會轉達給特區政府；第三部分是這次會面提出的一些新的意見和主張，中聯辦會向中央報告。

　　在此期間，行政長官曾蔭權率政府問責團隊近三十名官員，以「起錨」（Act now）為主題，落區呼籲市民支持政改方案，齊心「起錨」向普選進發。

　　關於民主黨所提的方案，綜合民主黨與中聯辦、特區政府在溝通對話中所示立場以及後來民主黨在網上公佈的對話的經過，[18] 可簡要歸納為其要點有二：

　　一是關於普選的主張。2017 年行政長官普選不設過高的提名門檻及任何形式的提名預選或篩選；2020 年立法會普選必須普及而平等，廢除功能組別；中央應為普選路線圖作十年立法，並就普選定義作出表述。

　　二是關於 2012 年立法會功能團體選舉新增 5 席的產生方式。政府的建議方案是將新增 5 席連同原來區議會組別的 1 席共 6 席，全部由民選區議員互選產生，即委任區議員不參與互選。民主黨的方案提出區議會新增 5 席將投票權擴展至全港 320 萬在傳統功能組別沒有投票權的合資格選民，即由區議會提名後由全港 320 萬選民（不包括在其他功能組別有選舉權的約 23 萬選民）選出。這就是說，普

――――
18　即《政改六人工作小組報告》（2010 年 7 月 8 日），何俊仁撰寫，何俊仁、
　　劉慧卿、單仲偕、李永達、楊森、張文光簽署。

通選民既可在所屬地方分區直選中投一票，又可在區議會功能界別中投一票。這種選舉方式被稱之為 2012 年立法會選舉的「一人兩票」，此方案又被稱作「改良的區議會方案」，其組別又被稱為「超級功能組別」，立法會新增的這 5 席也隨之被稱為「超級議員」。

　　在上述方案的兩個要點中，第一點有關普選行政長官的提名問題，根據香港基本法第 45 條的規定，行政長官普選時，由提名委員會提名後普選產生，和現時的選舉委員會在提名方式上不是同一個概念。前者是機構提名，後者是選舉委員會委員提名，兩者不同類，沒有可比性，也就無法討論提名門檻孰高孰低的問題。

　　這個方案所涉行政長官和立法會的普選問題，根據全國人大常委會 2007 年 12 月的決定，在兩個產生辦法實現普選前的適當時候，行政長官須向人大常委會作出報告，由人大常委會確定。因此，2017 年的行政長官普選方案，應由第四任行政長官和第五屆立法會處理，而 2020 年的立法會普選方案，應由 2017 年普選產生的行政長官和第六屆立法會處理。根據「五部曲」的法律程序，現屆特區政府只能落實 2012 年兩個產生辦法的修改。將未來的普選方案和 2012 年的政改方案捆綁，既不符合法律程序，也無法操作。每一屆政府和議會做好自己任期內的事情應是本分，這大概也是世界慣例。當然普選的問題是可以研究討論的，而且特區政府已表明，將把在 2012 年兩個產生辦法的公眾諮詢期收集到有關普選的意見作出歸納和總結，供 2012 年和 2017 年產生的特區政府在處理「雙普選」時參考，這是本屆的特區政府應盡的責任，其權限也只能到此為止。

　　方案第二點所涉新增 5 個功能界別議席的產生方式，是民主黨所提一攬子方案中唯一一條與 2012 年政改方案掛鈎的內容，但它大幅度改變了特區政府建議方案所提的產生辦法，一時還不被人們所

充分消化和了解，在建制派中引起了疑惑，不少人認為將新增 5 個
功能界別的選民基礎一下子擴大到三百多萬，實為變相增加直選議
席，質疑這一做法有違基本法和 2007 年 12 月全國人大常委會的《決
定》。與《決定》中的「功能團體和分區直選產生的議員各佔半數的
比例維持不變」的規定不符。

　　立法會對政改方案投票表決的時間是 2010 年 6 月 23 日。6 月
7 日，香港特區政府向立法會提交了有關 2012 年兩個產生辦法修改
方案的議案，這個議案是在特區政府 4 月 14 日正式公佈的建議方
案後，廣泛聽取社會各界意見的基礎上形成的，在立法會表決前短
時間內解決政府建議方案和民主黨所提方案的分歧是不現實的，只
有打破僵局，求同化異，順應民意，才能推動政制發展向前走。為
此，在特區政府提交議案的同一天（6 月 7 日），全國人大常委會副
秘書長喬曉陽對香港媒體發表了講話，就香港社會在理性討論中出
現的一些較大的分歧坦誠發表了看法，呼籲立法會議員和香港各政
團從維護香港整體利益和促進香港民主發展的大局出發，「支持通過
2012 年兩個產生辦法修改方案，從而為按照全國人大常委會決定的
時間表實現行政長官和立法會普選創造條件。」[19] 他在談話中還談到
了區議會界別立法會議員產生方式問題：

　　　　對於特區政府提出的 2012 年兩個產生辦法修改方案，
　　有團體建議區議會功能界別的六個議席由區議會民選議員提
　　名，交全港沒有功能界別選舉權的選民選出。我從香港報紙上

19　全國人大常委會香港基本法委員會、全國人大常委會澳門基本法委員會
　　辦公室編：《中央有關部門發言人及負責人關於基本法問題的談話和演
　　講》，第 111 頁。

看到，對這個建議香港社會存在有明顯不同的看法。不少團體和人士認為這是變相直選，質疑這一做法有違基本法和全國人大常委會的決定。我想，區議會作為一個功能界別，一直是由區議員互選產生立法會議員。這種選舉辦法在香港已經實行多年，社會早已廣泛認同，對其符合基本法沒有異議。2012 年政改方案只不過把新增加的 5 個功能界別議席連同原來的 1 個議席仍然交由區議員互選產生，保持了大家熟悉的區議會功能界別選舉模式，我看這樣做是恰當的。[20]

在政制發展已經到了這樣一個重要時刻，正在與中聯辦對話的民主黨當時如何理解喬曉陽的這一談話呢？據該黨《政改六人工作小組報告》記載，他們從喬曉陽 6 月 7 日講話得到「最重要的信息」是：就 2017 和 2020 年雙普選的安排，包括 2017 年行政長官的提名程序以及 2020 年是否全面廢除功能組別，中央不會在處理 2012 年政改同時一併解決。同時，何俊仁先生對喬副秘書長有關改良區議會方案的談話作了這樣的解讀：「喬曉陽的講話，有一點卻是十分顯著而不尋常的，就是提到民主黨 2012 年區議會改良方案時，他只表示聽到有意見指方案違反人大常委會 2007 年的決定，他個人認為此方案不適合香港。喬曉陽以人大副秘書長身份代表中央發言，就改良方案的合法性，沒有一錘定音否決此方案，我感到他可能要蓄意留下一個空間，日後作妥協之用。」

民主黨循着以上的判斷和思路，經過內部評估，調整了對話策略，將普選和改良的區議會方案做了分拆，把重點放在爭取中央和特區政府接受改良的區議會方案上。「如果民主黨能成功爭取落實

20　同上註。

2012 年區議會改良方案，是一個政治的突破，打破僵局，創出一個
新的局面。」何俊仁個人還認為，基於他對喬曉陽講話的判斷，「中
央有動機在此時爭取一個可接受的妥協。」6 月 13 日，何俊仁以主
席的個人身份，利用民主黨的一個有關民調的記者會，表達了他的
觀點。次日，這一信息立即得到特區政府政務司司長唐英年等官員
約晤核實。6 月 17 日，基本法委員會副主任梁愛詩經詳細了解後，
公開表示民主黨的 2012 改良方案不違反 2007 年全國人大常委會的
《決定》，基本法委員會內地委員饒戈平也表示，民主黨改良的區議
會方案可以討論。6 月 19 日，行政長官曾蔭權等官員與何俊仁、張
文光會面，告之，希望民主黨在稍後的特別中央委員會會議通過支
持 2012 年改良方案的動議，中央才授權特區政府公佈修訂方案。當
天傍晚，民主黨特別中委會議以 23 票支持、3 票反對、1 票棄權表
示支持在立法會通過民主黨的 2012 改良方案。6 月 20 日上午，香
港中聯辦副主任李剛和馮巍、劉春華與民主黨的代表何俊仁、劉慧
卿、張文光會面，通知他們中央政府的研究結果，認為 2012 年的改
良方案符合人大常委會的決定，如獲立法會通過，實行的的細節將
由特區政府以本地立法的形式自行處理。6 月 21 日中午，行政長官
曾蔭權公佈特區政府接納民主黨的改良方案。同日，中聯辦負責人
就此發表談話：

> 特區政府正式向立法會提交政改方案後，一些政團和人士
> 提出希望區議會界別新增議席採用「一人兩票」的方式產生，
> 不少意見認同並希望特區政府能夠採納這一方案，推動 2012
> 年政改方案在立法會獲得通過。「一人兩票」涉及的是立法會
> 內區議會界別議員的產生方式問題，是香港本地立法層面解決

的問題。在 2012 年立法會產生辦法中，納入「一人兩票」因
素，可以進一步提升 2012 年政改方案的民主成分，也不抵觸
人大常委會的有關決定精神。特區政府採納這一建議，有助於
2012 年政改方案獲得通過，中聯辦對此持積極支持的態度，
並樂觀其成。[21]

　　中聯辦有關負責人的上述談話，言簡意明，說出了改良的區議
會方案是「香港本地立法層面解決的問題」。其法理依據是，香港
基本法附件二在立法會的產生辦法中規定：「各個功能界別和法定
團體的劃分、議員名額的分配、選舉辦法及選舉委員會選舉議員的
辦法，由香港特別行政區政府提出並經立法會通過的選舉法加以規
定。」而採用「一人兩票」的方式產生區議會界別的新增議席，即屬
這個範圍，不抵觸基本法的上述規定。從中可以看出中央對有關香
港政制發展問題的建議、意見採納與否，完全以香港基本法、全國
人大常委會的釋法和所做《決定》為依據。

　　按照慣例，立法會對兩個產生辦法修改議案，採用分開辯論和
分開表決的方式進行審議。2010 年 6 月 23 日，從下午 1 時開始辯論
時，何秀蘭議員在發言中提出「中止待續」動議，要求押後表決。
大會被迫轉入對此動議長達四小時的辯論，導致辯論至晚 10 時未能
完結，因而未能付諸表決。24 日上午 9 時繼續辯論，至下午 2 時半
經十三個多小時激烈辯論，最後以 46：13 票，通過特區政府提出
的 2012 年行政長官產生辦法修改議案。36 名建制派議員全部投贊成
票（立法會主席曾鈺成按慣例不投票）。另 10 名議員（民主黨議員 8
人，民協馮檢基 1 人和獨立議員李國麟）亦投贊成票。公民黨 5 位議

21　見香港《大公報》，2010 年 6 月 22 日。

員、社民聯 3 位議員和李卓人、梁耀忠、何秀蘭、張國柱及於 6 月 23 日剛退出民主黨的鄭家富等 13 人投反對票。

24 日下午 2 時半，大會開始辯論立法會產生辦法修改議案。至當日晚 22 時宣佈會議暫停。25 日上午大會繼續進行至下午 1 時半，經過十二個多小時的辯論，以 46：12 票通過。反對派議員梁國雄因被責離場未投票。

2010 年 7 月 28 日，行政長官曾蔭權報請全國人大常委會批准《中華人民共和國香港特別行政區基本法附件一香港特別行政區行政長官的產生辦法修正案（草案）》，報請全國人大常委會備案《中華人民共和國香港特別行政區基本法附件二香港特別行政區立法會的產生辦法和表決程序修正案（草案）》。

全國人大常委會以作出決定的方式，對行政長官的產生辦法修正案草案行使批准權。在全國人大常委會分組審議的基礎上，由法律委員會審議並提出對行政長官的產生辦法修正案草案審議結果的報告和批准決定（草案），由全國人大常委會全體會議表決通過，有關修正案自批准之日起生效。立法會的產生辦法和表決程序修正案草案，在全國人大常委會分組審議的基礎上，由法律委員會審議並提出對立法會的產生辦法和表決程序修正案草案審查意見的報告，由全國人大常委會全體會議對該報告進行表決，表決通過後以全國人大常委會公告的方式公佈該修正案，並宣佈依法予以備案並生效。

這是香港回歸以來，香港特區行政長官首次報請全國人大常委會批准和備案兩個產生辦法修正案草案，也是全國人大常委會首次履行批准和備案香港特區兩個產生辦法修正案草案的法律程序。從上述操作中，人們也是首次獲知全國人大常委會批備兩個產生辦法修正案的法律程序。

　　2012 年政改方案能在立法會獲高票通過，是中央和特區政府與民主黨溝通互動的結果，是順應香港主流民意之舉。達成共識的過程可以用一句人們熟悉的古詩形容：山重水復疑無路，柳暗花明又一村。

　　特區政府能從立法會泛民議員中爭取到足夠的票數[22] 是多種因素促成的。

　　香港的泛民陣營是一個鬆散、內部時有分化的聯盟，各有各的盤算。由於 2012 年政改方案仍是「區議會方案」，對擁有區議員人數不多的公民黨和激進組織而言，[23] 2012 年政改方案對他們的吸引力不大，其內部也沒有什麼壓力，於是他們另組一路人馬，走向「五區公投」的道路，提前熱身，意在為 2012 年的立法會選舉造勢。

　　在泛民陣營中，民主黨擁有的區議員最多，[24] 但該黨在 2005 年參與泛民的集體捆綁，否決了 2007/08 年以區議會為重點的政改方案，使黨內二、三梯隊通過這個方案「上位」到立法會的期待落空。民主黨不經黨內民主協商，就選擇參與泛民的集體捆綁，否決特區政府的政改方案，自行堵塞由基層區議會進入上層立法會的政治通道，由此加劇了黨內矛盾是顯而易見的。民主黨最終經過黨內表決程序，集體投票決定有條件地支持 2012 年政改方案，也是維護民主黨整體利益而作出的抉擇。

　　泛民陣營對 2012 年政改方案採取的與對 2007/08 年政改方案不同的對策，為特區政府從泛民陣營爭取擁有最多立法會議員的民主

22　民主黨 9 名立法會議員中有 8 名投票支持 2012 年政改方案，再加上馮檢基、李國麟議員的支持，使政改方案獲立法會全體議員三分之二多數通過。

23　按 2007 年區議會選舉結果，公民黨有區議員 8 人，社民連 6 人，前線 6 人。

24　按 2007 區議會選舉結果，民主黨有 60 名區議員。

黨支持，提供了做工作的契機。在本次政制博弈中，民主黨作為一個整體沒有參與「五區公投」行動，承認中央在政改中的憲制權力：「中央有權全面審視和批准政改安排，若不承認這點，便脫離了香港的政治現實。」[25] 這樣，中聯辦的代表和民主黨代表就有了溝通對話的基礎。此外，民主黨在對話議題的單子中，刪去了討論雙普選的內容。因為「香港政府過往已多次聲明，根據 2007 年人大常委會決定，他只獲中央授權處理 2012 年的政改問題，故香港官員根本不會討論 2012 年後、與 2017 年和 2020 年相關的終極普選路線圖」。[26] 這是一個務實的態度。

政治也是平衡的藝術。中央和特區政府因勢利導，審時度勢，最後也採納了民主黨的「改良的區議會方案」。通過坦誠溝通，理性討論，終達共識，使香港的政制發展邁出了一步。

七、第四任行政長官的產生

第四任行政長官的產生辦法按照 2010 年 6 月立法會通過的修改辦法進行。提名期從 2012 年 2 月 14 日至 29 日結束，為期半個月，只要獲取選委 150 人或以上的提名，即可成為候選人，投票日為 3 月 25 日。本屆選舉委員會人數為 1,200 人，其中有 5 人因港區全國人大代表與立法會議員身份重疊，使選委的實際人數減至 1,195 人。行政長官選舉經費上限為 1,300 萬元港幣。

如果屆時只有 2 名候選人而無人取得選舉委員會委員 601 票或

25　《政改六人工作小組報告》（2010 年 7 月 8 日）。
26　同上註。

以上，選舉主任會宣佈選舉無效。特區政府屆時將按法例，於 42 日之後舉行第二個投票日，即 5 月 6 日，提名期亦會重新展開。

　　此次行政長官選舉，截止提名期結束時，以獲得的提名票多少為序共產生三名候選人。他們是：唐英年（390 票），梁振英（305 票），何俊仁（188 票）。

　　多次民調顯示，在上述三名候選人中，何俊仁始終陪於末席。此間輿論普遍認為，本任行政長官選舉，實為「雙英之爭」（唐英年與梁振英）。由於參選前唐英年任特區政府的財政司司長和政務司司長，梁振英長期任特區政府行政會議召集人，因而本次行政長官選舉又被通稱為「建制派之爭」。

　　2012 年 3 月 25 日，選舉委員會委員投票選出了第四任行政長官人選。選舉主任潘兆初法官公佈了點票結果：梁振英 689 票，何俊仁 76 票，唐英年 285 票。梁振英取得有效票超過 1,200 名選委的半數，根據《行政長官選舉條例》有關規定，當選為香港特區第四任行政長官人選。3 月 28 日，國務院總理溫家寶簽署《中華人民共和國國務院令》第 616 號，任命梁振英為香港特別行政區第四任行政長官，於 2012 年 7 月 1 日就職。

　　梁振英 1954 年生於香港，原籍山東威海。1971 年入讀香港理工學院建築測量系，畢業後留學英國布里斯托理工學院，獲估價及地產管理學位。回港後入香港仲量行工作，為該行董事。後創辦梁振英測量師行，任董事總經理，並在台北、上海、深圳

梁振英

開設產業測量師行。1980 年加入促進現代化專業人士協會，歷任秘書長、會長。1989 年 5 月參與發起成立新香港聯盟。曾任香港測量師學會和英國皇家測量師學會香港分會副會長等職。1985 年受聘為香港基本法諮詢委員會委員，後任秘書長。1988 年獲選為香港十大傑出青年。1993 年任香港特別行政區籌委會預備工作委員會委員，1995 年任全國人民代表大會香港特別行政區籌備委員會委員，並任副主任委員。香港特區成立後，任行政會議成員、行政會議召集人等職。

特區政府為梁振英先生設立了候任特首辦公室，位於下亞厘畢道中區政府合署西座 12 樓。任命財經事務及庫務局副秘書長劉焱為後任特首辦秘書長，工作人員有 5 名首長級人員和超過 20 名非首長級人員。

3 月 30 日，根據行政長官條例，梁振英在「簽字儀式」上簽字，以法定聲明方式，表明自己不屬於任何政黨。

4 月 24 日，3 名行政長官參選人提交開支報告。梁在競選時獲捐款逾 1,400 萬元港幣，較唐多 300 多萬元。梁的選舉開支為 1,100 萬元，較唐英年多 20 餘萬元。二人扣除開支均將餘款（合共約 400 萬元）捐給慈善機構。何的競選開支為 120 多萬元。[27]

至此，第四任行政長官選舉工作全部完成。

與此前行政長官選舉相較，本任選舉有異同，有值得回味和探討的地方。

本次選舉是在行政長官產生辦法作出首次修改以後進行的，

27　林秋月整理：〈選舉日誌：「呢個係我主場，我要做特首」〉，載蘇鑰機主編：《特首選戰・傳媒・民意》，香港：天地圖書有限公司，2012 年版，第 322 頁。

但選舉的大格局、選戰的總趨勢沒有變。選出愛國愛港人士中名望較高者為行政長官人選，仍是超過半數以上選舉委員會委員們的選擇。梁振英先生在多類、多次民調中佔據民意支持度的較高位置，在經過選戰的起伏跌宕之後，直到投票前夕，梁先生的民意支持度仍達 35%，高於唐英年先生的 19% 和何俊仁先生的 14%，[28] 同以往的行政長官選舉結果一樣，民望高者當選。

　　一位立法會議員在報章上發表文章指出了今次行政長官選舉的四大特徵：一是候選人頻遭人揭發污點和疑似污點；二是猶如普選，候選人爭取的對象是香港市民而不只是 1,200 名選委；三是關於候選人的民調比往屆早出爐；四是送嫁娘的比新娘還要緊張，這是過去所未見的。[29] 這篇文章注意到了此次選戰與以前的不同，有一定的代表性。除第二點特徵已在第三任行政長官選舉中早已有展示外，其餘確為「新發現」。

　　對本任行政長官選舉將比以往競爭激烈，人們是有心理預期的。選民基礎畢竟擴大了 400 人，而且本任行政長官將參與行政長官普選產生模式的設計，這些新的因素必將促進競爭。而在競爭中，候選人通過言辭交鋒，尋找理由戰勝對方，也是常見的一種競選方式。但這種方式的運用不能太任性，不能逾越港人的核心價值觀和道德底線，要考慮多數港人的適應度和接受度。

　　本次選舉令人意外的負面新聞不斷出現，如「感情缺失」、「西九事件」、「僭建風波」、「江湖飯局」等等，令人目不暇接，瞠目結舌。使競選者陷入泥漿摔跤，難解難分；也使投票者短時間內真假

28　張炳良：〈梁振英當選後的挑戰〉，《明報》，2012 年 3 月 28 日。

29　詳見何鍾泰：〈今屆特首選舉新啟示〉，《信報》，2012 年 3 月 1 日。

難辨，舉棋不定，有的只好放棄投票。這種情況下，勝出者不能高
票當選。據投票日第二天（3 月 26 日）《星島日報》初步報道，有效
選票 1,132 張，白票 82 張，為歷屆之冠；61 名選舉委員放棄投票權
利。此次投票結果的一些細節已不可考，但卻是此前特首選舉未曾
出現過的現象。特別是這次選舉出現的惡性競爭有可能導致建制派
的裂痕而難以彌合。

　　本次選舉，社會公認民調和傳媒起了重要的作用。

　　今次選舉民調特別多。一位研究者認為可對此分為四類：[30] 一是
學術類，即幾所大學研究機構所做民調；二是委託類，即各傳媒委
託研究機構做的民調；三是政治類，主要為政黨、與選舉相關的機
構做的民調；四是參與類，即某些社會團體、機構為公民參與做的
民調。此外，還有網上民調，代表部分網民的意見。

　　上述民調，各有側重，都給候選人和選委造成壓力，成為候
選人及其競選團隊調整選舉策略和部署的重要依據。當然，人們也
清楚，這些民調良莠不齊，那些帶有明顯政治性和強烈功利性的民
調，會因缺乏客觀公正和科學民主，經不起實踐的驗證而被自然
淘汰。

　　以前的特首選舉，傳媒主要發揮了其本身固有的傳播功能，
本屆選舉傳媒還起了一定的組織作用。五年前的特首選舉，有八家
電子傳媒舉辦了行政長官選舉論壇，今次選舉電子媒體增加到十一
家，而且由媒體人擔任選舉辯論安排的召集人和發言人。在「僭建風
波」的報道中，大批傳媒租用吊臂車從空中拍攝僭建情況，這一場面
再經電視播出，電視特寫鏡頭有誇張的功能，以極強的震撼力衝擊

30　詳見鄧鍵一：〈民調特別多〉，載蘇鑰機主編：《特首選戰‧傳媒‧民意》，
　　第 230－234 頁。

着觀眾的視野，被香港媒體點評為香港新聞史上的經典鏡頭之一。
可以預料，在今後行政長官的選舉中，選戰、傳媒和民意三者的互
動、互糾、互補，或可稱為大趨勢，滿足港人鍾意「看戲」的心理。

八、政制博弈的第三個回合

1. 行政長官的報告和全國人大常委會的第三個決定

　　根據 2007 年 12 月 29 日全國人大常委會的《決定》，2017 年香
港特區第五任行政長官的選舉可以實行由普選產生的辦法；在行政
長官實行普選前的適當時候，行政長官須按照基本法的有關規定和
全國人大常委會 2004 年 4 月 6 日的釋法，就行政長官產生辦法的修
改問題向人大常委會提出報告，由人大常委會確定。據此，2014 年
7 月 5 日香港特區行政長官梁振英向全國人大常委會提交了《關於香
港特別行政區 2017 年行政長官及 2016 年立法會產生辦法是否需要
修改的報告》（以下簡稱《報告》）。

　　這份報告的產生過程是這樣的：

　　2013 年 10 月 17 日，香港特區政府宣佈成立由政務司司長領
導、律政司司長和政制及內地事務局局長為成員的政改諮詢專責小
組（專責小組），負責處理 2017 年行政長官和 2016 年立法會產生辦
法的公眾諮詢工作。從 2013 年 12 月 4 日至 2014 年 5 月 3 日，專責
小組就兩個產生辦法廣泛收集社會各界意見，在五個月的諮詢期，
共收到約 124,700 份書面意見。此外，專責小組還出席了立法會政制
事務委員會的特別會議和十八區區議會的相關會議，直接聽取立法

會議員和區議員對有關議題的意見；出席了立法會的公聽會，聽取
277 個團體和個別人士對相關議題的意見；與大部分立法會功能界別
及選舉委員會界別分組的人士會面；出席了多個由不同團體舉辦的
論壇和座談會，聽取對兩個產生辦法的意見。在整個諮詢期，專責
小組共出席了 226 場諮詢及地區活動。專責小組將在上述活動中收
集到的意見形成《諮詢報告》提交給行政長官，行政長官予以確認並
同意向公眾發表。在此基礎上，行政長官向全國人大常委會提交了
就 2017 年和 2016 年兩個產生辦法是否需要修改的《報告》。《報告》
全面、客觀反映了香港社會對行政長官普選辦法和 2016 年立法會產
生辦法的意見和訴求，既有共識的內容，也反映了分歧，是一個負
責、務實的《報告》。

　　關於行政長官產生辦法，《報告》對香港社會的意見和訴求作出
五點歸納：[31]

　　（1）主流意見認同基本法第 45 條已明確規定提名權只授予提名
委員會，提名委員會擁有實質提名權，其提名權不可被直接或間接
地削弱或繞過。

　　（2）較多意見認同提名委員會應參照目前的選舉委員會的組成方
式，即由四大界別同比例組成，以達到廣泛代表性的要求。同時，
有不少意見認為提名委員會可按比例適量增加議席，借此吸納新的
界別分組或提高現有界別分組的代表性；但也有不少意見認為提名
委員會的人數應維持在目前選舉委員會的委員數目，即 1,200 人，如
需作出增加，也不應超過 1,600 人。

　　（3）關於提名的「民主程序」。有意見認為提名程序可分為兩個

<hr />

31　以下五點歸納是《報告》中的摘要。

階段，第一階段先經由一定數目提名委員會委員推薦參選人，第二階段再由提名委員會從參選人當中提名若干名候選人。有不少意見認為參選人須至少獲得一定比例提名委員會委員的支持才可正式成為候選人，藉以證明該參選人具有提名委員會內跨界別的支持，體現「少數服從多數」的民主原則，並符合提名委員會作為一個機構作出提名的要求。有一些意見則認為應維持現行選舉委員會的 1/8 提名門檻。亦有一些團體和人士提出其他提名門檻和提名程序的建議，當中包括在提名委員會之外引入「公民提名」、「政黨提名」等建議。

（4）就候選人數目，主要有兩大類意見。一類意見認為有需要設定候選人數目；另一類意見則認為毋須就候選人數目設限。在提出需要設定候選人數目的意見中，因應過去行政長官選舉的候選人數目大致在 2 至 3 人左右，有些意見提議可將候選人數目定為 2 至 3 人；亦有部分意見提出其他數目。

（5）就普選行政長官方式，有相對較多意見認為應舉行兩輪投票，以增加當選人的認受性；但亦有部分意見認為應只舉行一輪投票，以簡單多數制選出行政長官當選人。

關於立法會產生辦法，報告列出一點：

> 社會大眾普遍認同由於成功落實 2017 年普選行政長官乃普選立法會目標的先決條件，目前應集中精力處理好普選行政長官的辦法。另外，由於 2012 年立法會產生辦法已作出較大變動，故此普遍意見認同就 2016 年立法會產生辦法毋須對《基本法》附件二作修改。

最後，行政長官在《報告》中寫道：

　　我認為 2017 年行政長官產生辦法需要進行修改，以實現普選目標。2016 年立法會產生辦法毋須對《基本法》附件二作修改。我謹根據《基本法》第 45 條、第 68 條及附件一、附件二和 2004 年全國人大常委會的《解釋》，提請全國人大常委會就 2017 年行政長官及 2016 年立法會產生辦法是否需要修改問題作出決定。

　　2014 年 8 月 18 日，全國人大委員長會議決定將審議行政長官《報告》列入十二屆全國人大常委會第十次會議議程。在常委會審議之前，全國人大常委會辦公廳受委員長會議委託，於 8 月 21 日至 22 日在深圳舉辦了三場香港政制發展座談會，聽取港區全國人大代表、全國政協委員以及省級政協部分香港委員、特區立法會議員、行政長官選舉委員會委員和香港社會各界人士對 2017 年和 2016 年兩個產生辦法是否需要修改的意見。座談會由人大常委會副秘書長李飛主持，港澳辦主任王光亞、中聯辦主任張曉明、全國人大法工委副主任張榮順出席座談會。香港出席者共有 564 位，發言 74 人次。座談會體現三點主要共識：

　　一是香港社會普遍希望依法如期落實 2017 年行政長官普選，這是 2007 年 12 月 29 日人大常委會通過《決定》提出的目標，也是香港廣大市民的普遍期待及共識。

　　二是必須在香港基本法和全國人大常委會相關解釋、決定規定的軌道上落實行政長官普選。

　　三是全國人大常委會應當就行政長官普選問題作出決定。全國人大常委會對兩個產生辦法具有主導權和決定權，對正確實施香港基本法、維護香港長期繁榮穩定負有憲制責任。目前，香港社會對

於 2017 年行政長官實行普選問題存在着重大爭議，為了息紛止爭，為香港實行普選確定正確的方向，需要本次全國人大常委會對行政長官普選制度的核心問題作出規定，為下一步香港特區政府提出普選法案提供法律依據。

李飛在座談會上重申了中央關於行政長官普選的一貫立場：行政長官普選辦法必須符合香港基本法和全國人大常委會有關決定，行政長官必須由愛國愛港人士擔任。李飛表示，將認真梳理座談會上各方人士發表的意見和建議，並向委員長會議和全國人大常委會如實彙報。[32]

8 月 26 日，全國人大常委會分組審議了行政長官的報告。8 月 31 日，第十二屆全國人大常委會第十次會議通過了《關於香港特別行政區行政長官普選問題和 2016 年立法會產生辦法的決定》（簡稱「8.31《決定》」），內容如下：

> 一、從 2017 年開始，香港特別行政區行政長官選舉可以實行由普選產生的辦法。
>
> 二、香港特別行政區行政長官選舉實行由普選產生的辦法時：
>
> （一）須組成一個有廣泛代表性的提名委員會。提名委員會的人數、構成和委員產生辦法按照第四任行政長官選舉委員會的人數、構成和委員產生辦法而規定。
>
> （二）提名委員會按民主程序提名產生二至三名行政長官候選人。每名候選人均須獲得提名委員會全體委員半數以上的

---

32 以上摘要源自〈全國人大常委會辦公廳在深圳舉行香港政制發展座談會〉報道，《人民日報》，2014 年 8 月 23 日。

支持。

（三）香港特別行政區合資格選民均有行政長官選舉權，依法從行政長官候選人中選出一名行政長官人選。

（四）行政長官人選經普選產生後，由中央人民政府任命。

三、行政長官普選的具體辦法依照法定程序通過修改《中華人民共和國香港特別行政區基本法》附件一《香港特別行政區行政長官的產生辦法》予以規定。修改法案及其修正案應由香港特別行政區政府根據香港基本法和本決定的規定，向香港特別行政區立法會提出，經立法會全體議員 2/3 多數通過，行政長官同意，報全國人民代表大會常務委員會批准。

四、如行政長官普選的具體辦法未能經法定程序獲得通過，行政長官的選舉繼續適用上一任行政長官的產生辦法。

五、香港基本法附件二關於立法會產生辦法和表決程序的現行規定不作修改，2016 年香港特別行政區第六屆立法會產生辦法和表決程序，繼續適用第五屆立法會產生辦法和法案、議案表決程序。在行政長官由普選產生以後，香港特別行政區立法會的選舉可以實行全部議員由普選產生的辦法。在立法會實行普選前的適當時候，由普選產生的行政長官按照香港基本法的有關規定和《全國人民代表大會常務委員會關於〈中華人民共和國香港特別行政區基本法〉附件一第七條和附件二第三條的解釋》，就立法會產生辦法的修改問題向全國人民代表大會常務委員會提出報告，由全國人民代表大會常務委員會確定。[33]

---

33 詳見《人民日報》，2014 年 9 月 1 日，第 3 版。

　　全國人大常委會關於香港政制發展作出的這第三個《決定》，重要之點是對行政長官普選制度核心問題的規定。

　　香港基本法第 45 條寫明，行政長官普選時須組成一個有廣泛代表性的提名委員會提名候選人。提名委員會如何組成，全國人大常委會在 2007 年 12 月 29 日的《決定》中已指出了方向：「提名委員會可參照香港基本法附件一有關選舉委員會的現行規定組成。」本次全國人大常委會在《決定》中將「參照」改定為「按照」，即「提名委員會的人數、構成和委員產生辦法按照第四任行政長官選舉委員會的人數、構成和委員產生辦法而規定」。這是一個自然的轉變，也就是說，提名委員會保持四大界別 1,200 人的架構規模不變。作出這樣規定的有利之處是顯而易見的：港人對原有選委會的組成和運作是熟悉的；避免因變動而帶來的意見分歧和產生提名程序的複雜性；有利於普選程序的順利啟動。提名委員會的組成是行政長官普選產生的龍頭。只有這個問題明確了，其他有關行政長官普選的進程就可以依規進行了。

　　應當強調的是，香港特區行政長官普選產生由提名委員會提名候選人，是 24 年前由全國人大在 1990 年 4 月 4 日頒佈的香港基本法第 45 條規定的。此規定只有這一個選項，沒有其他的選項。全國人大常委會明確行政長官普選的時間表後，各方面就應按基本法的這一規定落實提名機制，而不是在時隔二十餘年後再重新討論這一問題，在提名委員會之外再引入「公民提名」、「政黨提名」等主張，這完全是離開香港基本法的有關規定，另搞一套，不能成為法定程序的一部分。堅持基本法的這一規定不走樣，就可避免「政黨提名」可能出現的嚴重社會政治對抗的風險，避免候選人不為中央接受而引發的憲制危機風險，防範使香港社會走向民粹主義的風險。

關於提名委員會提名行政長官候選人的名額，此次《決定》規定二至三名行政長官候選人。這一規定承接了香港回歸以來幾次行政長官選舉在候選人數上的現實狀況，既可確保是有競爭的選舉，又能節省成本，是適當的。至於《決定》規定的「每名候選人均須獲得提名委員會全體委員半數以上的支持」，可以保證提名質量，體現機構整體提名和委員均衡參與的原則。

《決定》規定香港合資格選民均有行政長官選舉權，體現了選舉權普及而平等的原則，是香港政制發展的歷史性進步。

行政長官的選舉，無論是「間選」還是「普選」，在香港當地選舉產生的都是行政長官「人選」。根據基本法第 45 條第 1 款規定：「香港特別行政區行政長官在當地通過選舉或協商產生，由中央人民政府任命。」因此，本《決定》也寫明：「行政長官人選經普選產生後，由中央人民政府任命。」中央人民政府的任命權是實質性的。

2. 政治風雨中出台的「單普選」方案

早在特區政府就政制發展中的普選問題啟動憲制程序的前一年半，香港就有了「山雨欲來風滿樓」的氣氛。

有位名叫戴耀廷的香港大學法律系副教授，於 2013 年 1 月 16 日在香港《信報》「法制人」專欄發表題為〈公民抗命的最大殺傷力武器〉一文，最早發出「佔領中環」的信號，香港簡稱為「佔中」。

人所共知，中環是香港各大銀行和金融、商業機構集中之地，是香港繁榮穩定的象徵。為何要「佔中」？正如作者在文中所直白的那樣：行動以非暴力的公民抗命方式，由示威者違法長期佔領中環

要道，以癱瘓香港的政經中心，迫使北京改變立場。戴教授講得很清楚，就是要「違法佔中」，以此行動要挾中央和特區政府，讓普選時間表中的行政長官普選（「單普選」）按他們心目中的「真普選」進行。

同年 3 月 27 日，戴耀廷會同香港中文大學社會學系副教授陳健民和牧師朱耀明共同發佈「佔領中環」信念書，將「佔中」概念推向社會。上述三人又被香港傳媒稱為「佔中三子」，在此三人的運籌下，「佔中」概念像幽魂一樣在維多利亞港上空遊蕩。香港不同政治光譜的非建制派及其代表人物紛紛向中環群集，結成臨時同盟，其中也夾雜着以各種方式尋求自娛自樂的市民。所謂「行動以非暴力的公民抗命」只是稍縱即逝的初萌，旋即在「學聯」、「學民思潮」發動組織下，大、中學生參與罷課，「佔中」迅速擴展為「佔總（政府總部）」、「佔旺」（旺角）、「佔銅」（銅鑼灣）。示威者所佔之處，障礙物成排成堆，交通堵塞，商舖關門，學校停課，全民不聊生。

「佔中」於 2014 年 9 月 28 日凌晨由戴耀廷宣佈正式啟動，活動組織者要求「全國人大常委會撤回決定」、「重啟政改，梁振英重新交出反映港人意願的政改報告」。企圖把「單普選」納入他們設計的軌道。

這場「佔中」違法活動，是以犧牲香港絕大多數人的自由為代價的。在香港這樣一個以法制為豪的彈丸之地，無論從香港的核心價值還是從地點的選擇上，都是不可行的，從發動之時，就預示着失敗之日。「佔中」終於搞得天怒人怨，必然引起多數市民發聲。7 月 3 日，「反佔中大聯盟」成立，發起反「佔中」簽名活動，最後徵集超過 146 萬個市民簽名。在民意的基礎上，特區政府「四兩撥千斤」，以執法方式最後平息了長達 79 天的「佔中」活動。在執法期間，特

區政府的作法一直得到中央政府的支持。

在政治風雨交加中，2015 年 1 月 7 日，政務司司長林鄭月娥宣佈啟動第二輪政改諮詢，同時公佈行政長官普選辦法諮詢文件。因「佔中」而延遲兩個多月的政改得以繼續推行。

在諮詢文件中，特區政府闡述了三點立場：

（1）正如我們一直反覆強調，政制發展必須建基於基本法和全國人大常委會的《決定》，否則是「無根之木、無源之水」，不切實際；普選行政長官的目標亦只會是「鏡中花，水中月」；

（2）2017 年普選行政長官，是中央、特區政府和香港市民的共同願望。中央和特區政府推動普選的決心和誠意，是不容置疑的。但 2017 年能否如期落實普選行政長官，要視乎社會整體是否接納在基本法和全國人大常委會《決定》的框架下走完「五部曲」。我們呼籲社會大眾充分利用第二輪諮詢的機會，清楚表達讓 2017 年可率先實行普選行政長官的訴求，並在《決定》的框架下，共同探討可行的空間，尋求共識；

（3）普選行政長官的方案必須得到立法會全體議員 2/3 多數通過。這是關鍵的一步，亦是「五部曲」中最難走的一步。我們希望並深信立法會議員作為民意代表，無論所屬的政黨或個人持什麼政治立場，最終都會按照香港市民的整體意願投下他們的一票。

針對剛剛結束的「佔中」運動，政府在諮詢文件中指出：「不久前社會上出現的大規模違法活動，不單衝擊法治，亦無助推動政制發展，反而挑動起社會上不同意見的互相攻擊，也蠶食了應有的尊重及互信。政府有責任向社會清楚解說普選行政長官必須合乎基本法和全國人大常委會有關解釋及決定方能成事，這也是香港社會的

普遍共識。」[34]

2015 年 4 月 22 日上午，特區政府公佈《中華人民共和國香港特別行政區基本法附件一香港特別行政區行政長官產生辦法修正案（草案）》，即「單普選」建議方案。內容如下：

一、從 2017 年開始，行政長官由一個有廣泛代表性的提名委員會按民主程序提名後普選產生，由中央人民政府任命。

提名委員會委員共 1,200 人，由下列各界人士組成：

工商、金融界	300 人
專業界	300 人
勞工、社會服務、宗教等界	300 人
立法會議員、區議會議員的代表，鄉議局的代表、香港特區全國人大代表、香港特區全國政協委員的代表	300 人

提名委員會每屆任期五年。在提名委員會五年任期內，如因行政長官缺位而依法進行補選，新產生的行政長官任期為原行政長官的剩餘任期。

三、提名委員會各個界別的劃分，以及每個界別中何種組織可以產生提名委員會委員及其名額和產生辦法，由香港特別行政區根據民主、開放的原則制定選舉法加以規定。

各界別法定團體根據選舉法規定的分配名額和產生辦法自行選

34　有關文件及引文均來自香港特區政府網站：http://www.2017.gov.hk。不再注明。

出提名委員會委員。

提名委員會委員以個人身份履行職責。

四、不少於 120 名且不多於 240 名提名委員會委員可以聯合推薦產生一名行政長官參選人。每名委員只可推薦一人。

提名委員會從上述獲推薦產生的參選人中，以無記名投票方式提名產生二至三名行政長官候選人。提名委員會每名委員最少須投票支持兩名參選人，最多可投票支持全部參選人。每名候選人均須獲得提名委員會全體委員半數以上的支持。具體提名辦法由選舉法規定。

五、香港特別行政區依法登記的合資格選民，從提名委員會提名的行政長官候選人中，以無記名投票方式選出一名行政長官人選。具體選舉辦法由選舉法規定。

3. 政制發展再停步

在為期兩個月的諮詢期間，泛民立法會議員多次整體表明會否決「8.31《決定》」框架下的任何方案。在 2010 年投票支持政府政改方案的民主黨，於 2015 年 4 月 23 日舉行的民主黨中央委員會上，一致通過了將在立法會否決本次政改的決定。民協立法會議員馮檢基也多次表明會否決此方案。醫學界立法會議員梁家騮，在 2 月份進行的行業界問卷調查中，有 55% 受訪者認為要否決政改方案，60% 支持採用現有提名門檻，作為醫學界代表，梁家騮有可能加入 27 名泛民議員行列，對政改方案投反對票。從以上情況可以作出判斷，政府的政改方案在立法會獲得三分之二多數議員通過幾乎是不

可能的。

　　6 月 17 日和 18 日，立法會對政改方案進行表決發言和表決投票。經過 9 小時辯論，69 名（立法會主席除外）議員中有 41 名議員發言。在立法會會議廳的人，包括現場採訪的記者在內，都預計在 18 日下午 5 時前才能就方案進行表決。可是到了中午 12 時許，政務司司長林鄭月娥開始發言，這就預示着在政務司司長發言結束後，政改方案就將進入表決程序，這就使得表決的時間比人們的預料大大提前了。表決前，立法會主席曾鈺成正式宣佈響起 5 分鐘的表決鐘。就在這短暫的時間流逝中，吸引場內人們眼球的事情瞬間接踵而至，而這些都是在表決前的最後一分鐘內發生的：建制派的經民聯議員林健鋒突然提出休會 15 分鐘，以便等待正在路上的劉皇發議員能夠趕來投票，但因程序原因曾鈺成主席沒有採納。在 5 分鐘的表決鐘聲結束前不足 30 秒，建制派議員召集人葉國謙率先起立，不少建制派議員見狀亦隨之站起，先後步出會議廳，此舉的目的是要使出席會議的議員數目少於法定人數，再次爭取時間「等埋發叔」一起投票。但是建制派議員在溝通上出了技術性問題，有 9 名議員卻留在席位上未動。在最後一刻，曾主席詢問了秘書處並確定有足夠法定人數（除立法會主席外有 37 名議員在席）在場後宣佈「開始表決」。除勞工界的潘兆平議員未來得及投票外，8 名建制派議員投下支持票，其餘 28 名議員投下反對票，已離場的 31 名建制派議員錯失投支持票的機會。現場直播的電視屏幕上留下了這一戲劇性的投票結果：

出席	贊成	反對	棄權
37	8	28	0

　　對此，有的驚訝，有的惋惜，有的遺憾。對於不太了解香港情況的外界來說，多數人感到困惑。

　　面對如上的投票結果，立法會主席曾鈺成宣佈此次政改方案未獲通過。香港的政制發展再次停步。

九、特區立法機關的產生

1. 臨時立法會的產生及工作

　　根據香港基本法有關香港特區立法機關的規定，立法會的任期四年為一屆，但第一屆立法會任期為兩年，這樣規定的原意是讓英國管治下於 1995 年就職的立法局議員，如符合全國人民代表大會於 1990 年 4 月 4 日通過的《決定》所規定的準則，可於 1997 年 7 月 1 日成為香港特區第一屆立法會議員。不幸的是，彭定康的「政改方案」實施後，葬送了這種「直通車」的安排。

　　那麼，首屆特區立法會可否提前在港英管治下的香港選舉產生呢？答案是否定的。立法會的選舉，涉及到選區的劃分、選民登記以及選舉事項的安排等，都必須由政府的行政部門作出處理。在英國堅持反對設立臨時立法會（簡稱臨立會）的立場下，是不可能辦到的。

　　那麼，在這種特殊情況下，香港特區成立伊始，立法機關可否空缺一小段時間呢？答案又是否定的。香港特區成立時，有諸多事項和法律問題須由立法機關處理。例如：香港特區終審法院的法官和高等法院首席法官的任命或免職，須由行政長官徵得立法會同

意，並報全國人大常委會備案（基本法第 90 條）；全國人大常委會香港特區基本法委員會中的六名香港委員，由行政長官、立法會主席和終審法院首席法官聯合提名，報全國人大常委會任命（1990 年 4 月 4 日全國人大《決定》的附件）；審核、通過財政預算案、批准稅收和公共開支（基本法第 73 條）；還有必須的立法以及立法的準備工作等等。如果沒有立法機構，香港特區成立後一些必不可少的法律條例將告闕如，司法機關也會懸空，香港將會停擺。

那麼，是否有其他的辦法可供選擇呢？例如在香港特區成立之初至第一屆立法會成立為止，由全國人大立法取代法律真空。此項建議不符合香港基本法規定的「香港特別行政區享有立法權」（詳見基本法第 17 條、第 18 條），是不可行的。

又例如，建議由全國人大設立的負責籌備包括第一屆立法會事宜的籌委會代為處理一切必需的立法。這也不可行。因為籌委會委員是由全國人大常委會委任的，近半數委員將由內地人士出任，不符合「港人治港」的原則。

可否將立法權暫時由行政長官行使呢？這也行不通。根據香港基本法的規定，在行政長官行使的職權中，行政長官沒有立法權，只有負責執行基本法和依照基本法適用於香港特區的其他法律；簽署立法會通過的法案，公佈法律；決定政府政策和發佈行政命令等。

在萬般無奈的情況下，中方未雨綢繆，慎重研究了這個新出現的問題，提出了工作預案。

1994 年 1 月初，預委會政務專題小組在北京舉行第三次會議時，就討論了港英最後一屆三級議會架構的終結問題。同年 2 月和 6 月，立法局相繼通過彭定康的政改方案第一和第二部分後，8 月，全國人大常委會也通過了關於鄭耀棠等 32 名全國人大代表所提議案的

決定。10 月，在政務專題小組舉行的第 11 次會議上，成立了選舉事務研究小組，正式向籌委會提交成立臨立會的建議。

籌委會接納了政務小組的這個建議，成立了籌委會屬下的臨立會小組。小組召集人為柯在鑠、梁振英和譚慧珠，成員共 25 人 [35]。1996 年 3 月 20 日，該小組首次會議在北京舉行，討論了預委會政務專題小組關於設立臨立會的建議。委員們認為，鑑於立法機構的「直通車」安排已不能實現，根據全國人大常委會 1994 年 8 月 31 日的決定，設立香港特區臨時立法會是必要的。根據《全國人民代表大會關於香港特別行政區第一屆政府和立法會產生辦法的決定》，籌委會有權決定設立臨時立法會。小組還對臨立會的組成、產生、議員資格、工作時間及其任務進行了討論。最後，小組通過了向籌委會提交設立臨時立法會的建議。[36]

1996 年 3 月 23 日至 24 日，籌委會在北京舉行第二次全體會議。會議討論通過了《全國人民代表大會香港特別行政區籌備委員會關於設立香港特別行政區臨時立法會的決定》等重要文件。會議指出：在香港特別行政區第一屆立法會不可能在特別行政區成立時及時產生的情況下，設立香港特別行政區臨時立法會是確保香港的平穩過渡和特別行政區成立後有效運作而採取的必要措施。籌委會決定設立臨時立法會的權力，已包含於《全國人民代表大會關於香港特別行政區第一屆政府和立法會產生辦法的決定》第二條規定的由籌委會「負責籌備成立香港特別行政區的有關事宜」的授權中，因此籌委

---

35   筆者當時為預委會委員，也是小組成員之一。

36   參見袁求實編著：《香港回歸大事記（1979－1997）》，香港：三聯書店，1997 年版，第 273 頁的記載。

會決定設立臨時立法會是有充分的法律依據的。[37] 在 24 日的會議上，籌委會全體會議通過了《關於設立香港特別行政區臨時立法會的決定》（《決定》）。

該《決定》有針對性地回答了香港社會關心或有疑慮的問題，摘其要點歸納如下：

關於香港特別行政區臨立會成立和終止的時間。臨立會於第一任行政長官產生之後組成並開始工作。工作至香港特區第一屆立法會產生為止，時間不超過 1998 年 6 月 30 日。《決定》此點將臨立會的「臨時」概念具體化了，打消了一些社會人士對此的疑慮。

關於臨立會議員的產生辦法。明確由第一屆政府推選委員會全體委員選舉產生。具體辦法由籌委會確定。

關於臨立會的任務。《決定》除列出香港特區立法會一般行使的職權外，還針對中國對香港恢復行使主權初始的具體情況，列出了由臨立會行使的職權，包括同意特區終審法院和高等法院首席法官的任命；臨立會主席參與對全國人大常委會香港特區基本法委員會的 6 名香港委員的提名；及其他在香港特區第一屆立法會產生前必須由臨立會處理的事項。從此點《決定》可以看出，臨立會成立的必要性和急迫性。

香港社會對臨立會和港英最後一屆立法局並存有憂慮。該《決定》對此予以明確，臨立會在 1997 年 7 月 1 日之前審議、通過的有關法律，從香港特別行政區成立之日起實施。

1996 年 10 月 5 日，籌委會第五次全體會議通過《中華人民共和國香港特別行政區臨時立法會的產生辦法》（《辦法》）。該《辦法》

37　同上註，第 274 頁。

規定：臨立會由 60 名議員組成，其任職資格與基本法規定的香港特
區立法會議員任職資格相同，同時亦列出臨立會議員候選人資格；
臨立會議員由推選委員會委員以不記名投票的方式選舉產生；臨立
會主席由臨立會議員互選產生。

　　11 月 18 日，已 83 歲高齡的資深前立法局議員杜葉錫恩[38] 第一
個來到位於中環華人行的特區籌委會秘書處香港辦事處領取報名參
選臨立會表格。首個報名日，已有 53 名人士領取了表格。11 月 28
日，是提交參選臨立會報名表格的最後一天，統計結果是共有 143
位人士正式報名參選，其中當屆立法局議員共有 34 名，包括立法局
主席黃宏發，佔議員總數（60 席）的一半以上。當時雖有少數政黨
成員聚集示威反對成立臨立會，但不成氣候，說明成立臨時立法會
勢所必然，合乎主流民意。

　　英方一直堅持反對設立臨立會的立場，不同意臨立會 1997 年 7
月 1 日前在香港開會，不給臨立會的活動提供任何方便。因此產生
臨立會議員的選舉、臨立會的初期工作只能在深圳市進行。這樣，
臨立會的所有活動就自然形成深圳和香港兩地和兩個時間段（香港回
歸前、後）進行。

　　12 月 12 日，籌委會第七次全體會議在深圳舉行。會議期間召
開的主任會議對報名參選臨立會的人士進行了資格審查，確認其中
134 人符合臨立會議員候選人的資格，成為香港特區臨立會議員候選
人。12 月 20 日，數百位香港特區第一屆政府推選委員會委員乘坐多
輛旅遊大巴，浩浩蕩蕩前往深圳出席第四次全體會議，選舉產生 60

38　杜葉錫恩（Elsie Tu），女，英國人。1913 年生，1948 到中國華南地區傳
　　教，1951 年到香港。1988 年當選立法局議員，1991 年獲委連任。1994 年
　　受聘為港事顧問。

位臨立會議員。在 400 名推委中，除一人因病請假外，399 名推委都
有出席，還有中外記者 200 餘名到會採訪。

12 月 21 日上午 9 時，推委會大會在深圳上步路的深圳會堂舉
行。籌委會主任錢其琛在會上講話指出，臨立會是一個在特殊的歷
史時期，起着重要作用的立法機關，對特區成立後的正常運作起保
證作用。[39] 籌委會副主任委員兼秘書長魯平就選舉的有關事項作了說
明。之後，推委們在一張寫滿了一百多名候選人的選票上，選出 60
個名字，再把無記名的選票投進票箱。籌委劉兆佳為總監票人。為
了讓香港的電視台和電台及時向香港直播選舉情況，深圳電視台全
程提供了訊號。經 4 個多小時的點票、計票，最後以得票多少為序
列出當選的 60 位臨立會議員。經籌委會主任委員會議確認後，大會
公佈了選舉結果。[40]

在當選的 60 位議員中，各界別人士的構成為：基層、勞工界
的人士有 17 人；工商界有 19 人；專業界、原政界有 24 人。此外，
非中國籍或擁有外國居留權的香港永久性居民有 11 人，值得一提
的是，當屆的港英立法局議員有 33 人當選，佔臨立會全體議員的
55%。在議員中，最年輕的是三十三歲的律師黃英豪，最年長的是
八十三歲的杜葉錫恩。由此可見，臨立會是一個民主開放、群賢彙
集、具有廣泛代表性的立法機構。

1997 年 1 月 25 日上午，臨立會組成後的第一次全體會議在深圳
迎賓館舉行，選舉產生臨立會主席。由於臨立會主席尚未產生，會
議由籌委會副主任魯平、周南、董建華主持。針對英方抵制臨立會

39　袁求實編著：《香港回歸大事記（1979－1999）》，第 337 頁。

40　參見良子樑：《見證歷史 臨立會風雲歲月》（非賣品），香港各界慶祝回
　　歸委員會慈善信託基金贊助出版，2008 年 6 月出版，第 45 頁。

的言論和香港社會的誤傳，副主任周南在講話中對成立臨立會的法律依據及其權力來源、臨立會與現存立法局的關係以及臨立會的立法程序做了政策性的宣示：

> 臨立會的法律依據和權力來源是全國人大和籌委會的有關決定，與現在的港英立法局處於兩個不同的法統之下，不存在繼承關係。籌委會的有關決定明確規定，臨立會在 1997 年 6 月 30 日之前可以進行立法程序方面的工作，審議、通過有關法案。到 1997 年 7 月 1 日香港特區成立之日，臨立會議員宣誓就職後，對那些已完成的法案作進一步的確認，然後送請行政長官簽署、公佈，從而完成全部立法程序，屆時這些有關的法律隨即開始實施。[41]

隨後，會議討論並一致通過了《中華人民共和國香港特別行政區臨時立法會主席產生辦法》。該辦法規定，有意參選的議員必須得到 10 位議員的聯名提名才能成為候選人，再經過議員以不記名的投票方式選出主席。主持會議的魯平副主任宣佈范徐麗泰和黃宏發成為候選人，與會者同意梁振英、李家祥擔任監票人。經填票、投票、開票、唱票等過程，最後經過激烈的競爭，范徐麗泰得 33 票，黃宏發得 27 票。當魯平宣佈范徐麗泰當選時，全體議員用熱烈的掌聲表示祝賀！

范太向記者談了她參選的想法，她說：「我並不是看中主席的位置，我只是想，許多人，特別是西方政界人士，對臨立會很不了解，我應該多和他們解釋。不過，單純是用一個議員的身份講話，

41　袁求實編著：《香港回歸大事記（1979－1999）》，第 347 頁。

他們不易入信。如果我是主席，代表的是整個議會，說話的分量就不同，他們也較易接受。我想參選主席的目的，就是這樣。」[42] 范太的答覆，坦誠實在，大方得體。

范徐麗泰，1945 年生於上海，四歲時隨家人來港，畢業於香港大學。曾任立法局議員、行政局議員，時任香港特區籌委會預備工作委員會委員、香港特區籌委會委員等職。

范太當選後的當天下午，在國務院港澳辦徐澤司長的協助

臨時立法會主席范徐麗泰

下，即在深圳親覓臨立會的會址。香港的立法機構，卻要在深圳運作，這是「一國兩制」的一個特例，也是「無奈」之舉。受許多條件的制約，為臨立會選擇一個合適的場地，確非易事。從 1997 年 2 月到 6 月底，開會時間長達近半年，會址需要固定；需要容納 60 位議員舉行會議的主會場和提供近百名記者、約幾十名市民旁聽的場地；臨立會會議均公開舉行，議員可用普通話、粵語或英語發言，會場應有傳譯服務功能；會場附近要有酒店、餐飲等配套設施等。經多處挑選，最後選址敲定為華僑城華夏藝術中心。60 名臨立會議員每週都要由香港來深圳開會，秘書處人員要攜帶大批製作好的文

42　良子樑：《見證歷史 臨立會風雲歲月》，第 50 頁。

在 1997 年 7 月 1 日前，臨時立法會在深圳華僑城華夏藝術中心舉行會議

件過關，涉及便利通關事宜。對此，深圳市政府全力予以協助和支持，專門成立了一個由市政府秘書長領導的工作小組。小組以市外事辦公室工作人員為主，抽調公安、外宣辦、邊檢、海關等部門有關人員組成，為臨立會提供必要的服務。

　　在深圳開會的半年時間內，臨立會舉行了十一次全體會議，三讀通過了確保香港平穩過渡的必不可少的多條法律，包括關於區域組織的條例草案、確認終審法院、高等法院的人員組成等。

　　1997 年 6 月 21 日，臨立會最後一次在深圳舉行會議。7 月 1 日香港特區成立後，臨立會主席范徐麗泰隨即率領全體議員，在行政長官董建華先生面前宣誓。緊接其後，臨立會於凌晨 2 時 45 分在香港會議展覽中心舉行回歸後的首次會議，審議通過《香港回歸條例草

案》，翻開香港特區立法機關歷史的新頁。會議對臨立會於 7 月 1 日零時前三讀通過的 13 項法例，以及較早前已同意的過渡期預算案和主要法官的任命做了確認。行政長官董建華簽署，即時生效。13 項法例是：（1）《假日（1997 年及 1998 年）條例》；（2）《1997 年市政局（條訂）條例》；（3）《1997 年區域市政局（修訂）條例》；（4）《1997 年區議會（修訂）條例》；（5）《1997 年立法局行政管理委員會（修訂）條例》；（6）《國旗及國徽條例》；（7）《區旗及區徽條例》；（8）《1997 年公安（修訂）條例》；（9）《1997 年社團（修訂）條例》；（10）《1997 年香港終審法院（修訂）條例》；（11）《1997 年司法人員敍用委員會（修訂）條例》；（12）《1997 年人民入境（修訂）條例》；（13）《1997 年宣誓及聲明（修訂）條例》。清晨，工作人員拆下會議廳前港英政府的徽號，換上香港特區區徽；臨立會主席的新座椅也取代了前立法局主席的座位。臨立會首次在立法會會議廳舉行會議前，范徐麗泰主席和其他議員都簽署了《效忠之確認文件》，宣誓擁護基本法，效忠香港特別行政區，廉潔奉公，為香港特別行政區服務。

香港特區成立後，基本法在香港實施。基本法規定，香港特區永久性居民內地所生子女可以來港定居。為了讓港人內地子女有序來港，臨立會採取特殊立法措施，在一日之內三讀通過對入境條例的修訂，增加了居留權證明書的內容。

臨立會還於 1997 年 6 月、1998 年 3 月先後分別通過了 97 年至 98 年度和 98 年至 99 年度財政預算；為配合香港特區首屆立法會的籌組工作，臨立會審議通過了《選舉管理委員會條例草案》、《立法會條例草案》。為推進法律適應化，臨立會還通過《法律適應化修改（釋義條文）條例草案》。

總之，從 1997 年 1 月至 1998 年 4 月，經過 16 個月的運作，臨

立會舉行了 46 次會議，開會時間共 250 小時。[43] 為確保香港的平穩過渡和香港特區的良好開端，臨立會作出了公認的貢獻。此外，在范徐麗泰主席主持下，臨立會還開創了香港特區新議會文化，范太把這種議會文化概括為：任何議員都有自由表達意見的權利。當議員之間有不同意見時，應該用理性的方式，用道理去表達意見。對待不同意見者，不會用人身攻擊或煽動性、侮辱性的話來詆毀對方，完全體現了民主精神，這是一種議員間互相信任尊重，體現議會民主精神的象徵。[44] 這種議會新文化不但有扎實的內容，還有豐富多彩的形式。如為了加強議員與傳媒界的溝通和聯繫，舉辦「臨立會議員記者同樂日」，通過遊戲和運動比賽，為議員和記者相互認識和了解提供平台。回歸後，為加強與各國駐香港特區領事館的聯繫，向他們推介臨立會，范徐麗泰主席定期舉行午餐例會，並歡迎其他有興趣的議員出席。為了使公眾了解臨立會的運作，在立法會大樓還舉辦了「開放日」，吸引眾多民眾前來參觀。這些別開生面的活動方式產生了積極影響，為後幾屆立法會所效仿。

在臨立會的最後一次會議上，梁智鴻代表內務委員會提出了「本會已完成歷史使命，並祝願第一屆立法會順利產生，繼續為香港特別行政區市民服務」的告別議案。一石激起千層浪。相繼有 41 名議員爭先恐後起而發言，他們或作總結，或談感受，或講期望，發言充溢着使命感和自豪感。告別議案獲得議員們的一致通過。最後，主席范徐麗泰發言說：「雖然有一些人仍然戴着有色眼鏡來看臨立會，但事實上，臨立會的工作非常繁重，對每一個事項、每一條法

---

43 創新領域有限公司：《臨時立法會年報》（1997－1998），第 35 頁。
44 良子樑：《見證歷史 臨立會風雲歲月》，第 101 頁。

案都經過詳細及深入的研究和商討，才作出慎重的決定。值得驕傲
的，是臨立會在面對各方的阻撓和壓力時，並沒有感到氣餒，而且
能夠一直保持高透明度的運作，以堅毅不屈的精神、平靜坦然的態
度、屹立不倒的意志面對種種干擾，承擔在立法和監察政府方面的
職責，保障香港特區的正常運作，為平穩過渡作出貢獻。」[45] 這是范
太對臨立會短暫 16 個月任期工作的最好總結。

2. 第一屆立法會的產生

　　根據籌委會 1996 年 3 月 24 日通過的《決定》，臨立會任期不超
過 1998 年 6 月 30 日，特區政府必須在此日之前選出特區第一屆立
法會。

　　根據 1990 年 4 月 4 日全國人民代表大會《關於香港特別行政區
第一屆政府和立法會產生辦法的決定》，特區第一屆立法會由 60 人
組成，其中分區直選產生議員 20 人，選舉委員會選舉產生議員 10
人，功能團體選舉產生議員 30 人。首屆立法會選舉投票日為 1998
年 5 月 24 日，議員任期為 2 年。

　　分區直選產生的 20 個議席，分配給香港 5 個選區，分別是港島
區（4 席）、九龍西（3 席）、九龍東（3 席）、新界東（5 席）、新界
西（5 席）。

　　功能團體選舉共有 28 個界別組成。

　　選舉委員會選舉廢除了 1995 年立法局按彭定康政改方案產生的
方式，按照香港基本法的規定，由四大界別 38 個分組共選出 800 名

45　同上註，第 111 頁。

委員組成選民。在 38 個分組中，港區全國人大代表、臨立會議員為當然委員，宗教界為提名委員，其餘 35 個分組的選委由各個分組選舉產生，再由選出的 800 名選委選舉產生 10 名立法會議員。

這是首次使用的一種選舉方式。為了使界別分組選舉投票人明瞭，政府政制事務局舉辦不下於 30 次簡介會。最後有超過 1,000 人參選，投票人數逾 3 萬，取得首選成功。[46]

從首屆立法會選舉結果分析，投票人數和投票率都打破了回歸前歷次立法機構選舉紀錄。分區直選全港登記選民總數 279.5 萬，投票人數 149 萬，投票率 53.29%。功能團體 28 個界別登記選民總數 13.5 萬，共有 60 人報名參選，其中 10 個界別的 10 名參選人自動當選，其餘 18 個界別須投票選民總數 12.5 萬，投票人數 7.8 萬，投票率 63.5%。選舉委員會選舉有 790 人投票，投票率 98.75%。

首屆立法會選舉即創香港歷史新高，這是與特區政府的大力推介和積極組織分不開的。特區政府為此組成了一個跨部門小組，成員來自政制事務局、民政事務局、選舉事務處、新聞處、民政事務總署等部門，為了推動合資格選民登記，招募了三萬名高中及大學生擔任選民登記大使，上門到全港 200 萬個家庭為未登記的合資格選民登記，以及星羅棋佈的選民登記攤位，到 1998 年 1 月 16 日選民登記結束，全港八成合資格選民、近 280 萬完成了登記，比 1995 年多了三成。這就為本屆選舉在投票人數和投票率上破紀錄，奠定了牢固的選民基礎。[47]

5 月 24 日投票日當天，雖然下起了大雨，但是阻擋不住前往近

46　參見《香港回歸周年紀念畫冊》，香港：香港文匯出版有限公司，1998 年版，第 29 頁。

47　同上註，第 28 頁

500 個投票站投票的香港人，特區政府動員的超過 10 萬名工作人員冒雨維持着投票秩序，政府為本屆選舉製作的精美特刊、紀念卡以及郵政署推出的紀念首日封、紀念郵戳，這些頗具匠心的安排，對選民產生了很大的吸引力。

在首屆立法會 60 個議席中，各派力量所擁有的席位為：民主黨 13 席（分區直選 9 席、功能團體 4 席），成為首屆立法會第一大黨；民建聯 10 席（分區直選 5 席，團功能團體 3 席[48]，選舉委員會 2 席）；自由黨 10 席（功能團體 9 席，選舉委員會 1 席）；港進聯 5 席（選舉委員會 3 席，功能團體 2 席）；前線 3 席；民權黨 1 席；勞聯 1 席；街工 1 席；獨立人士 16 席。[49] 粗略統計，建制派陣營有 41 名議員，泛民陣營（反對派）有 19 名議員。臨立會議員佔 34 人。

從本屆立法會三種選舉方式的實踐效果看，有工商界背景的政黨、政團在分區直選中不佔優勢。這表明，香港尚沒有一個能代表工商界利益的成熟的政黨。自由黨取得的 10 席，港進聯取得的 5 席，都是在功能團體和選委會選舉中取得的，特別對自由黨來說，在功能團體中的選舉優勢非常明顯。自由黨主席李鵬飛的失利和該黨另一支參選隊伍 —— 港島區的黃英琦及其友人的落敗，都是參與直選的結果。根據基本法的規定，隨着民主進程的發展，選委會選舉產生立法會議員的方式實行到第二屆立法會選舉結束而終結。有關政黨和政團應針對這種情況及早謀劃及應對。

引人注意的是，民協派人參加了三種方式的選舉，包括馮檢基

48　選舉後，香港工聯會於勞工界別的當選人陳國強宣佈加入民建聯，使民建聯擁有 10 席。

49　參見袁求實編著：《香港回歸以來大事記（1997－2002）》，香港：三聯書店，2003 年版，第 96 頁。

在內無一人當選，完全被摒棄在本屆立法會活動之外。

投票日翌日，行政長官董建華發表聲明，高度評價此次選舉：首屆立法會選舉成績值得港人驕傲和鼓舞。這次選舉是香港按照基本法的規定，為發展民主踏出重要一步，亦是非常成功的一步。市民的積極參與，顯示出市民廣泛支持基本法、「港人治港」、高度自治。政府會繼續竭盡所能，堅定地按照基本法的規定發展民主。[50]

3. 第二屆立法會的產生

根據香港基本法附件二的有關規定，第二屆立法會共 60 個議席，其中分區直選五大選區不變，但由第一屆立法會分區直選的 20 席增至 24 席，各分區直選議席也有相應的調整：香港島 5 席，九龍東 4 席，九龍西 4 席，新界東 5 席，新界西 6 席。功能團體共 28 個界別，30 席。選舉委員會選舉則自然由上屆的 10 席減至 6 席。

本屆選舉於 2000 年 9 月 12 日舉行。

選舉結果顯示，在分區直選中全港登記選民總數 305.5 萬，有 133.1 萬選民投票，投票率 43.57%。功能團體 28 個界別，登記選民總數 17.6 萬，共有 57 人報名參選，其中 9 個界別的 9 名參選人自動當選，其餘 19 個需要投票界別選民總數 16.3 萬，有 9.2 萬人投票，投票率 56.5%。選舉委員會界別分組共選出 783 名委員，在報名參選 10 人中選出 6 名議員。

綜觀本屆立法會選舉結果，粗略統計，建制派陣營取得 39 席（地區直選取得 9 席，功能團體選舉取得 24 席，選委會選舉取得 6

50　同上註。

席）。泛民主派陣營取得 21 席（地區直選取得 15 席，功能團體選舉取得 6 席）。兩者相較，建制派陣營在立法會所佔席位近 2/3。

從黨派角度分析，民建聯是大贏家。與上屆相比，民建聯取得了議席數和得票率雙增長的進步：所佔議席由 10 席增至 11 席；整體得票率達 29.68%，較上屆的 25.22% 增加了 4.4 個百分點。特別是九龍東選區以陳婉嫻為首的民建聯參選名單得票率達到 47.36%，首次超越以司徒華為首的民主黨參選名單而成為「票后」。新界東以劉江華為首的民建聯參選名單得票數也超越了前線的劉慧卿。而居有立法會第一大黨地位的民主黨卻與此相反，議席數和得票率雙雙下降：在立法會的議席由上屆的 13 席降到 12 席；總得票率由上屆的 42.6% 下跌至本屆的 34.7%，得票實數少了 17 萬多票。民主黨的核心成員李永達不但被摒棄出局，而且黨主席李柱銘為首的港島區參選名單也較上屆跌了 11.13%。[51]

自由黨在功能團體 30 個議席中取得 8 席，再次證明功能團體選舉是自由黨的強項。在上屆和今屆立法會地區直選中，自由黨雖然主觀願望上想有所突破，但囿於僱主與僱員的關係，很難在地區直選中拿到選票。

民協的馮檢基在地區直選中以 62,717 票爭得一席，改寫了自上屆該黨在立法會零席位的歷史。本屆民協的突破，得益於泛民陣營中一些政團日益極端化的傾向，也是民協在地區工作辛勤耕耘的結果。

在第二屆立法會選舉期間，香港島區民建聯參選人程介南被揭發沒有申報個人利益及涉嫌以權謀私，當選後即宣佈辭職。特區政府於 2000 年 12 月 10 日舉行立法會補選。共有 6 人報名參選。有

51　同上註，第 356 頁。

278,672 名合資格登記選民投票，投票率為 33.2%。前大律師公會會長余若薇獲 108,401 票補選為立法會議員。

4. 第三屆立法會的產生

根據香港基本法附件二的有關規定，第三屆特區立法會共 60 個議席。其中分區直接選舉的議員和功能團體選舉的議員分別為 30 名。本屆立法會直選議席的數目佔全部議席的半數，是香港自有立法機構以來直選成分最多的一屆。分區直選共分五個選區：香港島（6 席），九龍西（4 席），九龍東（5 席），新界西（8 席），新界東（7 席）。功能團體選舉共 28 個界別，其中團體界別 9 個（11 席），混合界別 9 個（9 席），個人界別 10 個（10 席）。

選舉委員會選舉產生議員的方式，從本屆起因完成歷史任務而終結，這也是香港政制發展的必然結果。為此，2003 年 7 月 3 日，立法會以 31：17 票三讀通過《2003 年立法會（修訂）條例草案》。草案建議 2004 年舉行的第三屆立法會選舉，廢除現有的 6 個選舉委員會議席，地區直選議席由目前 24 個增至 30 個，而功能組別維持現有的 30 個議席。特區政府有關部門負責人表示，該條例通過後，特區政府會着手展開 2004 年立法會選舉的其他籌備工作。

本屆立法會選舉於 2004 年 9 月 12 日舉行。議員任期從 2004 年10 月 1 日開始至 2008 年 9 月 30 日結束，為期四年。

從選舉結果總體上看，分區直選五大選區登記選民總數 320.7 萬，投票人數 178.4 萬，投票率 55.64%，超過第二屆立法會的43.57%。功能團體 28 個界別登記選民總數 19.9 萬，有 70 人報名參

選，其中 10 個界別的 10 名參選人自動當選，其餘 17 個需要投票界別選民總數 19.2 萬，投票人數 13.5 萬，投票率 70.1%。粗略統計，本屆選舉建制派獲 34 席（分區直選 12 席，功能團體獲 22 席），泛民派獲 26 席（分區直選獲 18 席，功能團體獲 8 席）。

各主要政黨、社團在立法會共取得 43 席，其中民建聯獲得 12 席（分區直選 9 席，功能團體 3 席），成為立法會內最大政黨；自由黨取得 10 席（分區直選 2 席，功能團體 8 席）；民主黨取得 9 席（分區直選 7 席，功能團體 2 席）；45 條關注組取得 4 席（分區直選 3 席、功能團體 1 席）。其餘黨派、政團多數取得 1 席，個別取得 2 席。

建制派在本屆立法會選舉中能取得較好成績，和香港經濟出現了恢復的良好勢頭有關。香港經濟經歷了亞洲金融危機和「非典」疫情的衝擊，陷入了長達 6 年的衰退期。為使香港經濟走出困境，中央採取了多項惠港利港措施，如 2003 年 6 月兩地簽署了更緊密經貿關係安排（CEPA）；7 月又開始實施「個人遊」，此舉被公認為對拉動香港經濟取得了立竿見影的效果。2004 年 6 月又啟動了「泛珠三角區域合作」。港人的努力和中央的支持終使香港長達 68 個月的通縮於 2004 年 7 月結束。經濟的恢復增強了港人對前景的信心，給社會帶來了理性的氣氛，比上屆立法會選舉增加 45 萬名選民投票，就是中間選民參選積極性提高的表現。

在本屆選舉中，泛民陣營本想重彈老調，炒熱政治議題，繼續發酵「七一效應」，提出「07/08 雙普選」的要求，由此引發了香港社會對香港基本法附件一有關政制發展問題規定的爭論。為推動政制發展在基本法的軌道上運行，全國人大常委會於 2004 年 4 月 6 日對基本法附件一、附件二有關條文作出解釋，4 月 26 日又作出 2007 / 2008 年兩個產生辦法不實行普選的決定。人大常委會的釋法和決

定，不但廓清了在政制發展問題上的迷霧，而且使泛民無法炒熱以「雙普選」為選舉的主打議題。泛民一旦沒有了這個議題，猶如魚之脫水，沒有活力了。這種政治態勢的出現，也有利於建制派的參選競爭。

在選舉策略上，建制派陣營佈局得當，配票成功，對於民建聯來說，這是贏得直選議席的重要因素。當然，配票的前提是要有票可配。本屆選舉，民建聯的新界東團隊比上屆多了 3 萬票，九龍西團隊多 2 萬票，[52] 為配票提供了票源。在新界東選區，民建聯集中鄉事票源，一舉拿下 2 席（劉江華、李國英）。在九龍東選區，上屆「票后」陳婉嫻在今屆選舉所獲票數（52,564）不及陳鑒林（55,306），就可看出配票成功，結果雙雙勝出。但此間的評論也注意到，雖然民建聯新增約 6 萬票，本屆選舉總得票為 454,827，但得票率為 25.7%，[53] 低於上屆的 29.68%。這說明，在立法會分區直選中，泛民主派和建制派的六四之比不易打破。

從選舉戰略上講，如果選舉時社會氣氛緩和，選民兩極分化不明顯，在分區直選中用「中間人拿中間票」是個可行的辦法。自由黨的田北俊和周梁淑怡分別在新界東和新界西出選，范徐麗泰出戰港島，他們不僅沒有對民建聯的傳統票源造成衝擊，反而吸納了中間票源。以上 3 人參選共吸納了 10.4% 的選票。

當然，這並不意味着分區直選從此就轉變為自由黨的優勢了，自由黨的基本盤仍是功能團體選舉。此後的選舉實踐將繼續證明這一點。

52　本屆分區直選民建聯的新界東團隊得票數為 95,434，第二屆為 66,943；九龍西團隊本屆為 61,770，第二屆為 41,942。

53　民建聯 15 周年特刊，第 83 頁，2007 年 9 月版。

　　香港有一種看法，認為直選議席增加對泛民派有利，進而推導出建制派害怕民主。本屆立法會直選增加 6 席，建制派陣營共取 5 席，而泛民派只取得 1 席，證明這種說法不實。香港立法機構選舉民主進程反而表明，從 1991 年首次設有直選議席以來，愛國愛港力量在立法機構所佔議席經歷了從無到有、從有到大的過程。民建聯就是伴隨着直選議席的逐屆增多而成長起來的。在香港特區的環境下，一個政黨、政團能否立足發展，歸根到底是要看該黨、該政團能否遵循一國兩制原則，按基本法辦事，堅持以行政為主導，根據實際情況調整行政與立法的關係，努力將自己的理念、主張轉化為廣大市民的共識，這是一個政黨在香港安身立命的基礎。

　　2007 年，立法會港島區議員馬力病逝，特區政府於同年 12 月 2 日進行補選。有 8 人報名參選。香港島登記選民總數 61.8 萬，投票人數 32.2 萬，投票率 52.60%。陳方安生以 17.5 萬票當選。

5. 第四屆立法會的產生

　　香港特區第四屆立法會選舉於 2008 年 9 月 7 日舉行。

　　根據香港基本法附件一、二的規定和全國人大常委會的《決定》，第四屆立法會的產生辦法本來可以做出循序漸進的修改，增加民主成分，但由於立法會中的泛民議員集體捆綁，表決否定了特區政府 2005 年提出的政改方案，致使香港的政制發展原地踏步。因此，本屆立法會的產生辦法與第三屆的相同。

　　與 2004 年第三屆立法會選舉相比，本屆立法會選舉所面對的社會環境卻大不相同了。

　　由 2007 年底美國發生的次貸危機很快釀成金融海嘯波及到香港，本屆立法會選舉就是在香港經濟低迷、下滑中進行的。選舉因此呈現出兩個特徵：一是選民的投票意欲下降。本屆選舉分區直選，全港登記選民總數 337.2 萬，比上屆的 320 萬，增加約 17 萬；功能團體登記選民總數近 23 萬，比上屆的 19.9 萬，增加 3 萬。雖然這兩種選舉方式的登記選民總數都增加了，但投票的人數卻減少了。分區直選有 152.4 萬人投票，比上屆選舉少了 26 萬，投票率 45.2%，下降 10.4 個百分點。功能團體選舉除有 14 名參選人自動當選，其餘 16 名參選人需要投票界別選民總數 21.2 萬，投票人數 12.7 萬，比上屆投票 13.5 萬人少了近 1 萬人，投票率 59.76%，與上屆 70.1% 投票率相比，同樣下降 10 個百分點。從建制派陣營和泛民陣營的得票數看，也是如此。建制派陣營得票從上屆的 67 萬下降到今屆的 60.9 萬，流失了 6 萬票，得票率 40.2%，比上屆的 37.6% 略增。泛民陣營得票從上屆的 110 多萬下降到 90.6 萬，流失了近 20 萬票，得票率 59.8%，比上屆略少。

　　第二個特徵是選舉議題五花八門，民生議題突出。2007 年 12 月，全國人大常委會作出《決定》，明確了普選時間表，使泛民失去了最大的炒作議題。

　　從選舉結果看立法會的政治版圖，各派政治力量各有得失。民建聯取得 13 席（分區直選 7 席，團體 3 席，加上同為工聯會成員的 3 席），繼續保持立法會第一大黨的地位，李慧琼、陳克勤兩名新人當選，成為本屆立法會最年輕的議員，在實現新舊交替方面邁出了步子。除港島外，民建聯在分區直選的四大區參選名單均列榜首，說明民建聯的影響日廣，理念得到廣大市民的認同。

　　工聯會奪得 4 席（直選 2 席，功能團體 2 席），比上屆增加 2

席。特別在參加分區直選上奪得 2 席，大大增強了工聯會參加直選的信心。

自由黨在本屆選舉中丟掉 2 個地區直選議席和一個功能團體議席（旅遊界）。除九龍東選區外，該黨在 4 個選區均派人出選，結果 4 張直選名單全部落選。正、副主席田北俊、周梁淑怡因此而辭職，進而引發自由黨的分裂，有 4 名立法會議員相繼退黨，使得該黨由上屆擁有 10 名議員的立法會第二大黨退化為小黨，元氣大傷。有傳媒認為，自由黨在直選中敗北是輕視、疏離地區工作的結果，也沒有與中小企業結成利益共同體。[54]

自由黨的失利，並由此導致力量的極大削弱，也引起了社會輿論思考：在實行資本主義制度的香港，代表工商界利益的政團如何自處？香港工商界的參政、議政選擇什麼方式來實現？也就是說，在香港政制發展的總趨勢中，工商界及其政團應當走什麼樣的道路？

民主黨獲 8 席（分區直選 7 席，功能團體 1 席），比上屆少 1 席，繼續保持泛民陣營的龍頭地位。

公民黨的選情高開低走，由上屆的 6 席減為 5 席。幾位頭面人物落選，重要成員低票當選，其擴張勢頭受到遏制。

社民連由上屆的 2 人增加至 3 人。在代表工商界利益的自由黨丟掉全部直選議席的同時，代表激進基層的社民連卻爭得 3 個直選議席，表明激進勢力在香港有不小的市場。他們在立法會的表現，會給議會文化帶來衝擊。

此外，還有一個特徵是有一批新議員進入立法會。自香港特區成立以來的前三屆立法會選舉，議員中的熟面孔較多，這屆選舉有

54　詳見《明報》社評：〈自由黨慘敗的教訓與出路〉，2008 年 9 月 10 日。

17 名新人晉身議事堂，一批資深議員離任，特別引人注目。

本屆立法會選舉，建制派陣營奪得 37 席，比上屆增加 2 席；泛民陣營得 23 席。在分區直選中。兩者得票率分別為 59.8% 和 40.2%，泛民和建制兩大陣營得票率「六四之比」未變。

2010 年 5 月 16 日，香港特區舉行了立法會五區補選。在建制派一致杯葛，公民黨、社民連沒有遇到有力競爭的情況下，其 5 名辭職議員梁家傑、陳淑莊、梁國雄、黃毓民、陳偉業重返立法會。這次補選投票率為 17.1%，為香港回歸以來最低，僅為反對派提出作為「公投」成功標誌的 50% 以上投票率標準的三分之一，也遠低於反對派 30% 投票率的最低預期。

這場以「補選」綁「公投」的所謂「五區公投運動」喧囂了五個多月，最終慘淡收場。

6. 第五屆立法會的產生

香港特區第五屆立法會選舉於 2012 年 9 月 9 日舉行。

本屆立法會選舉，是 2007 年以後首次對立法會的產生辦法依法定程序作出修改並通過後進行的，擴大了民主成分。立法會議員名額由原來的 60 席增至 70 席，新增的 10 席由分區直選和功能團體選舉平均分配。這就出現了以上兩部分選舉所產生議員名額上的變動。分區直選共產生 35 名議員，各區名額為：香港島 7 席，九龍西 5 席，九龍東 5 席，新界西 9 席，新界東 9 席。功能團體選舉共產生 35 名議員，其中新增 5 席，由民選區議員提名後由現時在功能界別沒有投票權的登記選民，以一人一票選出，俗稱「超級區議會」議

席，正式稱呼為「區議會（二）」。所謂「超級」，是指該 5 席由整個香港特區的單一選區以名單比例代表制選出，即這 5 席產生的選民基礎為約 320 萬合資格登記選民。

今屆立法會選舉結果使不少人大跌眼鏡，確有令人注目之處。

香港的傳統觀點認為，高投票率對泛民陣營有利。本屆選舉分區直選投票人數達 183 萬，比上屆多出 31 萬，泛民陣營得 101.9 萬票，得票率為 56.3%，得 18 個直選議席，比上屆少 1 席。建制派得 77 萬票，得票率上升至 43.7%，得 17 個直選議席，與上屆在 30 席中取得 11 席相比，有顯著增長。從整體結構而言，在功能團體選舉中，建制派得 24 席，泛民得 6 席；泛民在「區議會（二）」得 3 席，建制派得 2 席。兩大陣營在立法會 70 席中所佔議席數：建制派為 43 席，泛民陣營為 27 席。泛民勉強保住了「關鍵少數」的否決權。在本屆立法會的產生辦法中，地區直選增加 5 席，首設「超級議員」5 席，近似於普選產生 10 席。但從選舉結果看，高投票率對泛民有利的傳統說法已動搖；兩大陣營在直選中的鐵律「六四之比」已收窄。這個選舉結果確實有點超出一般人的預料。

本屆選舉的另一看點是帶有標誌性的民建聯和民主黨獲得議席的情況。今屆民建聯獲 13 個議席，破記錄取得 9 個直選議席，繼續保持住立法會第一大黨的地位。民主黨在本屆直選中失利，由上屆的 7 席減至 4 席。兩位資歷較深的民主黨成員和該黨推出的新人均落馬。按香港政黨負責人對該黨選舉結果應負政治責任的慣例，主席何俊仁為此辭去黨主席職務，副主席劉慧卿出任代主席。民主黨算上在「區議會（二）」取得的 2 席（何俊仁、涂謹申）在本屆立法會共有 6 個議席，與公民黨、工聯會的議席數目相同，並列在民建聯之後。

　　選舉結果還表明，泛民中的激進勢力支持度呈現上升趨勢。他們今屆選舉得 26 萬票，比上屆大幅增加 10 萬票。人民力量比上屆多取 1 席，社民連梁國雄以獲近 5 萬票成為新界東選區票王。人民力量和社民連的路線相對接近，如果把他們在各區的得票率合併統計約為 15%，高於民主黨或公民黨的分別約佔 14%。此外，新成立的工黨首次出戰即獲 3 席，從民主黨退出成員組成的新民主同盟的范國威也首次當選。上述因素疊加產生的效應，是香港行政主導面臨更大的制約和挑戰，加劇內耗。

　　此間傳媒普遍認為，建制派在立法會民主進程推進的情況下獲得選舉成功，有賴於資源的整合利用和配票成功。有的中間傳媒甚至評價民建聯的「配票」神乎其技。

　　實際上，這種說法只說對了一半。所謂配票，是選舉工程中多取議席的重要策略，任何政團都可以運用，但其前提是要有票可配。票源是基礎，配票是技術手段。例如在港島選區，建制派共有 4 隊參選：民建聯 2 隊，工聯會和新民黨各 1 隊，共取得 4 席。這 4 隊人馬所以能各拿 1 席，除配票成功外，關鍵是他們由上屆的 121,490 票增至本屆的 128,043 票，近 7,000 票的增加是取勝主因。新界西選區也是如此。建制派在該區贏得 5 席，末席是民建聯梁志祥，得 33,777 票，以 985 票之差險勝民主黨李永達的 32,792 票。[55] 這也是得益於該區建制派比上屆增加 2 萬票。當然，配票離不開對選情的正確分析，對選民投票意向的精確判斷和對選區佈陣的科學引導以及內部協調。只要安排得當，可以較低得票率拿較多議席。建制派所追求的是珍惜每一張選票，絕不浪費「餘額票」。也就是「他

55　資料來源：2012 年 9 月 11 日《明報》A12 版公佈的選舉結果。

們並不追求在每一區當『票王』，僅僅跨過當選門檻便可以，他們要的是『實惠』而非『虛榮』，於是建制派在港島取得最尾 2 席，在九龍東區取得最尾 2 席，在九龍西區取得最尾 1 席，在新界西取得最後 4 席。除了新界東一區之外，這 4 區都成功以最小量的票拿到 1 至 4 個議席，把選票的使用效率提升至最高，不似別人般要以一張名單取得 2 個議席般無效率，徒然浪費了大量『餘額票』」。[56] 這段評論，道出了民建聯配票的奧妙。

　　相反的例證是公民黨得隴望蜀的有關部署。該黨在新界西郭家麒和余若薇的名單取得 14.5% 選票，超過 7 萬票，大大超過了第一個席位的票數，但又未達到 2 席所需的 17.9%，白白浪費了近 4 萬張票。在港島區，公民黨也遭遇了同樣的情況。[57]

56　蔡子強：〈泛民死因：六四定律打破，配票不濟〉，《明報》，2012 年 9 月 11 日。

57　同上註。

後 記

　　這本小冊子是斷斷續續寫成的。截稿時，2016 年的立法會選舉已經起步；核校稿件時，2017 年第五任行政長官選舉已近尾聲。如抓緊時間趕寫，這部分內容也可納入書中，但過於倉促，為慎重起見，便付之闕如。

　　「香港是動感之都」。這是推介香港旅遊廣告上常用的一句話。的確如此，我在香港工作時深有體會。對於本書而言，已經寫好的一些章節，後來情況出現了令人意想不到的變化，是否隨動感而做相應的改動呢？我的想法是，這些變化如果與當時的記述無關，應尊重歷史，無需修改，實事求是。

　　本書從初稿、修改稿到定稿，均得到我的同事們的協助，對他們利用休息時間付出的辛勤勞作，我表示由衷的謝意！

王鳳超

2017 年 4 月

修 訂 版 後 記

　　本次修訂版，又補充了一些史實，訂正了少量筆誤和一處不確的統計數字，其餘基本沒有變動。

王鳳超

2019 年 2 月 27 日

主要參考書目

王韶興主編：《政黨政治論》，濟南：山東人民出版社，2011 年 1 月版。

王鳳超主編：《「一國兩制」的理論與實踐》，北京：經濟科學出版社，1998 年 12 月版。

王賡武主編：《香港史新編》上、下冊，香港：三聯書店（香港）有限公司，1997 年 5 月版。

史良深：《香港政制縱橫談》，廣州：廣東人民出版社，1991 年 5 月版。

【英】弗蘭克·韋爾什（Frank Welsh）著，王皖強、黃亞紅譯：《香港史》，北京：中央編譯出版社，2007 年 5 月版。

全國人大常委會香港基本法委員會、全國人大常委會澳門基本法委員會辦公室編：《中央有關部門發言人及負責人關於基本法的談話和演講》，北京：中國民主法制出版社，2011 年 1 月版。

朱世海：《香港政黨研究》，北京：時事出版社，2011 年 8 月版。

余繩武、劉存寬主編：《十九世紀的香港》，北京：中華書局，1994 年 8 月版。

李宏編著：《香港大事記》（公元前 214 年—公元 1987 年），北京：人民日報出版社，1988 年版。

李後：《回歸的歷程》，香港：三聯書店（香港）有限公司，1997 年 4 月版。

李彭廣：《管治香港：英國解密檔案的啟示》，香港：牛津大學出版社，2012 年版。

《見證歷史．臨立會風雲歲月》（非賣品），出版人：良子樑，2008 年
　　6 月版。香港各界慶祝回歸委員會慈善信託基金贊助出版。

亞歷山大．葛量洪著，曾景安譯、趙佐榮編：《葛量洪回憶錄》，香
　　港：廣角鏡出版社，1984 年 9 月版。

周建華：《香港政黨與選舉政治》，廣州：中山大學出版社，2009 年
　　10 月版。

宗道一等編著、周南修訂：《周南口述——身在疾風驟雨中》，香港：
　　三聯書店（香港）有限公司，2007 年 7 月版。

姜恩柱：《大國較量：中歐關係與香港回歸親歷》，北京：中信出版
　　社，2016 年版。

《香港回歸十年志》2001、2002 年卷，香港：大公報出版有限公司，
　　2007 年 6 月版。

徐克恩：《香港：獨特的政制架構》，北京：中國人民大學出版社，
　　1994 年 4 月版。

袁求實編：《香港過渡時期重要文件彙編》，香港，三聯書店（香港）
　　有限公司，1997 年 8 月版。

袁求實編著：《香港回歸大事記（1979－1997）》，香港：三聯書店
　　（香港）有限公司，1997 年 8 月版。

袁求實編著：《香港回歸以來大事記（1997－2002）》，香港：三聯書
　　店（香港）有限公司，2003 年版。

袁求實編著：《香港回歸以來大事記（2002－2007）》，香港：三聯書
　　店（香港）有限公司，2015 年版。

國務院港澳事務辦公室香港社會文化司編著：《香港問題讀本》，北
　　京，中共中央黨校出版社，1997 年 6 月版。

張連興：《香港二十八總督》，香港：三聯書店（香港）有限公司，
　　2012 年 7 月版。

張曉輝：《香港華商史》，香港：明報出版社有限公司，1998 年 9 月
　　版。

張禮恒：《伍廷芳的外交生涯》，北京：團結出版社，2008 年 12 月
　　版。

曹淳亮主編：《香港大辭典》，廣州：廣州出版社，1994 年 12 月版。

陳佐洱著：《交接香港》，長沙：湖南文藝出版社，2012 年版。

陳滋英：《港澳回歸紀事》，澳門：澳門基本法推廣協會編印出版，
　　2015 年版。

曾鈺成：《直言集——論香港問題》，香港：天地圖書有限公司，
　　1995 年版。

楊奇主編：《香港概論》（續編），北京：中國社會科學出版社，1993
　　年 9 月版。

雷競旋：《香港政治與政制初探》，香港：商務印書館香港分館，
　　1987 年 9 月版。

劉曼容：《港英政治制度與香港社會變遷》，廣州：廣東省出版集團
　　廣東人民出版社，2009 年 6 月版。

鄭宇碩編：《香港政制與政治》，香港：天地圖書有限公司，1987 年
　　7 月版。

錢亦蕉整理：《魯平口述香港回歸》，香港：三聯書店（香港）有限
　　公司，2009 年 4 月版。

錢其琛：《外交十記》，香港：三聯書店（香港）有限公司，2004 年
　　版。

羅拔‧郭瞳著，岳經綸等譯：《香港的終結》，香港：明報出版社
　　1993 年 10 月版。

蘇鑰機主編《特首選戰‧傳媒‧民意》，香港：天地圖書有限公司，
　　2012 年版。

香港政制
發展歷程
（1843—2015）（修訂版）

責任編輯：黎耀強
封面設計：霍明志
排　　版：黎品先
印　　務：劉漢舉

著者　王鳳超

出版　中華書局（香港）有限公司
　　　香港北角英皇道 499 號北角工業大廈一樓 B
　　　電話：（852）2137 2338　傳真：（852）2713 8202
　　　電子郵件：info@chunghwabook.com.hk
　　　網址：http://www.chunghwabook.com.hk

發行　香港聯合書刊物流有限公司
　　　香港新界大埔汀麗路 36 號
　　　中華商務印刷大廈 3 字樓
　　　電話：（852）2150 2100　傳真：（852）2407 3062
　　　電子郵件：info@suplogistics.com.hk

印刷　美雅印刷製本有限公司
　　　香港觀塘榮業街 6 號 海濱工業大廈 4 樓 A 室

版次　2017 年 6 月初版
　　　2019 年 10 月修訂版
　　　© 2017 2019 中華書局（香港）有限公司

規格　16 開（238mm×170mm）

ISBN　978-988-8573-86-8